U0438183

欧亚古典学研究丛书

乌云毕力格 主编

九州四海

文明史研究论集

王　丁　李青果 主编

上海古籍出版社

本成果受到中国人民大学"中央高校建设世界一流大学（学科）和特色发展引导专项资金"支持，项目批准号：17XNLG04

前　言

本集收录的论文，主题为文明史研究，旨在从以往学科分类的世界史、中国史、民族史、文化史、宗教史等领域出发，根据时代的新需要，提出和解决文明交流历程中的新问题。选题有内有外，重在打通壁垒；方法新旧兼备，唯愿推陈出新。作者来自国内外，老、中、青三代，分属文史哲考古人类学等专业行当，但本集希望仍可显示出一些整体范式的相似性。第一，重视文明史研究的精神文化和物质文化生活的双重视角，无论是对宗教文化的教理教义、仪轨制度，还是遗址、文物、商业贸易品，都自觉地在更广阔的跨文化、跨民族、跨语言的背景下加以观察分析。第二，重视论题的专门性。单篇论文限于篇幅，忌立论过宽，宽则难免浮泛，浮泛注定蹈虚。本集作品即使题目旨在处理大问题，也无不以具体细致的专题方式处理。第三，重视田野工作、考古发现，重视文献学的原典主义，重视语言文字与特定文化现象的相关性，致力于名实印证、中外互证。当然目标明确，是否达到，还有待学界同人审核、批评。

全部16篇论文选自《中山大学学报》"文明与宗教"栏目。我们创立这个专栏的初衷，是希望聚合中外学者之力，耕耘这片小小的园地，催生推动人文社会科学学术，特别是文明史研究的百花齐放。幸得学报前后两位主编吴承学教授、彭玉平教授的支持，更兼海内外同人时惠佳作，作为负责联络、协调的编者，我们深感欣幸。此次能够结集出版，源于"欧亚古典学研究丛书"主编乌云毕力格教授的慷慨接纳，又蒙上海古籍出版社诸君精心校阅修饰，本集的作者和编者无不衷心铭感。

王　丁　　　　　　李青果

上海外国语大学　　中山大学学报编辑部

全球文明史研究所

目　　录

前言 1

回归语文学
　　——对佛教史研究方法的一点思考 .... 沈卫荣　1

丝绸之路上的疑似吐蕃佛塔基址
　　——青海都兰考肖图遗址性质刍议 .... 仝　涛　26

有关《华严法界观通玄记》的几个新发现 .... 高山杉　46

钱锺书的佛典笔记及其修辞比较研究 .... 张　治　60

五音姓利与北朝隋唐的葬埋择吉探微 .... 吴　羽　82

突厥语的体动占卜书 .... 茨　默　103

数术与丝绸之路
　　——希腊、印度、突厥与汉文体动占卜书 .... 王　丁　111

挪亚的预言与美国奴隶制 .... 高峰枫　131

新教传教士与 19 世纪汉语圣经诠释的开端 .... 曹　坚　149

丝路景教与汪古渊流
　　——从呼和浩特白塔回鹘文题记 Text Q 谈起 ..... 白玉冬　166

金元汪古马氏的景教因素新探
　　——显灵故事与人名还原 .... 马晓林　189

中亚语言与文字中的摩尼教文献 .... 宗德曼　203

粟特语摩尼教文献中所见 10 至 11 世纪的粟特与高昌
  关系 ………………………………………… 吉田丰　216
摩尼教符咒从波斯到阿拉伯和中国福建的流传 ……… 尤小羽　238
滇茶销藏陆海通道的兴起及其背景 …………………… 刘志扬　254
匈奴语言及族源新探 …………………………………… 叶晓锋　269

Contents

The return to philology: Reflections on the methodology in studies of history of Buddhism .... SHEN Weirong　1

A possible Tubo stupa on the Silk Road: A tentative discussion on the Kaoxiaotu site in Dulan County, Qinghai Province .... TONG Tao　26

Some new discoveries of *Huayan fajieguan tongxuanji* .... GAO Shanshan　46

Qian Zhongshu's notes on the Buddhist sutras: A comparative study of rhetorics .... ZHANG Zhi　60

A study on the theory of "the Five Auspicious Note Surnames" .... WU Yu　82

Turkic palmomantic books .... Peter ZIEME　103

Mantic arts and the Silk Roads: Parallels in Greek, Indian, Turkic and Chinese palmomancy .... WANG Ding　111

Noah's curse and Antebellum pro-slavery argument .... GAO Fengfeng　131

Protestant Missionaries and the beginnings of Sino-Biblical exegesis in the 19th century .... CAO Jian　149

Nestorianism of the Silk Road and the origin of Onggud: Starting from the Old Uyghur inscription text Q in the White Pagoda of Hohhot .... BAI Yudong　166

New evidence on the East Syriac Christian elements in the "Mar" family of the Öng'üt tribe during the Jin and Yuan periods: A miracle tale and anthroponymic reconstruction
.... MA Xiaolin   189

The Manichaean texts in languages and scripts of Central Asia
.... Werner SUNDERMANN   203

Relationship between Sogdiana and Turfan during the 10th – 11th centuries as reflected in Manichaean Sogdian texts
.... YOSHIDA Yutaka   216

The transmission of Manichaean spells and amulets from Persia to Arabia and Fujian, China .... YOU Xiaoyu   238

The rise and historical background of the overland and maritime routes for the commercial entry of the Yunnan tea into Tibet
.... LIU Zhiyang   254

A new attempt to explore the language and ethnic origin of Xiongnu .... YE Xiaofeng   269

作 者 简 介
（按汉语拼音排序）

白玉冬

日本大阪大学文学（历史学）博士，日本学术振兴会（JSPS）博士后研究员，兰州大学敦煌学研究所教授、博士生导师，国家社科基金重大招标项目首席专家。主要从事中古北方民族史和敦煌西域史语研究。先后在国内《历史研究》《民族研究》等以及日本《史学杂志》《东洋学报》等学术期刊发表多篇论文。曾获日本学术振兴会外籍特别研究员奖励金。专著《九姓达靼游牧王国史研究（8—11世纪）》（2017年）入选第六批《中国社会科学博士后文库》，获民族研究二等奖。

曹 坚

中山大学哲学系副教授，博士生导师。先后于2003年和2009年在耶路撒冷希伯来大学取得硕士和博士学位，2009—2010年耶路撒冷奥布赖特考古所博士后。1998—2013年在以色列、德国、西班牙等国留学和从事科研教学十多年。兼任香港《道风基督教文化评论》（A&HCI期刊）编委。研究方向有希伯来圣经诠释、犹太思想史和圣经在华传播史等，以中英文在国内外权威学术期刊发表近二十篇学术论文并出版英文专著一部（Cao Jian, *Chinese Biblical Anthropology*, Eugene：Pickwick Publications，2019）。目前承担一项教育部规划项目"关于现代犹太人历史意识的研究"（18YJA730001）和一项国家社科基金冷门"绝学"和国别史等研究专项项目"关于以色列国新史学之构建的研究"（19VJX057）。

茨　默（Peter Zieme）

德国柏林人。古代突厥语与中亚宗教史学者。1960年至1965年在柏林洪堡大学主修伊朗学、突厥学，1965年至1969年在民主德国科学院东方研究所攻读研究生课程，1969年获得洪堡大学哲学博士学位。此后留科学院东方所工作。1970年进入民主德国科学院古代史与考古学中央研究所古代东方室工作，1994年起任柏林自由大学教授。1993年转入柏林勃兰登堡科学院吐鲁番学研究所，2001年至2007年间担任该所所长。当选为巴伐利亚科学院通讯院士、匈牙利科学院荣誉院士、法国亚洲学会荣誉会员、土耳其突厥语学会荣誉会士及多个国际学术专业委员会成员。研究重点是整理研究中亚发现的各种文字书写的古代突厥、回鹘语文本，涉及佛教、摩尼教和景教（主要是公元9世纪至14世纪回鹘王国时期）。另一研究领域为回鹘语社会经济文献与词汇学。主要著作有：*Manichäisch-türkische Texte*（《摩尼文字书写的回鹘语文献》，1975年）；*Fragmente tantrischer Werke in uigurischer Übersetzung*（《密教回鹘译本残篇》，1976年）；Buddhistische Stabreimdichtungen der Uiguren（《回鹘佛教的押头韵诗》，1985年）；*Religion und Gesellschaft im Uigurischen Königreich von Qočo. Kolophone und Stifter des alttürkischen buddhistischen Schrifttums aus Zentralasien*（《高昌回鹘王国的宗教与社会》，1992年）；*Altun Yaruq Sudur. Vorworte und das erste Buch*（《回鹘文本〈金光明经〉序与第一卷》，1996年）；*Magische Texte des uigurischen Buddhismus*（《回鹘密宗文献》，2005年）；*Fragmenta Buddhica Uigurica: ausgewählte Schriften*（《回鹘佛教碎金——茨默论文集》，2009年）、*Altuigurische Texte der Kirche des Ostens aus Zentralasien*（《中亚出土古代东方教会回鹘景教文献》，2015年）等，及数百篇用德文、英文、法文、日文、中文、土耳其文撰写的论文与大量书评。

高峰枫

北京大学外国语学院英语系教授，现任系主任。在北京大学获得学士和硕士学位，后在加州大学伯克利分校比较文学系学习，获得博士学位。主要从事维吉尔史诗、圣经解释史和接受史等方面的研究。除发表相关领域的学术论文之外,还曾在《读书》和《东方早报·上海书评》等报刊上发表过很多文章和学术书评。部分文章收录在《古典的回声》(2012年)和《古典的回声 二集》(2016年)两书中。另外曾翻译西方文献学方面的著作《册子本起源考》(2015年)。

高山杉

现任职于中国社会科学院哲学研究所。主要研究领域为佛学史、东方学史和西方哲学史。近年来专门致力于西夏文佛典残片尤其是其中佛学注疏类文献的释读和整理,在这方面写的代表性作品有《在西夏文残片中发现藏文佛学章疏文句》《〈日本藏西夏文文献〉书评》《拜寺沟方塔与山嘴沟石窟出土佛典刻本残片杂考》《西夏文〈华严大疏演义钞〉注释书残片》《关于韦力先生拍到的西夏文残经》等。曾为《东方早报·上海书评》和《南方都市报·阅读周刊》撰写大量的学术书评和札记,少数文章结集为《佛书料简》("六合丛书"第一辑,浙江大学出版社,2012年)。其他文章散见于《读书》《世界哲学》《中西文化交流学报》《中国哲学史》《启真》等刊物。

吉田丰

日本石川县人。毕业于京都大学语言学专业,后任教于 IBU 国际佛教大学、神户外国语大学,现任京都大学文学部教授。专业领域为伊斯兰化之前丝绸之路语言、文化、历史的研究,特别是中古伊朗诸语言一手文献(铭文、写本)的解读与解释,致力于综合利用多语种史料对古代中亚多语言、多民族文明史加以复原。当选为英国学术院(The British Academy)通讯院士、国际伊朗语铭文集成委员会(Corpus inscriptionum iranicarum)理事。代表著作有《コータン出土 8—9 世纪のコータン语世俗文书に关する觉え书き》(2006年;中译《有关和田出土 8—9 世纪于阗语世俗文书的札记》,2006—2012年)、《中国江南マニ教绘画研究》(2015年)、*Three Manichaean Sogdian letters unearthed in Bäzäklik, Turfan*(2019年)等,并以日文、英文、德文、中文发表过 50 余篇论文。

刘志扬

中山大学人类学系教授，现任系主任。曾先后在西北大学历史系考古专业、中央民族学院民族史专业、中山大学人类学系人类学专业学习。研究方向包括中国西南民族社会与文化研究、藏学人类学等。长期在中国藏区从事田野调查和研究。近来研究兴趣主要集中在茶叶对西藏社会的影响、饮食与西藏社会变迁等方面。主要社会兼职有：中国西南民族研究学会副会长、中国民族学会常务理事、中国民族政策研究会常务理事、中国人类学学会理事、中国民族史学会理事、教育部人文社会科学重点研究基地中山大学历史人类学中心研究员、四川省民族研究所兼职研究员、中国社会科学院西藏智库理事、第二届全国民族教育专家委员会民族教育理论与政策组成员等。

马晓林

南开大学历史学博士、硕士，天津大学工学学士。曾于北京大学从事博士后研究。现任南开大学历史学院副教授，兼任中国元史研究会副秘书长。曾于日本大阪大学、意大利乌迪内大学访学。主要研究方向为元史、中外关系史、礼俗与宗教史，尤其致力于探索多语言文献、石刻史料。著有《马可·波罗与元代中国：文本与礼俗》（中西书局，2018年），译有《世界历史上的蒙古征服》（与求芝蓉合译）（《经济观察报·书评》2017年十大好书），在《历史研究》《中国史研究》等期刊发表中文、英文、意大利文、俄文学术论文40余篇。

沈卫荣

德国波恩大学中亚语言文化学博士，清华大学人文社会科学高等研究所、中文系教授，教育部长江学者特聘教授。曾于美国哈佛大学、普林斯顿高等研究院、德国洪堡大学、柏林高等研究院、日本京都大学、日本地理环境研究所等多所著名院校和学术机构担任研究员和客座教授等职，曾任中国人民大学国学院西域历史语言研究所所长。主要从事西藏历史、藏传佛教和汉藏佛学的比较研究。发表中、英、德等多语种学术论文近百篇，出版《西藏佛教历史的语文学研究》《文本与历史：藏传佛教历史叙事的形成和汉藏佛学研究的建构》《回归语文学》等专（译）著。

仝　涛

中国社会科学院考古研究所副研究员。毕业于四川大学历史文化学院考古学系，2008年获得德国蒂宾根大学考古学博士学位。近年主要从事青藏高原的考古发掘与研究工作。2012—2015年主持西藏阿里故如甲木墓地和曲踏墓地的发掘，2014年度的发掘入选国家文物局"中国十大考古新发现"和中国社会科学院"六大考古新发现"。2018—2019年主持青海省乌兰县泉沟吐蕃时期壁画墓的发掘，取得重要成果。主要代表作包括 The Silk Roads of the Northern Tibetan Plateau during the Early Middle Age（from the Han to Tang Dynasty）as Reconstructed from Archaeological and Written Sources, Oxford：British Archaeological Reports（2013年）；《青海都兰热水一号大墓的形制、年代及墓主人身份探讨》（2012年）、《欧亚视野内的喜马拉雅黄金面具》（2015年）、《西藏西部的丝绸与丝绸之路》（2017年）。

王　丁

上海外国语大学全球文明史研究所教授、东方语学院博士生导师。先后就读于中山大学哲学系、北京大学外国哲学研究所、柏林自由大学文学院，学习过哲学、东方学、汉学、印欧语言学，获柏林自由大学哲学博士。曾在京都大学人文科学研究所、汉堡大学亚非学院、中山大学哲学系工作。研究方向为东方学、中外关系史和历史文献学。主要作品包括：Ch 3586 – ein khitanisches Textfragment mit uighurischen Glossen in der Berliner Turfansammlung（2004年）、《南太后考》（2005年）、Xuanzang's helpers from Turfan：Some notes based on medieval Chinese manuscripts（2010年）、Tablecloth and the Chinese Manichaean hymn *Shou shidan ji* 收食单偈（2014年）、《河上公名义解》（2017年）、《摩尼教与霞浦文书、屏南文书的新发现》（2018年）、《盘陀胡名考》（2018年）、《胡名释例》（2019年）及《中古胡名考》(书稿)。

吴 羽

华南师范大学历史文化学院教授。1997—2007 年在中山大学历史学系学习,获得博士学位。之后迄今供职于华南师范大学,期间曾在武汉大学历史学院做博士后研究,又曾在北京大学中国古代史研究中心访学一年。主要致力于唐宋道教、国家礼仪研究,近年来对六朝唐宋的时间观念、信仰及其实践特别感兴趣,发表《晚唐前蜀王建的吉凶时间与道教介入——以杜光庭〈广成集〉为中心》(2018年)、《唐宋四大吉时的理论来源、实践及其变化》(2017年)、《唐宋葬事择吉避忌的若干变化》(2016年)、《"阳九百六"对中古社会、政治与宗教的影响》(2014年)等论文。

叶晓锋

温州大学讲师,先后就读于温州师范学院、上海师范大学、复旦大学,研究兴趣主要包括汉语方言、欧亚非各大语系语言、语言类型学、语音演变以及早期丝绸之路的宗教史、医学史,近期研究重点为海上丝绸之路的民族和文化接触和互动。目前作品有《汉语方言语音类型学》(2011年)、《凤凰考》(2016年)、《从丝绸之路语言接触的角度看先秦部分医学词语的来源——以"扁鹊"、"痹"、"达"等词语为例》(2018年)、《匈奴语言及其族属新探》(2018年)。

尤小羽

2007 年至 2011 年在华南理工大学修新闻学、金融学。2012 年起在中山大学哲学系攻读宗教学研究生课程,2017 年获得博士学位。2018 年起为波恩大学汉学系博士后研究员。专业领域为宗教史、东方学、敦煌吐鲁番学,现阶段主要为摩尼教史研究,涉及中古伊朗语、古突厥语文献,特别关注福建等地新发现的宗教写本。作品包括《摩尼教在闽地的地方化研究——以霞浦文书〈祷雨疏〉为中心》(2017 年)、《摩尼教符咒从波斯到阿拉伯和中国福建的流传》(2017 年)、《明教护法考》(2019 年)、The titles of the Manichaean canons in the Xiapu texts(2020年)。译作:高田时雄《玄奘〈大唐西域记〉中所见锡尔河的汉文名称》(2018年)、宗德曼《中亚语言与文字中的摩尼教文献》(2018年)。

张　治
毕业于北京大学中文系,获文学博士学位。现为中国海洋大学文学与新闻传播学院中文系副教授。译作有《西方古典学术史》第一卷及《哥伦比亚中国文学史》,著作有《蜗耕集》《中西因缘》《异域与新学》《蚁占集》《文学的异与同》。主要研究兴趣是中国近现代文学,并涉及西方古典学术史、翻译文学和中西学术比较,近年从事钱锺书手稿集的研究。

宗德曼(Werner Sundermann)
1935年12月22日生于德国下萨克森州哈尔茨(Harz),2012年10月12日去世于柏林。伊朗学家、中亚宗教史家。在柏林洪堡大学主修伊朗学,并短期任教于该校,后转任民主德国科学院东方研究所古代史与考古学中央研究所古代东方室研究员,从事德藏吐鲁番出土文书的整理与研究。曾任两德统一后柏林勃兰登堡科学院吐鲁番研究所(Akademienvorhaben Turfanforschung)首任所长。专精中古伊朗语(帕提亚语、中古波斯语、粟特语、近世波斯语),自1970年代起对西域特别是吐鲁番地区出土的摩尼教、景教及佛教写本进行释读、解说,对伊斯兰化以前的西域文明史研究作出了巨大贡献,赢得了国际学术界的广泛尊敬,被选为北莱茵威斯特法伦州科学院通讯院士(1988年)、丹麦皇家科学院通讯院士(1989年)、欧罗巴科学院院士(1990年)、不列颠科学院通讯院士(1991年)、奥地利科学院通讯院士(1993年)、柏林勃兰登堡科学院院士(1998年)、巴伐利亚科学院通讯院士(2003年)。1994年11月15日由意大利波隆尼亚大学授予名誉博士学位。1985年膺选意大利中东远东研究院院士。1997年受聘为美国东方学会荣誉会员。除担任多种国际东方学特别是古代伊朗宗教类丛书的主编、编委外,还长期担任 *Encyclopaedia Iranica*(《伊朗学百科全书》)摩尼教学科分科主编。宗德曼整理发表的柏林吐鲁番文书不计其数，多涉及景教、佛教写本，尤其在伊朗语摩尼教研究方面，宗德曼是二十世纪继安德雷亚斯、恒宁、博伊斯之后作出总结性贡献的学者。出版多部伊朗语出土文书的整理释读著作：*Mittelpersische und parthische kosmogonische und Parabeltexte der Manichäer*（《中古波斯语与帕提亚语本摩尼教宇宙创成论文书与譬喻文书》，1973 年）；*Mitteliranische manichäische Texte kirchengeschichtlichen Inhalts*（《中古伊朗语摩尼教教史文献》，1981 年）；*Der Sermon vom Licht-Nous. Eine Lehrschrift des östlichen Manichäismus. Edition der parthischen und soghdischen Version*（《惠明宝训——东传摩尼教的一部教义文献，帕提亚语与粟特语两种传本辑校》，1992 年）；*Der Sermon von der Seele. Eine Lehrschrift des östlichen Manichäismus. Edition der parthischen und soghdischen Version mit einem Anhang von Peter Zieme, Die türkischen Fragmente des "Sermons von der Seele"*（《性命宝训——东传摩尼教的一部教义文献，帕提亚语与粟特语两种版本辑校。附录：茨默撰突厥语灵魂说教本残篇考证》，1997 年），摩尼教研究论文结集为 *Manichaica Iranica*（《摩尼伊朗编》，两卷，罗马，2001 年）。

回归语文学

——对佛教史研究方法的一点思考

沈卫荣

摘 要：本文首先从"历史学家们不懂佛教,而佛学家们不在乎历史"这个说法谈起,探讨和批评佛教史研究和写作的学术方法问题,指出从事佛教史研究者首先必须懂得佛教,然后必须有深刻的历史意识,二者缺一不可,而能保证佛教史研究建立在正确、可靠的学术基础上的唯一的学术方法就是以正确解读文本为主要学术实践的语文学。进而,本文开始讨论语文学何以是形成现代人文学科之基础和来源,而作为现代人文学术之一个组成部分的佛学研究何以必须遵从语文学的学术实践。说明以在国际佛学研究领域内占强势地位的印藏佛学研究所践行的佛教语文学的主要学术方法和成就,再举例说明不只是佛教历史的研究,而且佛教哲学、义理的研究,也同样必须运用和实践语文学的学术方法,呼吁不管是研究印藏佛学,还是研究汉传佛学,或者东亚佛学,都应该回归语文学的核心实践。

关键词：语文学；佛学研究；佛教历史研究；佛教语文学

一

2017年10月初,美国南卫理公会大学（Southern Methodist University）的 Johan Elverskog 教授在一封邮件中告诉我说,Donald Lopez Jr.教授曾经说过这样一句话,叫作"历史学家们不懂佛教,而佛学家们不在乎历史"（Historians don't know Buddhism, while Buddhologists don't care about history）。这句话乍听起来觉得挺有趣,似也颇有几分道理,但细想起来则不免令人有点惶恐,且心生疑惑：那世上流传的这么多的佛教史著作又是谁写的、怎么写出来的呢？大家知道,这位 Lopez 教授可是当今国际佛学研究界炙手可热的大腕级人物,也是美国后殖民主义文化批判领域内举足轻重的名角,现任美国密西根大学西藏和佛学研究校级讲座教授,还是美国文理科学院的院士。他的这一句话虽然听起来有点夸张，但当非信口一说的戏谑之言，而应该是有所感而发的。它激发起了我对目前佛教史研究之现状及其方法等一些问题的思考。

引发这一话题的由头，是我于2017年9月初在《上海书评》上连载发表的一篇题为《沈卫荣看"新清史"的门道和热闹》的长篇文章①。在这篇文章中，我对西方"新清史"家们提出的一个重要观点表示了质疑，即他们常常强调清朝统治其"内亚帝国"（Inner Asian Empire）时，采用了与其统治"汉帝国"（Chinese Empire）时完全不同的统治理念和策略，具备明显的"满洲特性"或者"内亚特性"。但是，当他们阐述这种所谓的"满洲特性"或者"内亚特性"时，又往往将藏传佛教及其以"政教合一"为标志的统治世界的理念作为其主要内容，甚至还有人把藏传佛教提升到满洲皇帝统治大清帝国之帝国意识形态（imperial ideology）这样的高度。可是，颇为令人吃惊的是，当我们对他们的这类观点稍加深究时，却不难发现大部分"新清史"家们对藏传佛教的了解和理解实际上都相当肤浅和偏颇。他们对被他们当作清朝统治之内亚特性的藏传佛教的解释大部分都显得有点牵强附会，不但所引证的相关的二手研究成果基本都是20世纪七八十年代的研究著作，而且对藏传佛教之基本理念和义理的理解也都显得十分表面和片面。

例如，"新清史"家们宣传藏传佛教徒将清朝皇帝赞颂为文殊菩萨的化身这一事实，因此而授予了清朝统治者"菩萨皇帝"（Emperor as Bodhisattva）这一特殊的身份，并进而把这一身份当作宣称大清皇帝曾经是一位"宇宙君主"（universal king）的一个有力依据。可事实上，藏传佛教中所说的"菩萨皇帝"，即把汉地的皇帝（清代皇帝是满洲人而非汉人对于当时的藏传佛教徒而言并无特别的意义）指称为文殊菩萨的化身，表达的只是藏传佛教中惯用的一个"三圣"，或者说一个"三位一体"（trinity）概念的组成部分。藏族史家最早曾塑造了一个"三部怙主"（rigs gsum mgon po）的概念，分别将吐蕃帝国

---

① 沈卫荣：《沈卫荣看"新清史"的热闹和门道（1—5）》，《上海书评》2017年9月4—8日。

时期最著名的三位赞普,即松赞干布、赤松德赞和热巴巾,称为观音、文殊和金刚手三位菩萨的化身。后来,应该是在元朝覆亡之后、清朝兴起之前,他们又将吐蕃、汉地和蒙古的统治者分别指称为这三位菩萨的化身,以此表明吐蕃、汉地和蒙古分别是观音、文殊和金刚手三位菩萨的化土。显而易见的是,这种"三圣"或者"三位一体"概念,至少从宗教的角度来看,其本意是要把吐蕃、汉地和蒙古三个地区放置在一个完全平等的位置上同时被圣化,或者佛教化。这三个地区之间当没有高下之分,更无领属关系。所以,指称清朝皇帝是文殊菩萨的化身,并不就等于说他是一位可以同时统治包括吐蕃和蒙古在内地区的"天下共主"。

此外,还有"新清史"家将曾在蒙元时期备受推崇的藏传佛教护法"大黑天神"指称为清朝初建时刻意尊崇的"国之护法",甚至将它的地位抬高到清朝初建时之国家认同的标志这样的高度;并且还有诸如日本学者石滨裕美子先生等,将藏传佛教史家自10、11世纪时就开始鼓吹的所谓"政教合一"制度(lugs gnyis),说成满清王朝尝试建立的所谓"法政"(chos srid)或者"佛教政府"(Buddhist Government)的教法基础和依据等等。所有这些都反映出"新清史"家们对藏传佛教之认识的肤浅和不正确,也显现出他们对于清以前藏传佛教于中原和西域之传播历史的无知。Elverskog 教授本人研究明清时期内亚地区之政教历史,他早就对"新清史"家们提出的所谓内亚特性很不以为然,认为清代满、汉、蒙、藏各民族之间的文化交流很少见到莫须有的内亚特性,而更呈现出一种被他称作"清世界主义"(Qing Cosmopolitanism)的多种文化交互影响的现象①。因此,当他在我的文章中读到了上述我对"新清史"家们不懂藏传佛教的批评之后,便特意写信告诉我前述 Lopez 教授所说过的这句名言,以表示他对我对"新清史"之批评的赞同。显然,"新清史"家们对藏传佛教的种种误解和牵强附会的解释,再次充分证明了 Lopez 教授此言果然不是空穴来风。

---

① Johan Elverskog, "Wutai Shan, Qing Cosmopolitanism, and the Mongols," *Journal of the International Association of Tibetan Studies*, No. 6, 2011, pp. 243–274.

其实,说历史学家们不懂佛教,这样的例子之多真可谓不胜枚举。而我自己最熟悉的一个学术研究领域,即对有关蒙元时代藏传佛教于蒙古宫廷传播之历史的研究,便可于此作为另一个典型的例子。不管是从国内还是国际学术史的大背景来看,蒙元史研究都曾经是一个十分出色和相当成熟的学术领域,近百年来名家辈出,成果卓著。但是,其中却有一个专门的学术领域长期以来停滞不前,它就是对蒙元时期藏传佛教于蒙古宫廷内外传播历史的研究。及至近年以前,大部分蒙元史学家对藏传佛教的历史和教法都缺乏较深的了解,他们没有注意到有大量西夏、元代和明初汉译的藏传密教文献的存在,更没有能力对这类文献进行深入的专业研究,所以一直没有正确地解读元代汉文历史文献中出现的那些有关藏传佛教的零星而又难懂的记载,无法揭示藏传佛教于元朝传播的真实历史面貌,造成了长期以来汉文化传统对藏传佛教,特别是其密教传统的误解和偏见,并对其形成了一种带有强烈误导性质的历史"话语",即将藏传密教说成是导致元朝骤亡的祸根,说它是一种蛊惑人心的房中术,或者是一种祸国殃民的妖术,以至于元以后的明、清历朝皇帝,虽然其中有很多人十分信仰藏传佛教,但受制于这种"话语"的强大霸权力量,他们都不得不要在公开场合主动撇清自己与藏传密教的关系,以维护其圣明的君主形象。然而,就在这最近的十余年中,我们在俄藏黑水城文献和其他西夏、蒙元和明代的出土文献和藏于各地博物馆、图书馆中的珍本文献中,发现了大量与藏传密教相关的汉文文献,而对这些文献的研究帮助我们终于能够揭开那些于《庚申外史》和《元史》等文献中出现的诸如"演揲儿法""秘密大喜乐禅定"和"十六天魔舞"等长期以来被妖魔化、色情化了的藏传密教修法和仪轨的真实面目,不但正本清源,可为藏传佛教平反昭雪,而且也为蒙元史研究的向前推进打开了一个突破口,显然,在这个领域内我们依然还可以大有作为①。

---

① 沈卫荣:《从"大喜乐"和"演揲儿"中还原历史》,《文汇学人》2015 年 8 月 28 日;同氏《文本对勘与历史建构:藏传佛教于西域和中原传播历史研究导论》,《文史》,中华书局,2013 年第 4 期。

上述这个例子同样说明，研究中国古代历史的历史学家们不懂佛教并不是一个个别的现象，而不懂佛教的历史学家，不管他们的语文能力和历史学技能是如何的出色和卓越，他们一定也是没有办法很好地研究和著述佛教历史的。

二

而 Lopez 教授所说的"佛学家们不在乎历史"，似乎同样也是一个当今学界相当普遍的现象。佛教作为一种宗教传统，它本身就不重视历史，或者说它根本就是超越时空概念的，是反历史的（ahistorical）。印度佛教对历史事件、人物生平和年代等重要历史信息的轻视和缺载是一个十分普遍的现象。佛教徒笔下的历史记载通常充满了神话和传奇色彩，他们追述的人物、事件的发生年代前后或相差几十年甚至几百年也是司空见惯的。所以，为了重构印度佛教的历史，人们或常常必须要借助相对而言比较重视历史记述的汉族和藏族佛教史家及香客们留下的诸多文献记载，尽管这类记载常常也是按照他们自己的历史观念，或者说是在某个特定的历史时刻为了他们自己的某个特殊目的而重新构建起来的。例如，由藏传佛教史家、觉囊派上师多罗那他（Tāranātha，1575—1634）大师撰写的《印度佛教史》（*rGya gar chos' byung*），常常被人用作研究和重建印度佛教历史的重要历史资料，但事实上，多罗那他的这部著作中很少有来自印度的真正第一手的、可靠的历史资料，其中绝大部分都是他根据西藏本地已有的传说和叙事构建起来的，我们断不可把它当作有关印度佛教历史的最权威的信史来读[①]。

另一个或许也能够为我们说明佛学家们为何不在乎历史这一现象提供充分证据的事实是，一部佛教的历史，甚至可以说佛教史家笔下的所有历史书写，实际上都是严格按照佛教的世界观、价值观和历史观重新构建起来的一整套佛教化了的历史叙事。它是被

[①] David Templeman, *Becoming Indian: A Study of the Life of the 16 - 17th Century Tibetan Lama*, *Tāranātha*, Monash University, 2009.

彻底地篡改过了的、佛教化了的历史,通常只是按规定的时间顺序而编排的形象化了的佛教观念/概念的历史,而绝不是真正的、客观的历史。这种渗透一切的佛教化历史的传统在藏传佛教历史书写传统中表现得最为显著,也最为彻底。至迟从13世纪开始,西藏的所有历史撰述严格说来都不过是于当时西藏佛教语境中产生出来的佛教世界史。在这个将西藏社会彻底佛教化的过程中,所有世俗的历史内容不是被无视,就是被按照佛教世界观及其历史逻辑篡改和重新书写的。从此,西藏的历史被定格为一部千篇一律的教法史(chos' byung,或曰"教法源流")。是故,虽然藏文历史文献之丰富令人叹为观止,但若想从中找出一些纯粹世俗历史的内容却难之又难①。

　　严格说来,唯有在彻底佛教化之前出现的敦煌古藏文文献中才保留了不少西藏古代世俗社会历史的内容。而经过佛教化以后的西藏历史则面目全非,乃至西藏人成了印度释迦家族的后裔,西藏是观音菩萨的化土,从松赞干布到达赖喇嘛都是观音菩萨的化身或者转轮圣王等等。在这样的情形之下,如果你不懂得佛教,那么你就根本无法理解这个已经彻底被佛教化了的西藏社会,也就根本没法进一步了解和书写西藏的历史。最近,Sam van Schaik 和 Imre Galambos 二位先生发表了他们合作研究的一项出色成果,终于揭开了被认为是藏传佛教后弘期发源地之一的朵思麻寺院丹底寺(Dan tig)这一名称的来历。"丹底"这个名称听起来显然不像是藏语寺院名称,它的来历和意义皆不明白,长期以来令藏学家们深感困惑。而 Schaik 和 Galambos 的研究表明,Dan tig 原来是根据佛经《太子须大拏经》中的"檀特山"这个名称来命名的,这是一个王子先遭放逐后来又回归的地方,喻指佛教复兴之地。来自乌思藏的佛教僧人一定就是从这部佛经中得到了启发,故特意把这个他们想要于此重建和复兴佛教寺院戒律制度的地方命名为 Dan tig,即"檀特山"了②。

---

① 沈卫荣、侯浩然:《文本与历史:藏传佛教历史叙事的形成和汉藏佛学研究的建构》,北京大学出版社、中国藏学出版社,2016年。
② Imre Galambos and Sam van Schaik, "The Valley of Dantig and the Myth of exile and return," *Bulletin of the School of Oriental and African Studies*, Vol. 78/3, 2015, pp. 475–491.

这个例子说明,要是历史学家不懂佛教,那么再好的藏学家恐怕也难以揭开隐藏在 Dan tig 这个名称后面的真实含义。

值得强调的是,在佛教化后的历史叙事与真实的佛教历史之间,自然是存在很大的差距的。一部所谓的教法史,通常就是一部按照佛教世界观书写的佛教历史叙事,而非现代学术意义上的佛教史。例如,按照佛教世界不断堕落和需要拯救的历史观念,藏传佛教史基本上就是一部腐败和改革不断循环的历史[①]。在这样的一种叙事结构的影响之下,后人不由自主地整个误解了藏传佛教的历史。譬如对宗喀巴大师之宗教改革家形象的创造和建构,就严重地误导了历代佛教史家对格鲁派教法的理解,让人以为格鲁派的宗教主张和特色只是严持戒律,重在整治宗教体制、纪纲。实际上,宗喀巴大师不但是一位杰出的宗教理论家,持戒谨严的大律师,而且也是一位有大成就的密教上师。总而言之,格鲁派在教法上与分属于新派密咒(gsar ma pa)的其他教派,如萨迦派、噶举派等,并没有根本的不同,宗喀巴倡导的所谓宗教改革并不是要革这些教派的命。将宗喀巴塑造成为一位宗教改革家完全是出于要构建一部佛教从腐败到改革不断循环往复之完整历史的需要。是故,宗喀巴必须是一个于前一位宗教改革家阿底峡(Atīśa Dīpaṃkara Śrījñāna, 982—1054 CE)涅槃之后四百年出现的"第二佛陀",以担负起于雪域重振佛教纲纪的重任。在阿底峡之前,至少还有龙树菩萨和莲花生大师二人,同样也被塑造成了推行宗教改革运动的"第二佛陀"。

在这种佛教化历史之书写传统的长期影响之下,即使是当代的佛教史家依然很难脱离这种佛教史观,摆脱这种历史传统对他们的影响。他们常常会自觉或者不自觉地把这种佛教化了的历史书写当作真实的一手资料来引用,把历史叙事当成真实的历史,乃至全盘照抄这种带有强烈的佛教意识形态和明显的教派偏见的历史。例如,19 世纪格鲁派佛教史家土观曲结尼玛(Thu'u bkwan Chos kyi nyi ma,1737—1802)上师著作的一部以格鲁派视角为出发点而进

---

① 沈卫荣:《作为一种历史叙事形式的"腐败"与"改革"》,葛兆光等:《殊方未远:古代中国的疆域、民族与认同》,中华书局,2016 年,第 246—253 页。

行的判教类著作《土观宗派源流》(Thu'u bkwan grub mtha'),经常被后世中外佛教史家用来当作书写藏传佛教历史的经典素材,于是,他书中那些充满了明显格鲁派色彩和偏见的判教性内容演变成了近代以来国际佛教学界有关藏传佛教各教派历史的标准叙事。例如,西方学界最早对西藏苯教(Bon)历史作了系统研究和著述的早期德国藏学家 Helmut Hoffmann 先生,他对苯教之历史、教法的叙述,特别是对苯教历史发展阶段的划分,就完全照搬了《土观宗派源流》的说法,于中西方学界几十年来对苯教历史的研究造成了十分重大的影响,以至于很多说法虽然已被最新的研究证明是明显不正确的,却依然很难被纠正和改变过来①。

  当然,与任何历史书写一样,佛教史的研究和书写还受到了其他历史叙事模式的影响。例如,黑格尔的"有机历史发展观"也对佛教历史的构建产生了明显的影响。按照这种历史观,任何历史都是一个从生至死的有机发展过程,而印度佛教则早已经完成了这一从生至死的完整过程,即由佛陀出生,历经小乘、大乘佛教两个阶段的发展达到鼎盛时期,再经密乘佛教的出现而开始衰败及至走向灭亡,所以佛教史的书写必须严格按照这种有机的发展模式来规划和设计。若按照这个有机的时间顺序来构建佛教之发展过程的历史纪年,那么,密乘佛教一定不能出现太早,它必须是大乘佛教由盛而衰之历史发展过程的产物,而且,它也必须是腐朽和堕落的,并最终会导致佛教走向灭亡②。显然,按照这种有机历史发展观设计出来的佛教历史,一定是无法与真实、复杂的佛教历史一一对应的。晚近如 Sanderson 先生等对密教起源之历史的研究充分表明,密乘佛教的出现从时间上要比人们设想的年代早得多,它显然不是大乘佛教之发展由盛及衰、走向衰亡的必然结果。再说,虽然佛教一度曾于印度消亡,但它却早已走向了世界,并演变成了具有世界意义的

---

① Helmut Hoffmann, *Quellen zur Geschichte der tibetischen Bon-Religion*, Mainz, 1950; *The Religions of Tibet*, Allen & Unwin, 1961.
② Christian K. Wedemeyer, "Tropes, Typologies, and Turnarounds: A Brief Genealogy of the Historiography of Tantric Buddhism," *History of Religions*, Vol. 40, No. 3 (Feb. 2001), pp. 223–259.

三大"世界宗教"之一;它至今依然还是一个活着的传统,而密乘佛教的发展则更是方兴未艾,愈演愈烈,一部佛教史还远没有完成其从生至死的这个有机过程。

其实,即使在佛教教法内部,有关佛陀涅槃的年代、佛法住世时间以及与此相关的像法、末法时代之持续时间和未来佛弥勒确切的降世时间等等,都有种种不同的说法。对于它们的讨论一般都与在不同地区、不同时代和不同语境下,佛教史家对包括佛陀涅槃年代在内的佛教史的建构有很密切的关联,故对它们的研究都必须与对各个特定的地区和各个特定的时代的特定历史语境的考察结合起来。即使被认为是密乘佛教最殊胜之"无二续"的《时轮本续》,其中有关包括佛灭年代等与佛教历史之年代顺序相关的内容,其本身也说法不一,再加上不同的译文和传轨之间的差异,给后人确定佛教历史发展的年代顺序留下了很大的解释空间。所以,若要对佛教历史进行当代意义上的学术研究,首先必须排除佛教史观本身对我们施加的巨大影响①。

三

总而言之,Lopez先生说的"历史学家们不懂佛教,而佛学家们不在乎历史",可谓一针见血,这确实是当今学术界,特别是历史学界和佛教学界实际存在的一个不可忽视的现象。那么接下来的问题是,我们又应当如何看待今日的佛学研究呢?我们应当如何来评价今天世上流传的那么多的佛教史类著作呢?毋庸讳言,我们今天常见的佛教史著或者是一部只有历史、没有佛教的作品,其中只有筋骨,没有血肉,而且还充满了佛教史观影响下的各种陈词滥调。严格说来,它们是佛教史观主导下的佛教历史叙事,而不是科学、客观的佛教史。它们或者只有佛教而没有历史,是从某个佛教教派的观念、视角出发,对整个佛教历史所作的年代建构、理论诠释和哲

---

① Leonard van der Kuijp, "The Magic Wheel of Time and the Search for the Dates of the Buddha's Nirvana, the *Anno Nirvanae*," forthcoming.

学/教理评判。它们可以完全忽视历史传承,还常常会出现年代倒置或者张冠李戴的现象。一部佛教史/思想史中随处可见脱离了历史语境而对佛教及其思想所作的随意和武断的诠释。

那么,有鉴于此等乱象,我们究竟应该如何来研究佛教呢？我们应该运用何种学术方法来重建真实、可靠的佛教历史呢？应该说,普通历史学家或可以不懂佛教,但佛教史家则必须懂得佛教。而佛学家们则无论如何都必须具备强烈的历史意识,否则他们不但没有办法从事佛教史的研究,而且也将违背现代人文科学研究必备的学术批判精神。首先必须明确的是,我们今天所从事的佛学研究与其说是佛学(神学)、哲学研究(philosophical and theological studies),倒不如说是一种历史的和语文学的研究(historical and philological studies)。因为处于当代人文科学体系中的佛学研究,它不再是传统意义上的神学或者经学,而是一种哲学史、思想史式的研究。为什么这样说呢？这或许需要我们从现代人文学科的起源说起。严格说来,在形成现代人文学术,并严格划定文学、历史、哲学等人文学科的分野之前,人类的知识体系只有哲学和语文学两种。前者是对思想、观念和智慧的热爱,而后者是对言语、语言和学问的热爱；前者是我们高山仰止的哲学、思想和智慧,而后者则是集合了人类意识所有已知知识的学问和学术。而现代人文科学之形成的重要标志之一,就是以语文学的研究来打破传统神学、经学对于人类思想和精神世界的统治,形成一种客观、科学的学术,而不再以神谕、天启的教条和信仰来统治人类的意识和思想。不管是"我注六经",还是"六经注我",它们都与现代人文学术的科学理念和批判精神背道而驰。现代人文学术的一个基本条件就是必须采取一种历史的和语文学的学术取径(historical and philological approach)来探索和研究人类所创造的一切物质和精神文明。在现代人文学术的体系中,即使是哲学、宗教,甚至神学、经学研究,原则上它们首先必须与传统意义上的哲学、宗教相区分,甚至脱离,方才可以成为一门现代意义上的人文学科。现代人文学科的每一个分支学科都必须是一门解释学的(hermeneutic)学问,而不是一门超验的、先知式的,且必须先受了灌顶、得了随许之后方可进行秘密授受的学问和传统(hermetic tradition)。因为它不再是从信仰出发来传播和宣扬上帝、耶稣,或者佛陀和其他古代之圣贤们直接的预言和神谕,而是要对这些预言和神谕进行科学研究的一门客观和精细的学问①。

所以,在现代人文学术的总体架构之中,哲学、宗教研究应该是一种对文本进行的历史学的和语文学式的研究,是一种宗教史、哲学史式的研究,而不再是对宗教和哲学教条的迷信式的传扬,更不是宗教和哲学本身。在西方学术史上,人们习惯于将哲学/神学(philosophical/theological)的方法与历史学/语文学(historical/philological)的方法列为对立的二极,前者是传统的神学、经学,而后者才是人文学术。佛学研究要从传统的神学、经学传统中解放出来,转变成为一门现代意义上的人文学科,就必须要求研究者与其所研究的对象保持足够远的距离,并能够采取学术客观和价值中立的态度。严格说来,一位虔诚的佛教徒是很难同时成为一名优秀的佛教学者的,因为要他/她对其所持信仰保持学术研究必备的批评精神是一件不容易做到的事情。但是,佛学研究要走出传统神学或者经学的藩篱,就必须采用历史学的和语文学的研究方法。所以,不管是研究佛教的历史,还是研究佛教的义理、教法,它首先应该是一种文本的研究、历史的研究,或者说是一种通过对文本的研究来构建其历史的研究。

长期以来,西方佛学研究的主流即是一种被称为"佛教语文学"(Buddhist Philology)的传统②。佛教语文学家们千方百计搜集各种文字的佛教文献,特别是梵文、巴利文、汉文和藏文佛教文献,然后

---

① 关于语文学与现代人文学科的关系参见 James Turner, *Philology: The Forgotten Origins of the Modern Humanities*, NJ: Princeton University Press, 2015。关于佛教与佛学研究关系和方法的讨论可参见 José Ignacio Cabezón, "Buddhist Studies as a Discipline and the Role of Theory," *Journal of International Association of Buddhist Studies*, Vol. 18, No. 2, 1995, pp. 231-268。

② 关于佛教语文学的基本介绍参见 K. R. Norman, *A Philological Approach to Buddhism*, *The Bukkyō Dendō Kyōkai Lectures 1994*, The Institute of Buddhist Studies, Tring, UK, *The Buddhist Forum*, Vol. V, School of Oriental and African Studies, University of London, 1997。

对它们进行精细的整理、校勘和编辑,一丝不苟地制作这些文本的精校本(critical edition),或者对同一个文本进行多语种、多版本的对勘,试图建立起一个相对比较可靠的文本基础,然后对它们进行翻译、注释,并用心探究这些文本及其流传过程的语言和历史背景,为它们大致设定原初的语言和历史语境(contextualization),并为这些文本的产生和流传构建出一个相对可靠的历史年代顺序,为文本中所表达的思想、义理梳理出大致的发展阶段,并最终对其作出符合其本来意义的解读和诠释。一部西方的佛学研究史,总体说来就是用历史学的和语文学的方法研究各种语文的佛教文献(文本)的历史。

  佛教语文学对从事佛学研究的学者们有极高的语文要求:他们必须掌握多门古代佛教语文,若没有精通至少一门、最好多门古代佛教语文的能力,他们就无法从事佛学研究。佛教语文学对文本的厘定,即对文本的编辑、校定、对勘、翻译和注释等,都有一套十分精致、严格的技术要求和学术规范,一个没有精通多种古典佛教语文、未经受过严格的语文学训练的人,和一个没有耐心遵守语文学的各项规则要求和技术规范的人,他们都没有资格和能力从事佛教语文学研究。佛教语文学为初学者设置了一条很高的学术门槛,入门既不易,想要登堂入室、得其奥妙就更是难上加难。进入 21 世纪以来,国际佛学研究无疑已呈多元趋向,并倡导跨学科的研究方法,然而,于国际佛学界占明显强势地位的印藏佛学研究(Indo-Tibetan Buddhist Studies)则依然坚守着佛教语文学的传统。特别是近几十年来,以研究法称(Dharmakīrti, fl. c. 6th or 7th century)作品为代表的梵、藏文佛教因明类著作为主的京都/维也纳学派异军突起,他们的佛教语文学实践及其优秀成果,将佛教语文学的精致和复杂推到了一个后人难以企及和踵武的高度,标示着印藏佛学研究进一步的强势发展。

  以印藏佛学研究为代表的佛教语文学于今日所达到的这种前所未有的学术水准和技术高度,既令国际学术同行们肃然起敬,但难免也会令后来者望而生畏,产生了一种物极必反的负面效应。今日常听到有人因此而把佛教语文学当作一种十分机械的、技术的、密集型的工匠式劳动,认为语文学家们过分地专注于制作精校本,进行文本对勘,执着于对文本中的语词、语法、修辞之差别的辨别和

回归语文学

校正等细枝末节,而忽略对文本之主题思想的挖掘和领会。这样的研究缺乏思想性、理论性和哲学高度,即所谓"章句小儒,破碎大道",它对佛教之教法、义理和历史研究之进步的意义,当远不如后现代理论家们对佛教思想、哲学所作的启示式的理论诠释,也不如他们用新的理论和范式对佛教思想、历史所作的建构或者解构。与这种观念相应,佛学研究往往被人设定为分别以语文学和以理论诠释为主导的两种截然不同的学术进路,语文学和理论甚至被想象成互不相融、互相抵触的两个极端,好像从事佛教语文学的研究者一定不懂或者不在乎佛教的思想和哲学,而重视佛教思想之理论诠释者则一定没有能力或者根本不重视对佛教文本进行细致的语文学研究。而佛教理论家们对于语文学的无知和无能,导致他们自然地倾向于教条式地接受各种时髦的理论和范式,把注意力转向于缺乏实证根基的理论,而抛弃了佛学研究的根本——文本研究。如果说前一种重视佛教语文学的研究进路可以欧洲的佛教语文学家们作代表的话,那么后一种重视理论诠释和范式创新的佛学研究者指的则多半就是那些缺乏过硬的语文学功夫的北美学者。

必须指出的是,将上述佛学研究的两种不同的取径极端化为两条互相对立、互相排斥的学术道路,无疑是片面和不正确的。事实上,佛教语文学之严格的实证性和复杂、精致的技术要求不过是学术外表和学术手段,它的深层的学术目的也无外乎是要精确地重新勾画佛典之原貌,并进而正确地理解佛陀之微言大义,精到地诠释甚深和广大的佛教思想与哲学。佛教语文学的手段从表面上看很技术、很细碎,但本质上却是思想的、哲学的。正如印度学家 Sheldon Pollock 先生对语文学所作的最新定义一样,语文学是"让文本产生意义的一门学科"(the discipline of making sense of text),属于解释学的范畴;它不是一门单纯研究语言、语言结构,或者语法、修辞和逻辑的学问,语文学研究的最终目的是要揭示和解释文本的思想和意义①。所以,

---

① Sheldon Pollock, "Future Philology? The Fate of a Soft Science in a Hard World," *Critical Inquiry* Vol. 35, No. 4, The Fate of Disciplines, 2009, pp. 931–961.

佛教语文学研究的目的并非只是严格地厘定佛教文本,而是要揭示和解释这些文本的思想和意义。大家都知道,日本创价大学的辛嶋静志教授可称为当今世界最杰出的佛教语文学家之一,也可以说是"一个世界上最懂佛教文献的人",但即使像他这样把佛教语文学研究做到了极致的人,却依然明确声明他所"理想的文献学不是为了文献学的文献学",他自己所选择的研究佛教的学术道路是一条"从文献学到哲学"的道路①。近二十余年来,辛嶋先生经年累月地研究佛典语言、编排佛语词典。这些于外人看来十分机械、枯燥的工匠式劳作,于辛嶋先生自己却直指精义,且妙趣横生,充满了智慧和思想。他这样下苦功夫的目的是为了"在研究思想史时直接接触原典,虚心读懂原典,努力用原典来证实其内容及其历史",所以他做的是"用文献学来探讨佛教思想史的研究"②。

像辛嶋先生一样,一位优秀的佛教语文学家怀抱的学术理想一定是同时要成为一名优秀的佛教思想家、佛教哲学家。而一位对构建佛教历史或者理解和诠释佛教思想有很高的学术和理论追求的佛教学者,首先也必须接受良好的佛教语文学训练。如果一位佛教哲学家完全缺乏阅读、理解佛教文献的最基本的语文学训练,完全不在厘定和精读佛教文本、构建每个文本独有的语言的和历史的语境、细致地辨别和品味文本言词间的细微差别(nuance)等语文学家所专擅的方面下足够的工夫,而是一味地追求理论创新、提升思想高度,或者想用花哨、时尚的学术范式来规范佛教哲学、义理,构建佛教历史,"不鸣则已,一鸣惊人",那么,他/她就永远也达不到辛嶋先生已经达到了的那种"海阔凭鱼跃,天高任鸟飞"的境界,他/她的崇高的学术理想也就永远只能是镜花水月,如梦似幻。试想,即使像尼采这样举世无双的哲学家、思想家,他作为古典语文学教授而撰写的第一部著作《悲剧从音乐精神中诞生》却成了世界语文学史上最著名的一场"悲剧"。因为它完全违背了语文学的基本学术原

---

① 辛嶋静志:《佛典语言及传承》"后记",中西书局,2016年,第425—431页。辛嶋先生和其他日本学者都习惯于将philology翻译成"文献学"。
② 辛嶋静志:《阿弥陀净土的原貌》,《佛典语言及传承》,第359页。

则,一出版就不幸成为众矢之的,收获了如潮般的恶评。尼采被人讥讽为"未来语文学家",几年后不得不从古典语文学教授的位子上黯然退下①。学术研究最理想的境界无疑应该是理学和朴学的完美结合,正如德国著名的浪漫主义哲学家、语文学家(印度语言学家)施莱格尔(Friedrich Schlegel,1772—1829)先生曾憧憬过的那样:"语文学家应该[如一位语文学家一样地]作哲学[式的研究],而哲学家应该把哲学也应用于语文学。"(Der Philolog soll [*als solcher*] *philosophiren*, der Philosoph soll Philosophie auch auf die Philologie anwenden)语文学家要努力赋予自己选择的学术主题和学术成果以哲学和思想的意义;而哲学家则必须把自己的哲学思想建立在经得起实证考验的语文学基础之上②。语文学和哲学、理论研究不应该互相对立,而应该相辅相成,相得益彰。如前所述,语文学是形成现代人文学科的基础和根本,语文学对于人文学术的价值和意义,就如数学对于自然科学的重要性一样。所以,所有人文学术研究自始至终都应该首先是语文学的研究,佛学研究自然亦概莫能外。

四

佛学研究,特别是佛教历史研究,必须采用语文学的方法,这一点对于佛教学者来说是不言而喻的。不管是佛教历史学家还是佛教哲学家,他们都应该既懂得历史,也理解宗教,否则就难以成为一名合格的佛教学者。然而,从过去佛学研究的历史来看,或只有以解读和诠释佛教文本为己任的优秀佛教语文学家,方能够做到既懂历史,又懂宗教,也只有在他们这里,历史和宗教才是有机地结合在一起的,是不可以截然地分割开来的。

可以说,迄今为止,佛学研究所取得的每一项重大进步都与佛教语文学密不可分,特别是佛教史研究的重大突破都是在佛教语文

---

① 详见沈卫荣:《语文学、东方主义和"未来语文学"》(待刊)。
② 参见 Ian Balfour, "The Philosophy of Philology and the Crisis of Reading," *Philology and Its Histories*, pp. 192-212。

学研究的基础上取得的。对此,我们或可以把对佛教最早期历史的研究经验当作例子来加以说明。对佛教最早期历史的研究曾经是国际佛教学界所面对的一个难点,因为我们今天所能见到的佛经,即使最早的也已经是在公元前1世纪结集而成的了。也就是说,它们是在佛陀释迦牟尼涅槃之后好几个世纪,才由后代的佛弟子们根据历代口耳相传下来的资料结集、整理而成的。然而,如果对现存下来的这些见于佛教大藏经中的佛经文献不加仔细地甄别,我们是很难确定这些早期佛经究竟是不是一次成型的,如果不是,那么其中到底哪些曾是佛陀亲传的教法,哪些又是后人增补进去的东西?为了解决这个问题,佛教学者们采取了三种完全不同的学术进路。第一种以英国佛教学者们的做法为主,他们相信所有这些佛经都是根据释迦牟尼佛亲传的教法结集、整理而成的,早期部派佛教资料中的大部分佛经,从根本上来说都具有同质性和权威性,它们中出现的一些前后不一致和不相应的东西并没有多少重要性。在口传时期,佛教教义的创造性发展是微不足道的,而且它们被成功地阻止在了佛教大藏经之外。所以,那些见于佛教大藏经中的佛经基本反映了佛陀本人所传的权威的教法。第二种方法则与此正好相反,他们对我们今天所能见到的佛经是否能够反映出最早期佛教的真实面貌抱有十分怀疑的态度,更不把它们当成佛陀亲传的教法。正因为这些佛经都是在公元前1世纪或者以后才结集的,我们并不知道它们在这以后是否还被不断地修改过,而且,若要通过对不同部派的不同版本的佛经的比较研究来重构出部派之前佛教的共同面貌的话,那么,我们将面临巨大的方法论上的困难,迄今为止我们也未能在这些佛经资料中仔细地分辨出前后不同的层次来。所以,这类学者认为,研究早期佛教的历史更重要的是要在当时留下的碑刻铭文等非佛经资料中寻找相关的、更可靠的历史资料。而第三种学术进路则以德国汉堡大学荣休教授 Lambert Schmithausen 先生为代表,他们坚持采用所谓"高等批评"(higher criticism)的学术方法来处理这些大小不一的佛教文本,即对相关的文本,或者同一文本的不同版本进行对勘,通过文本分析,探究文本成书的历史等,来确定文本中出现的增补、不同的层累和不同质的组成成分等。对于他们这些佛教语文学家而言,文本中出现的所有分歧表明的是文本的发展和社会环境的不同,文本之内容和结构的前后不一致显示出的正是文本的异质性和人为的编纂和编辑活动。这种"高等批评",实即为语文学中的文本对勘、分析和比较研究的方法,最终能够揭露文本中相对的不同阶层(层累)出现的先后次序和教法发展之各阶段的顺序,确定佛教发展各阶段的大致年代顺序,尽管若没有其他范畴的资料佐证,以这样的方式确定的这些顺序和各阶段的时间都很难达到确定无疑①。显然,上述这三种不同的学术取径各有可取之处,但无疑第三种取径是研究最早期佛教历史之最可取的正道。

这种曾被 Schmithausen 先生直接用"高等批评"来指代的佛教语文学方法,最近又被英国牛津大学教授、著名的南亚和密教研究专家 Alexis Sanderson 先生作了十分出色的发挥。后者凭借其对南亚古代宗教文献所作的十分广泛和细致的比较研究,重新考察了密教起源的历史,并对他所倡导的这种学术实践作了系统的总结,将之称为"依靠文本的比较研究来构建历史(history through textual criticism)"的学术方法。长期以来,由于缺乏传统的历史资料,国际学界对密教起源这一涉及很多种不同的古老的印度宗教传统的、极其复杂的宗教现象的研究往往如盲人摸象,难以理出其先后出现、发展的年代程序,更不用说建构起一部有相对确切的年代依据的密教形成、发展的历史了②。而 Sanderson 先生曾经通过对湿婆教(Śaivism)、五夜毗湿奴神崇拜(Pañcarātra Vaiṣṇavas)和佛教瑜伽尼本续(Yoginītantras,以无上瑜伽部母续《胜乐本续》为主)密典中出现的大量平行的段落的厘定和对勘、分析,来揭露这些文本的编辑方向(direction of redaction),即这些文本互相间的连接及其相互引用的先后顺序,然后为建立起这些宗教传统的相对可靠的年代学顺序提供证据,最终建构起这三种宗教传统形成、发展及其相互关

---

① David Seyfort Ruegg and Lambert Schmithausen (eds.), *Earliest Buddhism and Madhyamaka*, E. J. Brill, 1990, Preface, pp. 1–2.
② 参见沈卫荣:《关于密教的定义、历史建构和象征意义的诠释和争论——对晚近西方密教研究中的几篇重要论文的评述》,《世界汉学研究》,中国人民大学出版社,2013 年。

系的历史脉络,揭示了这些宗教传统之间的渊源及其互相吸收、继承和发展的关系,基本理清了这段极其复杂和难以捉摸的历史。为南亚早期宗教历史,特别是密教历史的研究作出了无与伦比的贡献①。

显而易见,上述 Sanderson 所走的这种学术进路与 Schmithausen 先生前此倡导的"高等批评"实则一脉相承。Schmithausen 先生的学术接班人 Harunaga Isaacson 教授原本就是 Sanderson 教授的学生,也是他所积极提倡的这种学术方法的最好的实践者。无疑,Sanderson 先生提倡的"通过文本的对勘、分析来构建历史"的学术进路应该是目前最适合于作佛教史研究的一条正确的学术道路。Sanderson 先生本人曾对他所践行的这种学术方法作了以下具体说明,他说:"原文本(source-texts)是所有证据中最有价值的。因为它们与别的文本不同,直接指向这个文本形成时的原初状态。所以,寻找这些原文本应当是所有从事对这类文献进行比较研究者首要关心的事。正如我的这些例子将要表明的那样,这或要求人们将他们的阅读扩展出其开始工作时的那个文本群(text-group)或者论(Śāstra)的范围。这样的[阅读]广度在任何情况下都是通往学术成就的正道。虽然[文本]对勘者就某些文本的部分而言或能得到非常好的证据的支援,但更普遍说来他将发现自己正面临的那些问题只有在对这种阅读广度的培养中才能使他有能力将它们识别和解决。有时候,他将不得不在那些同样得到了很好的检验的互相对立的文本阅读/释读(reading)中作出选择;甚至在[文本]传承能够减低到只有一种单个的文本阅读/释读的地方,他仍然必须对这种阅读/释读作出他自己的判断。如果他有理由怀疑它[阅读/释读]是

---

① Sanderson 先生的最新成果为:"The Śaiva Age-The Rise and Dominance of Śaivism during the Early Medieval Period," *Genesis and Development of Tantrism*, edited by Shingo Einoo, Institute of Oriental Culture, University of Tokyo, 2009, pp. 41–349; Alexis Sanderson, "History through Textual Criticism in the Study of Śaivism, the Pañcarātra and the Buddhist Yoginītantras," *Les Sources et le Temps, Sources and Time*, A colloquium Pondicherry 11–13 January 1997, edited by François Grimal, Institut Français de Pondichéry, École Française d'Extréme-Orient, 2001, pp. 1–47。

假的,他应该立志通过修正来消除这种错误。他在这些选择、诊断和修正等任务中的成就的大小将取决于他对一个广大的语境施加于语言、风格和意义之上的限制有多深的了解。最重要的是,若要精通这类文本,即这些写成于一个十分复杂和形式多样的宗教实践和义理世界之中,并专门从事于这种宗教实践和义理的人所写的文本,批评家必须努力对这个世界有一个更加彻底的了解。而这将把他从密教传统的一个领域引导到另一个领域,而且还将要求他,就像在他之前的密教学者们一样,必须对那些为密教打底和提供资料的领域,诸如就湿婆教和五夜毗湿奴神崇拜系统而言其吠地迦(Vaidika)仪式和诠释学等领域、密乘佛教而言其毗奈耶(律)和阿毗达磨(对法)等领域,有一个基本的掌握。如此说来,文本对勘的训练实际上就是对他所面对的、试图理解的那些文献的那个文明的深切的研究。没有文本的对勘,这样的研究就无法进行下去,因为这就是阅读这些文献的方法,而这些文献是它[文明]的最丰富和数量最多的见证。"①

综上所述,Sanderson 以文本对勘来构建历史的学术实践最关键的内容有两条:一是要找出这些文本的源头,辨明这个文本变化、发展的过程和方向,为此必须拓展阅读的宽度;二是要对产生这些文本的那个文化(文明)有深切的了解和研究。应该说,这种通过文本对勘和文献的比较研究来构建历史的学术进路是对语文学(philology)的一种新的诠释和发展,语文学本来就是一种通过厘定进而理解文本的学问。以往人们较多地从语言学,特别是历史语言学(historical linguistics)或者语言的历史研究(historical studies of language)这个角度来理解作为一种学术方法的语文学,实际上,理解一个文本仅仅依靠历史语言学的功夫是远远不够的,它同时要求学者对产生这个文本的文明有深切的了解,可以为他/她所研究的这个文本设定一个正确的语文的和历史的语境,从而在这个原初的、广阔的语境中来准确地重建这个文本的意义和价值。于此,我或可举一个现成的例子来对 Sanderson 先生所倡导的这种学术方

---

① Sanderson,"History through Textual Criticism," p. 2.

法的具体实践略加诠释。前文曾经提及,长期以来蒙元史家们对藏传佛教于蒙古宫廷内外传播的历史一筹莫展,因为元代汉文文献中出现的相关记载不但语焉不详,而且还出现了诸如"演揲儿法""秘密大喜乐禅定"和"十六天魔舞"等不为汉族史家熟悉和能够理解的词汇;而对这些词汇及其内容的解读则不可能仅仅依靠利用历史语言学的方法对它们作审音勘同就能做得到的,它更需要研究者首先对产生这些词汇的藏传佛教,特别是其独特的密教修习仪轨等有十分广泛和深刻的理解。所以,不得不再次强调的是,语文学不是语言学,研究佛教史者不能只懂语言,而应该同时也懂得佛教。

  Sanderson 先生提出的"依靠文本的比较研究来构建历史"(History through Textual Criticism),无疑可以作为语文学的一个新的重要的定义,而这样的语文学方法不只适用于研究密教起源的历史,也是研究整个佛教历史的最好的学术方法。当然,语文学也并不只适用于研究佛教历史,它更是佛学研究的基本方法,研究佛教哲学、义理同样必须依靠严谨、精致的语文学方法。当今世界上最著名的佛学家们大多数都自我定位为佛教语文学家,除了前面提到的 Sanderson、Schmithausen 和辛嶋静志等以外,还有前辈学者如 Ernst Steinkellner 和御牧克己,和当今一线的欧洲佛教学者 Harunaga Isaacson、Klaus-Dieter Mathes 和 Dorji Wangchuk 教授等,他们都自我定位为"佛教语文学家"。严格说来,上述这些知名学者中间几乎没有人是佛教史家,而更多的是研究佛教义理、思想的佛教学者(Buddhologists)。语文学家作文本研究的专业本领保证了他们研究佛教哲学、义理时时刻保持清醒的历史意识,他们将对佛教哲学和义理的诠释建立在对佛教文本之十分精致的历史学的和语文学的研究之上。

  辛嶋静志先生曾对他为何要进行汉译佛典的语言研究作过如下的解释,这有助于我们理解语文学研究与佛教哲学研究的关系。他说:"正是因为思想是通过语言表达、通过语言流传的,所以思想并不脱离于表现它的语言,而是存在于表现它的语言本身之中。不正确捕捉语言,便不可能正确理解思想。而且汉译佛典如此难解,仅满足于大约读懂,是根本不可能正确理解佛教思想的。今天我们首先应该老老实实承认自己不懂佛教汉文。认定自己读得懂,便会无意中不断犯错误;知道自己读不懂,便会开始考察为什么读不懂,这样就会打破自己的局限,重新认识汉译佛典。"①从研究佛教语言进而正确理解佛教思想的这种学术方法,我们可以从辛嶋先生对汉译佛经中对"净土"这个词语和概念的翻译、形成过程的精湛的语文学研究中得到深刻的领会。汉语"净土"既可以表示"洁净的土"(形容词+名词),也可以解释为"洁净土地"(动词+名词),而"净土"到底应该是"净佛国土",还是应该是"被[菩萨行]洁净之土"呢?辛嶋先生通过对这一语词被译介成汉语的过程中出现的种种错综复杂的语文学问题,揭示了梵汉佛经翻译中有可能出现的种种因语言(方言)、文字和文化之间的差异而导致的难以想象的错译和异译,同时向读者展示了"净土"这一对于汉传佛教而言如此重要的概念和理想是如何通过这个离奇的传译过程而在汉传佛教中逐步形成,并不断变化发展的过程,真正还原了汉传佛教中阿弥陀佛西方净土极乐世界信仰之形成的本来面貌。在这样精致和复杂的语文学研究中,诚如辛嶋先生所言,语言和思想的研究是截然不可分割的②。

当然,辛嶋静志先生对佛典语言的研究的最大学术贡献在于,他为大乘佛典之形成历史的构建和对初期大乘佛典之原貌的揭示提供了十分重要和可靠的资料。辛嶋先生研究早期大乘佛典的学术方法与前述以 Schmithausen 先生为代表的研究最早期佛典的第三种取径一脉相承,是对后者的出色继承和发挥;而其所作这项研究所涉及的语文、文献的宏富、精致和复杂程度,则足可与前述 Sanderson 先生通过对南亚多语种宗教文献的对勘来构建密教之起源的历史相媲美。由于初期大乘佛典是通过中期印度语,或者中期印度语与梵语混淆语传播的,后来才被"翻译"成梵语,所以初期梵语大乘佛典是经过了数个世纪不断的梵语化和附加、插入

---

① 辛嶋静志:《汉译佛典的语言研究》,《佛典语言及传承》,第 1 页。
② 辛嶋静志:《阿弥陀净土的原貌》,《佛典语言及传承》,第 330—359 页。

的结果,若依靠现存的、源出自11世纪以后的梵语写本,我们是无法了解初期大乘佛典的本来面目的。我们必须依靠汉译、藏译以及古代犍陀罗文化圈、中亚出土梵语断简、犍陀罗语佛典、于阗语佛典等等佛典语言资料,来追溯初期大乘佛典产生、发展和变迁的过程;同时还要参考有关碑文、考古以及美术资料等当时的第一手资料。只有综合性地考察和研究以上所有资料,我们才能达到展望初期大乘佛典的新境地。而辛嶋先生正是这么一位有能力从事这项工作的杰出的佛教语文学家,经过二十余年锲而不舍的工作,他为初期大乘佛典的研究开创了一片令人耳目一新的天地。

Schmithausen先生的《阿赖耶识:关于唯识[瑜伽行]学派中的一个中心概念的起源和早期发展》一书,是佛学研究的一部经典之作,它也是用语文学方法研究佛教思想的一部经典。作者研究"阿赖耶识"所使用的学术方法与他为研究佛教最初期之历史和文献所设定的方法完全一致,即是对最早出现"阿赖耶识"这个名相的早期唯识学[瑜伽行]派的佛教文本。特别是《瑜伽师地论》进行了十分细致的语文学[文献学]研究,通过对文本中凡出现阿赖耶识的那些段落的细致比较和分析研究,来构建阿赖耶识在不同语境中的意义,然后大致确定"阿赖耶识"这个概念的起源、意义以及它逐步发展的不同阶段①。Schmithausen先生另一个众所周知的权威领域是他对佛教与动物、植物的关系的研究,而他所采用的研究方法同样也是语文学的文本研究法,即让文本本身来说话,通过对不同时期、不同类型之佛教文本对动物、植物之观念的不同说法的揭露,来观察佛教对动物与植物的看法的演变过程,从而分析佛教思想史中有关动、植物观念之发展的不同阶段,构建一部佛教

---

① Lambert Schmithausen, *Ālayavijñāna: On the Origin and the Early Development of a Central Concept of Yogācāra Philosophy*, Part Ⅰ, Ⅱ, Studia Philologica Buddhica, Monograph Series Ⅳa-b, The International Institute for Buddhist Studies, 1987. 本书的第一册是正文论述,第二册则是对第一册正文内容的注释和附录的文本翻译和其他征引资料的目录等,这样的写作方式,也堪为佛教语文学著作的经典。

与自然之关系的历史①。

当然,语文学研究对于研究佛教义理之重要性,还在于我们在研究任何佛教文本时首先要厘定文本,确定我们所依据的这个文本本身是否正确可靠,即在同一文本之众多译本或者版本出现严重的不同时,我们首先要用语文学的方法来确定到底哪个说法是佛陀本人或者后世佛教大师们的本意,否则我们是无法来研究和诠释佛教之义理的。对此,我们或可以举以下两个实例来略作彰显。众所周知,《菩提道次第广论》(*Byang chub lam rim chen mo*)是宗喀巴最具代表性且影响极为深远的佛教见修次第纲要书,然而20世纪初一位格鲁派上师在搜集了不同地区的八九种木刻本并进行比对后发现,各个版本之间存在大量的差异,甚至还有不少完全相反的内容,如有些版本中是 med(无),另一些版本中却是 yod(有)②。对此,如果不能以语文学的方法介入,确定各版本产生的年代先后,通过严密的对勘来最大限度地消除差异带来的误读,推断造成这些差异的可能因素,从而尽可能地还原该论的原貌,我们就根本不可能断定宗喀巴到底在这些涉及"有无""是非"的重大义理抉择上说了什么。漠视这些差异不但能使藏传佛教哲学研究者的义理阐释从"胎中"就打上问号,而且随之而来的武断误读,对于将这些文本用作修行指导的传统宗教实践群体而言,恐怕更是灾难性的。再比如,中观学的核心文本——龙树的《中论》(*Mūlamadhyamakakārikā*)第二十四品至关重要的第十八颂,鸠摩罗什译为:"众因缘生法,我说即是空,亦为是假名,亦是中道义。"译文中的"即是""亦为""亦是"读起来极易让人将整个颂的主语(subject)都视为第一句的"众因缘生法",果不其然,这种解读正是吉藏所立三论宗依循的模式,更是天

---

① Lambert Schmithausen, *Buddhism and Nature*, *The Lecture delivered on the Occasion of the EXPO 1990*, An Enlarged Version with Notes, The International Institute for Buddhist Studies, 1991.

② Leonard W.J. van der Kuijp, "May the 'Original' *Lam rim chen mo* Please Stand up! A Note on Its Indigenous Textual Criticism," in Olaf Czaja and Guntram Hazod (eds.), *The Illuminating Mirror: Tibetan Studies in Honour of Per K. Sørensen on the Occasion of his 65th Birthday*, Dr. Ludwig Reichert Verlag, 2015, pp. 253–268.

台宗建立"三谛"(即空即假即中)思想的基础。然而,若详绎该颂的梵本原文:yaḥ pratītyasamutpādaḥ śūnyatāṃ tāṃ pracakṣmahe /sā prajñaptir upādāya pratipat saiva madhyamā/,可知前半颂的主语是众因缘生法,而后半颂的主语 sā(阴性)正是对应前半颂的空性 śūnyatāṃ(阴性),而不是阳性的 pratītyasamutpādaḥ(因缘生法)。因此,颂文的本义应该是:因缘生法是空性,而空性本身也是假名,这才是中道。此中涉及的两个次第的抉择绝非将缘生法、空性、假名置于同一平面。事实上,这是汉文翻译使得梵文原本的阴阳性指代关系脱落丢失导致的误读①。如果不能重回梵文原本,并与藏汉译本比较,我们根本无法得知龙树在此要表达的本怀,无从了知造成三论、天台等传规相关释读模式的背后因素,也不可能从根本上解决中观宗内部对该颂解读的矛盾②。类似的例子还有很多,如果脱离扎实的语文学研究工作,对于手头的文本不加抉择、分析与追问,就高举缘起性空、性空缘起等玄之又玄的所谓佛教哲学阐释,那么在本质上就无异于一厢情愿、自说自话的痴人说梦。这种空中楼阁式的义理研究呈现给我们的,只能是张三的宗喀巴、李四的龙树罢了。

五

长期以来,人们已经习惯于把语文学理解为"小学""朴学",觉得它不过是一门工匠式的手艺,和当代学术研究讲究的宏大叙事和理论范式格格不入。人们显然已经忘记了这样一个事实,即语文学原本才是现代人文学术的源头和根基,离开了语文学,任何人文学术都不过是海市蜃楼罢了。任何缺乏基础的语文学训练或者蔑视

---

① 事实上,这一问题同样存在于藏译本中。笔者比较了藏土历代的《中论》释疏,发现对该颂的解读符合梵本原意者无不参考了印度的释疏。例如宗喀巴严格参照月称的《中论》释论《明句论》(*Prasannapadā*)而写成的《中论释·正理海》(*rTsa shes rnam bshad rigs pa'i rgya mtsho*)即是如此。
② 参吴汝钧:《龙树之论空假中》,《佛教的概念与方法》,台湾商务印书馆,1998年,第75—97页;另参邵颂雄:《龙树赞歌集密意》,全佛文化,2015年,第30—35页。

语文学规范者,都不过是一些披着职业的外衣,精通"快乐原则"(the principle of pleasure),专擅趋乐避苦、浑水摸鱼的文人骚客。但是,就像人们常引用的哈佛大学教授、拜占庭学家 Ihor Ševčenko 先生曾经说过的那句话一样——"语文学就是设定和解释流传到我们手上的文本。它是一件很狭窄的事情,但离开了它任何其他事情都是不可能的(Philology is constituting and interpreting the texts that have come down to us. It is a narrow thing, but without it nothing else is possible)"①,在现代人文学术的语境之下,任何不遵循语文学原则,经不住语文学规范检验的所谓研究,都是不学术的。

就如整个当今学界错误地把语文学和理论树立为互相对立的两个极端一样,佛教学界不但将印藏佛学研究和汉传佛学,或者说东亚佛教研究,划分为两个很少有关联的学术领域,而且还认为印藏佛学研究者做的是语文学,而汉传佛学研究推崇的是思想史、哲学史式的研究,所以二者各擅其美,互相难以对话和沟通。显然,这是一种建立在对语文学和印藏佛学研究的误解之上的错误认识。如前文所述,不管是语文学还是印藏佛学,都不是一门机械的、技术的学问,虽然它们确实对解读文本设定了一整套十分高精尖的技术要求和学术规范,但其最终目的无非还是为了要保证他们能够正确解读这些他们处心积虑地搜集和厘定的文本的本来意义,揭示这些文本的思想和历史价值,而这正是学术研究该走的正道。相反,不对文本作精致的语文学解读,或者根本不从对文本的整理和研究出发,天马行空般奢谈佛教的思想和哲学,这就必然会违背现代人文科学的基本的学术原则和科学精神,使得佛学研究重又倒退回前近代的神学和经学的范畴之中。所以,笔者以为,当今从事印藏佛学研究者理应继续坚守语文学的传统和阵地,而从事汉传佛教,或者东亚佛教研究的学者们,则也应该回归语文学的核心实践,以将佛学研究整合成为一个具有相同的学术规范和学术水准的、可以互相对话和沟通的学术整体。

---

① Jan Ziolkowski (ed.), *On Philology*, Pennsylvania State University Press, 1990.

丝绸之路上的
疑似吐蕃佛塔基址

——青海都兰考肖图遗址性质刍议

仝 涛

摘 要：位于青海省都兰县的考肖图遗址，20世纪90年代曾经开展过一些考古发掘工作，揭露了一批重要遗迹现象，出土了一批富有特色的遗物。遗址主体结构为一座高大的土墩，发掘表明其内部是用土坯和夯土砌筑，平面结构为十字形。土墩周围分布有成排的方形房址，最外围修筑有长方形围墙，大小与古城相当。该遗址至今仍然被多数学者认为是一处吐蕃时期墓葬。但通过对考肖图遗址的选址、主体建筑的形制结构、配套设施的规模与布局、出土器物所显示的使用功能和宗教内涵的分析，可以认为它与吐蕃时期的墓葬特征具有很大区别，很有可能是一座吐蕃时期以佛塔为中心的寺院建筑，而与墓葬无涉。同时，遗址出土物中也蕴含了可能属于吐蕃时期苯教的因素，显示了当时的宗教文化特征。根据出土物年代特征，并结合吐蕃时期佛教输入及发展的历史背景，推断该遗址可能修建于吐蕃在全境大建佛寺的赤松德赞或热巴巾时期，佛塔造型模仿了卫藏地区吐蕃佛塔，间接地接受了东印度或孟加拉地区同时期金刚乘寺院影响，这与吐蕃佛教的输入路线是相互吻合的。

关键词：考肖图遗址；吐蕃；佛塔；金刚乘

20世纪90年代，在青海省柴达木盆地东南边缘的香日德和都兰附近，青海省考古工作者发现了至少三座类似"古城"的吐蕃时期遗存——考肖图遗址、英德尔遗址和红旗遗址（图1）。每个遗址都有类似城墙的长方形围墙，其内有一座巨大的、类似吐蕃墓葬封土的土墩遗迹。1996年，青海省文物考古研究所对其中的考肖图遗址进行发掘，揭露了一批重要遗迹现象，出土了一批富有特色的遗物[①]。关于

[①] 蔡林海：《都兰县考肖图吐蕃时期遗址》，中国考古学会编：《中国考古学年鉴1997》，文物出版社，1997年，第239页。

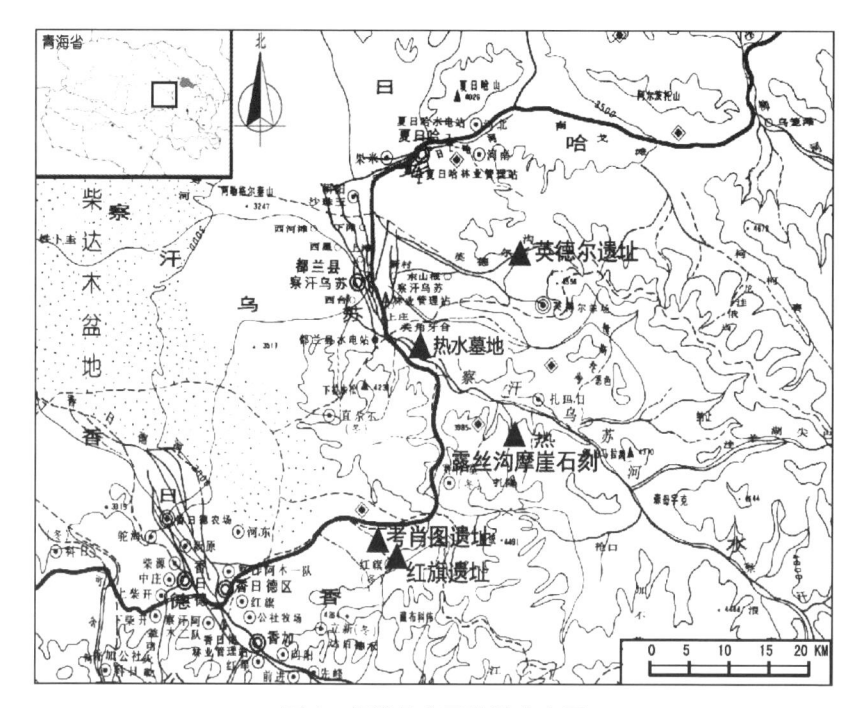

图1 都兰县主要遗址分布图

该遗址的性质,此前有过几种不同看法。有学者认为是吐蕃墓葬,包括该遗址的发掘者许新国[1]、汤惠生[2]、阿米·海勒(Amy Heller)[3]以及部分日本学者[4]等。还有人认为是祭祀遗址或祭祀台,但其具体祭祀对象不明。参与该遗址发掘的青海省文物考古研究所蔡林海曾指出,它可能是"一座具有浓厚的中亚风格的佛塔"[5],但这一很有见地的看法没有得到广泛的关注和讨论,至今在

---

[1] 许新国:《中国青海省都兰吐蕃墓群的发现,发掘与研究》,《西陲之地与东西方文明》,北京燕山出版社,2006年,第132—141页。
[2] 汤惠生:《略说青海都兰出土的吐蕃石狮》,《考古》2003年第12期。
[3] Amy Heller, Some Preliminary Remarks on the Excavations at Dulan, *Orientations*, 1998, 29/9, pp. 84–92.
[4] (日)丝绸之路学研究中心编:《中国青海省丝绸之路研究》,《丝绸之路学研究中心学刊》,Vol. 14,奈良国际基金会,2002年,第85—88页。
[5] 蔡林海:《都兰县考肖图沟吐蕃时期遗址》,中国考古学会编:《中国考古学年鉴1997》,第257页。

《中国文物地图集·青海分册》①及考肖图遗址的现场说明牌上,仍然认定为"考肖图古墓",甚至被当地人讹称为"观象台"或"祭天台"。由于当年的发掘报告尚未整理出版,迄今所公布的资料都比较零碎,对其进行全面讨论的时机还不成熟,但由于近年来青藏高原东部吐蕃时期佛教摩崖石刻的批量发现②,使得吐蕃佛教的相关研究引起越来越广泛的关注,对于考肖图这一沉寂多年的争议性遗址,很有必要重启更为深入的讨论。本文根据已经披露的零散资料,辅以田野考古调查所得,尝试对该遗址性质、内涵及功能作一初步的探讨。

一 考肖图遗址概况

考肖图遗址位于都兰县香加乡考肖图沟内(N 36°01′52.18″,E 98°05′50.21″H 3 396 m),西距青藏公路6千米,地势平坦开阔,周围群山环绕。遗址总面积约3万平方米,文化堆积厚达1.5—2米,主要遗迹包括大小2座围墙、1座塔形基址、1座覆斗形祭台和密集分布的房屋基址(图2)。大围墙平面呈长方形,西北—东南走向,东西长176米,南北宽134米,东墙似开有一门,西墙保存较好。墙基宽约5米,高2.5米。围墙内东南部区域已被发掘,塔形基址位于东南角,发掘前为一馒头状土墩,表面有较厚的覆土,内部为土坯垒砌的塔形建筑机构(图3、图4)。

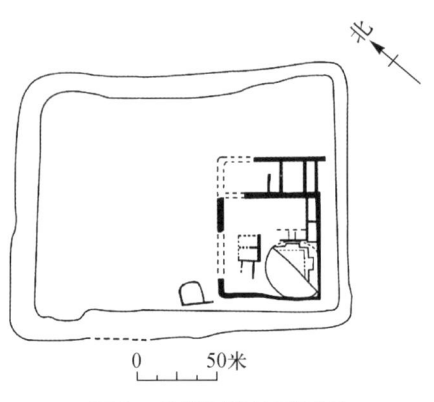

图2 考肖图遗址平面图

---

① 国家文物局主编:《中国文物地图集:青海分册》,文物出版社,1996年,第186页。
② 霍巍:《青藏高原东麓吐蕃时期佛教摩崖造像的发现与研究》,《考古学报》2011年第3期,第353—384页。

丝绸之路上的疑似吐蕃佛塔基址

图 3　考肖图遗址内的塔形基址（东北—西南）

图 4　考肖图遗址内的塔形基址（东南—西北）

塔基平面呈十字形,在方形主体建筑的四个侧面各凸出一个马面形结构,边长30米,高7.8米。塔基用砾石铺就,塔身四面由内外两重土坯围墙筑成,中间形成廊道。塔身肩部以上部分向上收分,顶部以上残缺。北侧的马面形结构经过清理,出土有三个带有墨绘图案和古藏文的马头骨、古藏文木简牍、白色卵石和羊肋骨,两块绘有图案的羊肩胛骨,一枚"开元通宝"钱币。塔体地面以下部分尚未完全揭露。

塔形基址的周围分布有较多建筑基址,平面呈方形,围绕塔址分布,排列较为整齐。这一部分发掘面积较大,出土了一批陶器、铜器、漆器、骨器、石器、铁器等。出土器物中有大量陶片,少数能够复原。陶器以泥质灰陶为主,少见泥质红陶,器形有罐、瓮、钵、杯等,多小平底器,陶器以素面为主,纹饰有折线纹、弦纹、叶脉纹、水波纹、缠枝纹等。铜器有铃、牌、鎏金莲花纹饰物等。还发现残损漆甲一副,由10余种不同规格的漆甲片缀合而成。在围墙内还发现有石碑、石狮、石柱础等。

外围墙外东南侧有较小的一座方形附属小围墙,方向与大围墙一致,东西长160米,南北宽110米,门向不明。附属外城内东南角有2处土堆,外城外西南角有3处土堆。

根据出土物特征,发掘者将考肖图遗址的年代定为吐蕃时期。遗址中出土有开元通宝铜钱币。汤惠生文中说"据判断可能铸于开元十七年(729年)"[①],但没有提供论证过程。古钱币专家尼克劳斯·奥德斯(Nicholas Rhodes)则认为铸造于乾元年间(758—760),当时唐肃宗铸造大量开元通宝,一些含铅合金钱币是在新疆铸造的,地点可能是在于阗。乾元之后铸造停滞,在吐蕃占领之前于阗还有少量生产,但唐朝的其他地区基本上不再铸造了,这导致800年前后流通货币的普遍匮缺。根据此观点,该钱币支持将考肖图遗址的下限定在841年后不久,因为这个时候一种新型的钱币在整个中国大量铸造了[②]。因此,考肖图遗址的年代应该在8世纪中期到9

---

① 汤惠生:《略说青海都兰出土的吐蕃石狮》,《考古》2003年第12期,第82页。
② Amy Heller, "Some Preliminary Remarks on the Excavations at Dulan," *Orientations*, 1998, 29/9, pp. 84-92.

世纪中期之间。

其他出土物也与钱币显示的年代相吻合。塔形基址中出土的古藏文木简牍,形制、大小都与都兰热水墓地发现的木简相似。此外,石狮和石碑也是在吐蕃时期大型墓地和寺院中常见的标志性配置。从石狮造型来看,也具有吐蕃时期石狮的典型特征。

二 主要遗迹和遗物的讨论

通过对考肖图遗址出土的主要遗迹和遗物的讨论,可以大致确定该遗址的性质和功能。

(一) 四出十字形塔基

考肖图遗址塔基周边有两重长方形围墙,内墙内侧修建有成排的方形建筑,形成小型的寺院,可供僧侣居住和进行法事活动。外侧城墙规模较大,俨然一座小城,但其内部布局和功能区分尚不太明确。这些区域的出土物包括石狮、石碑、擦擦、莲花形饰物等具有宗教功能的遗物,也有一些与世俗生活相关的遗物和生活设施,如盔甲、钱币、柱础、散水等。遗址内最重要的发现就是塔形基址,该基址在发掘前为馒头状土丘,形似墓冢,这是被认为是吐蕃时期墓葬的唯一依据。吐蕃时期所见墓葬,确实有一少部分是圆形封土,但吐蕃墓葬一般不会选择在平坦开阔的平坝上,而是多建在河谷两侧的山坡之上,有背山面水、居高临下的环境选择倾向。这类墓葬一般都有通往墓室的墓道,墓道朝向山顶一侧。通常吐蕃墓葬在周围也不见有围墙或茔园,具有居住功能的建筑基址即使有数量也非常少。其周边更多的是祭祀遗迹,如殉葬的动物坑,或者分布有零星的小型陪葬墓。这些特征考肖图遗址都不具备,因此将其定性为吐蕃墓葬是缺乏依据的。

该基址经发掘后,可以复原出平面呈四出十字形的塔形结构,与中亚和新疆地区早期覆钵式佛塔形制非常接近。印度早期佛塔均为平面圆形的覆钵式塔,至贵霜时期在犍陀罗地区出现了平面为方形的佛塔,后来在侧面添加一个阶梯,然后增加为 2 个,最后增加到4个阶梯,四面各一,形成十字形塔基①。这种十字形佛塔对后来印度和中亚的佛塔形制产生了深远影响,从2世纪一直延续到8世纪末9世纪初。例如,白沙瓦地区的塔希卡佛塔(Tahkal Bala,2世纪)②和沙记卡德佛塔(Shah-ji-ki-Dheri,2世纪)③,塔吉克斯坦乌什图尔—穆洛佛塔(Ushtur Mulla,2—3世纪)④,巴尔赫地区的托普鲁斯坦姆佛塔(Tope-i-Rustam,2世纪末)⑤,塔克西拉的巴玛拉寺院佛塔(Bhamala,4—5世纪)⑥,新疆于阗热瓦克佛塔(4世纪)⑦(图5),阿富汗塔帕萨达佛塔(Tapa Sardar,8世纪)⑧等。杜齐将四面都有台阶的塔称之为"天降塔"(Lha-babs),据说是佛陀为死后升天的母亲传法去兜率天返回后的降临之地⑨。莫尼克·美拉德(Monique Maillard)将这种类型的佛塔与大乘佛教的传播新思潮联系起来,"金刚乘(Vajrayana)将扮演日益重要的角色",特别是通过某些佛教寺院来传播密宗文献⑩。

---

① T. Fitzsimmons, *Stupa Designs at Taxila*, Institute for Research in Humanities Kyoto University, 2001, pp. 20 - 27.
② Elizabeth Errington, "Tahkal: the Nineteenth-Century Record of Two Lost Gandhara Sites," *The Bulletin of the School of Oriental and African Studies*, Vol. L, Part, 2, 1987, pp. 301 - 324.
③ D. B. Spooner, "Excavations at Shah-ji-ki-Dheri," *Archaeological Survey of India*, Annual Report, 1908 - 9, Pl. X. Hargreaves, *Archaeological Survey of India*, Annual Report, 1910 - 11, Pl.XIII.
④ Nathalie Lapierre, *Le bouddhisme en Sogdiane d'après les donnees de l'archéologie (IV - ixe siecles)*, Paris, 1998, p. 29.
⑤ A. Foucher, "La vieille route de l'Inde de Bactres à Taxila," *Mémoires de la Délégation archéologique franaise en Afghanistan*, 1, Paris, 1942, pp. 83 - 98.
⑥ J. Marshall, *Taxila*, Cambridge, 1951, I, 391 - 7; III, Pl.114 - 8.
⑦ M. A. Stein, *Ancient Khotan: Detailed Report of Archaeological Explorations in Chinese Turkestan*, Vol. 1, Clarendon Press, 1907, pp. 482 - 506.
⑧ F. R. Allchin and Norman Hammond (eds.), *The Archaeology of Afghanistan: from Earliest Times to the Timurid Period*, Academic Press, 1978, p. 291.
⑨ G·杜齐著,向红笳译:《西藏考古》,西藏人民出版社,2004年,第40页。
⑩ Monique Maillard, *Grottes et mounuments d'Asie Centrale*, Paris, 1983, p. 170.

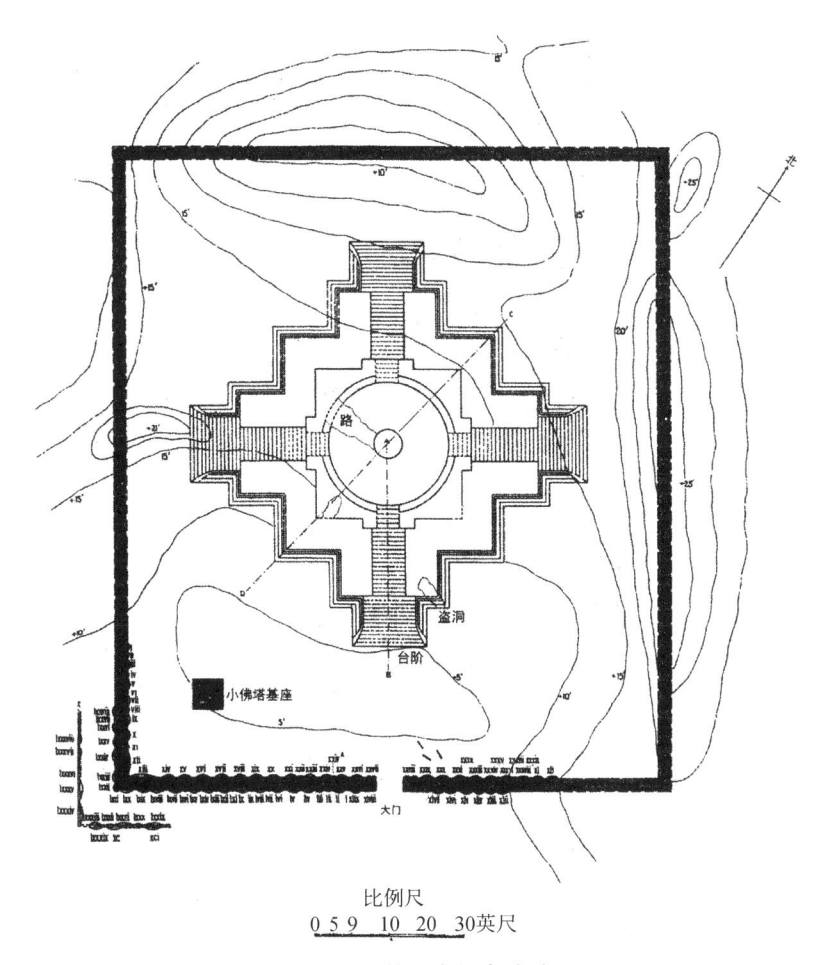

图5　和田热瓦克佛寺遗址

西藏地区的吐蕃时期佛教建筑,一开始就模仿了这种形制,应该是直接受到了印度东北部或孟加拉地区的影响。8世纪下半叶,赤松德赞赞普从印度迎请寂护和莲花生入吐蕃弘法,创建了西藏第一座寺庙桑耶寺。两位高僧均与孟加拉地区关系密切,而该地区在8—12世纪波罗王朝统治时期,金刚乘取得压倒性优势,不少寺院都具有十字形建筑布局。据记载,桑耶寺的蓝本欧丹达菩提寺(Uddandapura,飞行寺)创建于波罗王朝初期,与附近的那烂陀寺(Nalanda)、超戒寺(Vikramshila)、苏摩普里寺(Somapura)等共为波罗王朝金刚乘之中心。虽然该寺遗址具体形貌尚难确定,而苏摩普里寺①(图6)和超戒寺②的考古发掘,证实寺院中心的大型佛塔都采用了十字形平面布局。这种结构与四阶梯(修行的步骤)、五部佛(佛的空间分布)的概念相配置,是金刚乘曼陀罗的典型模式。桑耶寺内修建最早的中心殿堂乌孜大殿,也因此采取了十字形平面布局。这种布局的佛教寺院在孟加拉地区一直延续到13世纪③。

图6 苏摩普里寺遗址

吐蕃时期的佛塔建筑保留下来的极少。桑耶寺内的四座佛塔,据说可以追溯到吐蕃时期,其中绿塔台座为方形,其上塔基为四出十字形④。位于桑耶寺以西15里的五座吐蕃时期松噶尔石塔⑤,据传是寂护大师主持雕造,其中一座平面也为十字形。近年来,西藏地区的考古新发现也为吐蕃时期佛塔形制提供了更重要的佐证。在拉萨河南岸柳梧乡发现的噶琼寺遗址,是赤德松赞赞普在位时期(798—815)吐蕃王室修建的大型寺院遗址,遗址内发现有琉璃瓦、大型覆莲石柱础及"噶迥寺赤德松赞碑"残段等遗物,文献记载和考古遗存对应明确。根据记载,寺院四方修建有四座佛塔,其中西塔基址被发现并揭露出来。塔基是先铺设平面为正方形的石砌台基,然后在台基上"仿曼陀罗形制"构筑四出十字形的塔基。塔基由夯土筑成,外侧用石块包裹,边长在18米左右,很可能是因循了桑耶寺佛塔的布局和造

---

① Myer, Prudence R., "Stupas and Stupa-Shrines," *Artibus Asiae*, 1961, 24 (1), pp. 25 – 34.
② Chaudhary, Pranava K., "ASI to Develop Ancient Site of Vikramshila Mahavihara," *The Times of India*, 10 October 2009.
③ 柴焕波:《佛国的盛筵:孟加拉国毗诃罗普尔(Vikrampura)佛教遗址的发掘》,《中国文物报》2016年1月1日,第6版。
④ 宿白:《藏传佛教寺院考古》,文物出版社,1996年,第60页。
⑤ 《松噶尔石雕五塔》,西藏文管会编:《扎囊县文物志》,1986年,第37页。

型,代表了吐蕃时期佛塔的流行模式①。

随着佛教的大规模弘传,由印度和吐蕃赴印高僧自波罗王朝携来的宗教思潮和建筑艺术,势必会进一步在吐蕃统治下的青海地区施加影响。赤松德赞赞普时期开始在吐蕃境内大修佛寺,青海地区也积极参与到佛教的传播中去:当时吐蕃治下的吐谷浑王参与赤松德赞的兴佛盟誓并名列首位②;吐蕃占领敦煌时期吐谷浑人也参与到写经等佛教活动中;敦煌文书中记载在9世纪早期河源地区(贵德)已经形成一个佛教中心——墀噶寺,融合了汉地的禅宗和吐蕃的密宗③;吐蕃还在这一地区还举行印沙佛会,"脱宝相(像)于河源,印金容于沙界"④;在玉树贝勒沟、勒巴沟、都兰露丝沟、甘肃民乐县扁都口都发现不少吐蕃时期佛教摩崖石刻造像。可见这一时期青海的北部和东部地区在敦煌和卫藏地区的双向影响下,已经成为一个不折不扣的佛教弘传中心了。而作为青海地区吐蕃人最集中的聚居区和最重要的统治中心,都兰县境内出现佛塔和寺院,是完全符合其时代背景和宗教环境的。

(二) 马头骨上绘制的符咒图

在塔基北侧凸出的马面形结构中,出土三件有墨书图案的马头骨,其中两件上面带有写满古藏文的同心圆图案,中心画一带枷锁人物(图7、图8);另一件上面仅见文字,不见人形图案。这几件带图案的马头骨非常罕见,对其功能的分析有助于该遗

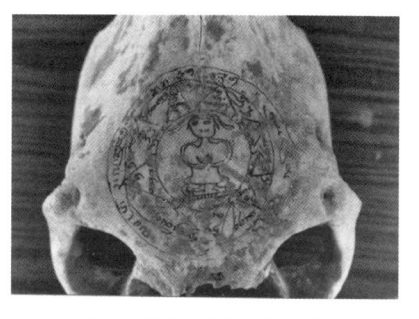

图7 考肖图出土马头骨

---

① 赤列次仁、陈祖军:《堆龙德庆县吐蕃时期噶琼寺西塔遗址》,中国考古学会编:《中国考古学年鉴2015》,中国社会科学出版社,2016年,第320页。
② 巴卧·祖拉陈哇著,黄颢译注:《〈贤者喜宴〉摘译(九)》,《西藏民族学院学报》1982年第4期。
③ H·E·理查德森著,石应平译:《吐蕃摩崖石刻的研究札记》,四川联合大学西藏考古与历史文化研究中心、西藏自治区文物管理委员会编:《西藏考古》第1辑,四川大学出版社,1994年,第127—130页。
④ 谭蝉雪:《印沙·脱佛·脱塔》,《敦煌研究》1989年第1期,第21页。

图 8　马头骨上的符咒图案

址性质和功能的认定。

阿米·海勒对马头骨图案上的古藏文进行了释读,内容为"rta sri mnan"(镇伏马鬼)。大概是用这种形式的巫术来禳退、引走成了精怪的马匹,避免其伤害其他家畜,刻画的应是符咒图案。带枷锁的人物被称为 linga("灵嘎"或"灵卡"),这个词 9 世纪从梵文译为藏文①,用来指画有敌人样貌的纸片,或是用面团捏的敌人。在"黑巫术"的藏文文献中经常可以看到,为了索取某个仇敌的性命而举行的各种巫术需要一些特殊的灵嘎画像②。这一图案与 15 世纪以来的存世文献中关于古老的黑巫术的内容非常相近,足见西藏本土文化传承的内在稳定性。石泰安也介绍了这一禳灾仪轨:"有一尊小型人像叫作 linga,这是一尊丑陋的裸体像,手脚缚住仰天而卧(用面膏、纸张和兽皮而作成),它代表着邪恶、敌人和魔鬼。"首先由一尊主神用短剑刺伤它,然后又由神侍者将它切割成碎尸③。

古代西藏"黑巫术"极为盛行,渗透上到国政要事,下至百姓日

① Samten Gyaltsen Karmay, *Secret Visions of the Fifth Dalai Lama: the Gold Manuscript in the Fournier Collection*, Serindia Publications, 1988, p. 72.
② 勒内·内贝斯基·沃杰科维茨著,谢继胜译:《西藏的神灵和鬼怪》,西藏人民出版社,1996 年,第 431 页。
③ 石泰安著,耿昇译:《西藏的文明》,中国藏学出版社,1999 年,第 220 页。

常生活。《新唐书》记载吐蕃人"重鬼右巫,事羱羝为大神。喜浮屠法,习咒诅,国之政事,必以桑门参决"①。《西藏的神灵和鬼怪》详细介绍了一种由黑苯波巫师施行的用以致死敌人的"恶咒法":首先设法悄悄地获得被害人的指甲或穿过的衣服碎片等,然后在一片纸上画一圆圈,用十字线分成四个相等的部分,在圆圈的中央画上代表被害者的男人或女人俑像,俑像的手脚画上厚重的铁链将其锁住。在圆圈的周围写上各种咒语,如"断命""掏心""裂体""断权力""断子系"。写好咒语后,将其与被害者头发、指甲等物用布包裹好,塞到野牦牛的右角中。再加上各种邪毒、污秽之物,埋于被害者家宅内施法②。这种俑像周围的圆圈,与马头骨上的同心圆性质相同,应该是cakra,指的是保护轮、魔圈、八齿(辐)轮、轮盘,它与曼陀罗有相似之处,但曼陀罗是神圣之境,而cakra则用于魔法。在双重同心圆中沿顺时针方向书写上所祈求的神灵名称,可以保佑免受同心圆中心所画的恶魔的侵害③。

在古代藏族巫术中,将写有魔咒的人或兽的头盖骨掩埋或者安置,是降服厉鬼的最有效的方法。头盖骨和咒语的种类、头盖骨掩埋场地的选择要根据所降服厉鬼的不同而有所变化,不同的厉鬼需要掩埋不同动物的头盖骨。根据记载,在敌人驻地的边界掩埋狼、马或牦牛的头盖骨,可以降服"敌鬼";在佛塔的下面掩埋人、狗或猪的头盖骨,可禳解"瑜伽师誓鬼"④。

吐蕃时期的佛塔本身就赋予了镇鬼除魔的功能。根据记载,松赞干布时期就修建和祭祀不同的佛塔来镇伏各种妖魔⑤。桑耶寺四

---

① 《新唐书》卷二一六《吐蕃传》,中华书局,1975年,第6072页。
② 勒内·内贝斯基·沃杰科维茨著,谢继胜译:《西藏的神灵和鬼怪》,第572页。
③ Samten Gyaltsen Karmay, *Secret Visions of the Fifth Dalai Lama: the Gold Manuscript in the Fournier Collection*, p. 72.
④ 勒内·内贝斯基·沃杰科维茨著,谢继胜译:《西藏的神灵和鬼怪》,第607页。
⑤ 阿底峡尊者发掘,卢亚军译注:《柱间史——松赞干布的遗训》,中国藏学出版社,2010年,第134、137、142、154页。

塔的修建,为的是"镇服一切凶神恶魔,防止天灾人祸的发生"①;松噶尔五座石塔建造目的也是为了调伏当时阻碍佛教弘传的妖魔鬼怪②。这说明吐蕃时期的佛塔不但用以供僧俗顶礼膜拜,还具有神秘的威慑力,可以摧毁一切邪恶或异己力量,并供人们祈祷求助。在考肖图佛塔基址中还出土一些木简牍,内容也为镇伏魔怪的内容。这类符咒类遗物的掩埋对于考肖图遗址所具有的佛塔功能的认定是一个重要的佐证。

(三) 擦擦

考肖图遗址中塔基周边房址内出土不少擦擦,目前所知至少有5种类型,均以黄色泥土制成,除一种覆钵式塔为脱模制作,其余都是在圆形泥片上按印制成周边有按印时挤压翻起的泥沿,背面平整。

覆钵式圆雕塔擦擦(图9),基座为圆台形,塔顶为覆钵状,塔身外侧有三层台阶,最下层台阶似突起一周小塔,覆钵之上为塔刹座,塔刹部分残缺。残高10厘米、底径6厘米。这种圆雕佛塔的擦擦形制非常独特,不仅在西藏比较少见,在印度也难得见到,但其描绘的佛塔造型则是典型的中亚佛塔形制。

另外四件擦擦都是圆形或椭圆形,分别刻画的是坐佛、观音像和佛塔。

坐佛像有两件,其中一件高8厘米、宽5厘米,坐佛脸形和身材都较清瘦修长,高肉髻,着袒右袈裟,似有顶饰和臂钏,双手结禅定印,结跏趺坐于仰莲台座上。头周有椭圆形头光,身后有背光,两侧饰双兽(图10)。另一件形制和图像基本相同,观音像擦擦直径6厘米,脸形较瘦,束高髻,体态修长,上身袒裸,右臂屈置右膝上,手指随意弯曲,左手按在莲台边,左臂支撑身体。下着贴体长裙,双腿作游戏坐,右腿屈起,左腿屈盘右腿前,有椭圆形头光,仰莲台座,右侧饰小塔和数行经咒(图11)。

---

① 何周德、索朗旺堆编著:《桑耶寺简志》,西藏人民出版社,1987年,第10页。
② 《桑耶寺简志》,第59页。

图 9　考肖图遗址出土擦擦　　　图 10　考肖图遗址出土擦擦

图 11　考肖图遗址出土擦擦　　　图 12　考肖图遗址出土擦擦

佛塔像擦擦直径为 2.5 厘米,浅浮雕的小塔居中,塔刹粗矮,塔顶呈球状,塔座为束腰的须弥座,上下有叠涩。小塔两侧布满梵文经咒(图 12)。

此外还有两个擦擦没有图像,仅按印有梵文佛教经咒,据推测,内容可能为 Ye dharma hetuprabhava,即"诸法从缘起……"。直径为 2.5 厘米。

作为一种用黏土按印或脱模制作的小型佛教雕像,擦擦常常被佛教信徒供奉在佛教场所。梵文中"擦擦"对应的词汇"saccha",指的是用泥压入模具时候发出的声音。意大利藏学家图齐则认为擦擦"tsha tsha"源自梵文"sat-chaya",意为真相或复制的意思①。对佛教信徒而言,擦擦易于制作且成本低廉,因此在佛教所及的很多地区都有大量发现。一般认为西藏的擦擦出现并流行于 11 世纪之后的佛教后弘期,源自东印度地区。考肖图遗址内出土的擦擦,首次将其年代提早到 8—9 世纪,代表着最早出现的擦擦类型。较之于东印度或孟加拉地区波罗王朝早期(8 世纪)所流行的擦擦②,虽然其制作略显粗糙,但其形制和图像内容则如出一辙,尤其是游戏坐的莲花手观音像,暗示了两地之间存在的关联性。

新疆和田策勒县达玛沟佛寺遗址曾经发现几件擦擦,形制为桃形,图像为莲花手观音,作游戏坐,造型与考肖图遗址所出非常相似。发掘者认为该寺院创建于 6—9 世纪,毁弃年代不晚于 11 世纪初。实际上,根据历史背景来看,它们极有可能是吐蕃占领和阗时期(790—866)所留下的遗物。吐蕃在这一新占领区兴建佛寺的传统甚至可以追溯到 7 世纪末③。青海省乌兰县大南湾遗址中也出土有两件擦擦④:一件为多层台阶的佛塔形,底部按印佛教经咒;另外一件则呈扁平的覆钵塔形。发掘者同样将其确定为 11 世纪。实际上,这类圆雕覆钵塔形的擦擦,在 10 世纪之后并没有出现过⑤,很可能与其周边其他遗迹一样,属于吐蕃时期遗存。

从西藏早期的擦擦发现地点来看,一般都与佛教寺院有直接关系,擦擦在考肖图遗址中的出现更加佐证了该遗址所具有的佛

---

① Guiseppe Tucci, *Stupa: Art, Architectonics and Symbolism*, English version of *Indo-Tibetica* 1, ed. Lokesh Chandra, trans. Uma Marina Vesci, Aditya Prakashan, 1988, p. 54.
② Susan L. Huntington and John C. Huntington, *Leaves from the Bodhi Tree: The Art of Pala India (8th - 12th Centuries) and its International Legacy*, the University of Washington Press, Seattle and London, 1990. Pl. 53 - 55.
③ 朱丽双:《〈于阗国授记〉译注(上)》,《中国藏学》2012 年第 S1 期,第 223—268 页。
④ 青海省文物考古研究所:《青海乌兰县大南湾遗址试掘简报》,《考古》2002 年第 12 期,第 49—57 页。
⑤ 张建林:《藏传佛教后弘期早期擦擦的特征——兼谈吐蕃擦擦》,《中国藏学》2010 年第 1 期,第 23—31 页。

寺功能。尤其值得注意的是,考肖图遗址所出的禅定坐佛像似有顶饰和臂钏,可能为大日如来像,莲花手观音作游戏坐姿态。这两类图像都是同时期藏东、川西北和青海境内所见的吐蕃佛教摩崖石刻上的主要刻画内容,可见两者反映的是同样的信仰背景和来源。

(四)石狮与石碑

考肖图遗址原有一对石狮和一通石碑,原应立于围墙内。20世纪50年代石狮被搬走,90年代被移存于青海省文物考古研究所,保存状况基本完好。两尊石狮风格敦厚,大小不一,应有雌雄之别,大者高83 cm,小者高76 cm。均以花岗岩雕造,呈蹲踞状,鬣毛卷曲,从头顶披于肩部,口部紧闭,胸部凸出,背部中央和前面胸部有一条纵贯上下的脊线和胸线,尾巴由一侧通过腹部,并从另一侧后腿上方反卷上来,前腿直立,肌肉强劲有力,肩胛部可见一星状印记,下颌镌刻胡须(图13)。有关学者已经对此石狮造型进行过深入讨论①,指出其主要特征均来自于中原,只是在制作上不如唐代中原的石狮精致,而且局部有一些变化。与石狮同出的还有石碑一通,截

图 13 考肖图遗址出土石狮

---

① 汤惠生:《略说青海都兰出土的吐蕃石狮》,《考古》2003年12期,第82—88页。

面为方形,20厘米见方,素面,残高240厘米,不见有石刻铭文。很不幸的是,石碑已被破坏并用作其他建筑材料。

吐蕃时期的大型墓地常常模仿唐陵建制,安放石狮和石碑,两者常常组合出现,其中包括琼结县藏王陵、拉孜县查木钦墓地等。单独出现的也有几例,如都兰县热水墓地据报道也曾经发现有石狮,朗县列山墓地的石碑放置在专门修建的小亭内。但这并非判定属于王陵或墓葬的依据,因为在吐蕃时期的大型寺院内,也有安置石狮和石碑的传统。文献中有不少文成公主为了驱凶辟邪或镇伏地煞妖魔而安置石狮和佛塔的记载[①]。桑耶寺"寺院后面有一石碑,上刻盟誓文之略本,饰以莲花,镇以石狮"[②],至今在桑耶寺乌孜大殿左右两旁各立一尊石狮,具有典型的吐蕃艺术特征[③]。热巴巾修建的无比吉祥增善寺,四方置有石狮,并将顶盖用铁链系于石狮之上以防巨风[④]。在大型寺院内竖立石狮和石碑,应该也是仿效了唐代中原地区的传统。此外,在考肖图遗址1996年的发掘中还出土有60 cm见方的柱础石,饰有太阳图案,可能为石碑底座,或是大型建筑遗存。这些遗物的发现都是与佛教寺院的性质相吻合的。

三 其他同类遗迹

值得注意的是,在青海都兰地区类似于考肖图遗址的地点还不止一处,如夏日哈乡的英德尔遗址和考肖图附近的红旗遗址,在此前的调查中都被认定为吐蕃墓葬或者古城遗址[⑤],实际上,从它们的形制和功能来看,很可能也是吐蕃时期佛教寺院基址。这两个地点尚未展开考古发掘,保存的信息还相当完整,为以后的工作留下不少空间。

---

① 阿底峡尊者发掘,卢亚军译注:《柱间史——松赞干布的遗训》,第138页;五世达赖喇嘛著,刘立千译注:《西藏王臣记》,民族出版社,2000年,第27页。
② 黄明信:《吐蕃佛教》,中国藏学出版社,2010年,第68页。
③ 何周德、索朗旺堆编著:《桑耶寺简志》,第52页。
④ 索南坚赞著,刘立千译注:《西藏王统记》,民族出版社,2000年,第137页。
⑤ 国家文物局主编:《中国文物地图集:青海分册》,第185页。

（一）英德尔遗址

位于都兰县夏日哈乡英德尔羊场内，西距都兰县城约 15 公里，地势平坦，三面环山。遗址现存馒头状土墩一座，高约 15 米，直径约 36 米，夯土筑，夯层厚 0.08—0.1 米，顶部有盗洞。封土堆周围有内外两重夯土围墙，基本呈南北走向，都为长方形，内墙位于外墙西南角位置。内墙南北长 80 米，东西宽 70 米，东开一门。外墙南北长 220 米，东西宽 190 米，墙基厚约 10 米，门向不清，东墙有两个缺口（图 14）。

该遗址的双重围墙结构以及内墙内庞大的馒头状土墩与考肖图遗址非常相似，选址和地貌环境也一致，从形制上判断，应该属于同一性质的遗迹。

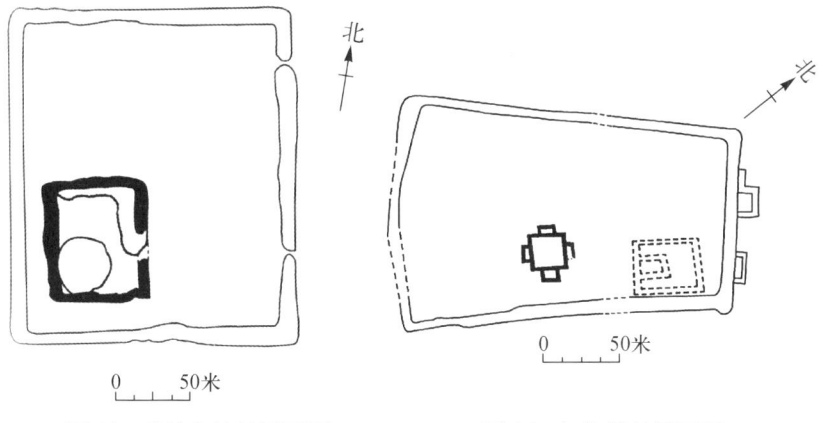

图 14　英德尔遗址平面图　　图 15　红旗遗址平面图

（二）红旗遗址

位于考肖图沟内，西北距考肖图遗址约 3 公里，地势平坦，三面环山，小河道自其南侧流经。遗址呈长方形，西南—东北走向，长 230 米，宽 120—150 米。门向不明，东北部墙外似有两处马面结构。墙体高约 0.5 米，从地表看不甚明显。在中部靠近东侧有一处遗迹，平面为十字形，中心为正方形，四边有凸出结构，方向与围墙一致，边长约为 22 米。在其东北部又有一处方形建筑，似为一处院落（图 15）。

该遗址在围墙结构、中心建筑形制、选址和地理环境上与考肖图遗址极为相似,应该也是一处性质和年代相同的遗存。但由于围墙和中心的建筑保存都很低矮,中心的十字形主体建筑轮廓清晰,并没有被使用后坍塌掩埋,而且其距离考肖图遗址仅有数公里,在此范围内不可能同时建成并投入使用两座如此大规模的寺院,因此该遗址很可能是一处初具规模而未能完成的寺院。但其具体的情况如何有待于进一步的考古工作。

结　　语

从考肖图遗址的选址、主体建筑的形制结构、配套设施的规模与布局、出土器物所显示的使用功能和宗教内涵来看,它与吐蕃时期的墓葬特征具有很大区别,很有可能是一座吐蕃时期以佛塔为中心的寺院建筑,而与墓葬无涉。这一遗址可能修建于吐蕃在全境大建佛寺的赤松德赞或热巴巾时期,佛塔造型模仿了卫藏地区吐蕃佛塔,间接地接受了东印度或孟加拉地区同时期金刚乘寺院影响,这与吐蕃佛教的输入路线是相互吻合的。

吐蕃在统一青藏高原的过程中,将自己置身于印度、中亚和唐朝的佛教势力包围之中,佛教逐渐通过不同渠道输入吐蕃,并初步实现了吐蕃化的过程。但吐蕃真正开始修建佛寺并且产生了广泛影响是在赤松德赞统治时期。《敦煌本吐蕃历史文书·赞普传记》记载,赤松德赞时期"复得无上正觉佛陀之教法,奉行之,自首邑直至边鄙四境并建寺宇伽蓝,树立教法"①。热巴巾统治时期(806—838),更是大修佛寺,据记载,这一时期吐蕃王臣在汉地和吐蕃本土共建寺庙一千零八处,"在汉地五台山修建了寺院,在沙洲的东赞地方,大海之中,铁树之上,修建了千佛寺"②。敦煌千佛洞吐蕃占领时期新建和重修洞窟90多个,其中不少是建于热巴巾在位时期。但迄

---

① 王尧、陈践译注:《敦煌本吐蕃历史文书》(增订本),民族出版社,1992年,第167页。
② 达仓宗巴·班觉桑布著,陈庆英译:《汉藏史集》,西藏人民出版社,1986年,第121—122页。

今为止,除了现存的桑耶寺和考古发掘的噶琼寺外,很难见到吐蕃时期寺院的影子。

青海地区长期以来没有引起过多的关注,因为其地处吐蕃佛教的中心——河西地区和卫藏之间,常常被视为汉地佛教输入吐蕃的经行地段,而非大规模的弘传中心。实际上,早在吐谷浑时期,这一地区已经"国中有佛法"[①]了。在吐蕃晚期灭佛时期,这里还发挥着佛僧避难地的作用[②],说明该地区是远离佛教中心和政治漩涡的边鄙之地,但也恰恰是因为具备这样的优势,使吐蕃佛教余脉得以延续,为后弘期佛教的复兴提供了丰厚的土壤。

柴达木盆地周边及河曲之地,在吐蕃统治时期是整个青藏高原的重要交通枢纽和规模较大的聚居区之一。663年并入吐蕃之后,以该地区为基地,同时向新疆、河西和陇西等唐朝边境扩张。由于战争的需要,大量的吐蕃人从其他区域移居该地,在这一区域建立了牢固的军事统治,同时实行统一的吐蕃化政策。例如,推行吐蕃语言和文字、服饰、行政管理体制,当然也包括吐蕃的宗教——佛教和苯教。从该地区的考古资料来看,柴达木地区的可能是唯一的一座吐蕃古城在香日德;吐蕃时期墓葬大量分布在都兰、乌兰和德令哈一线,尤其以都兰最为集中。同时,柴达木盆地周边地区还发现有不少吐蕃时期摩崖石刻造像。而这几处佛教寺院的发现,是对以往这些吐蕃时期遗存的重要补充,使得我们有可能更加深入地认识青海地区的宗教生活状况,进而更加全面地认识柴达木盆地周缘地区在西藏佛教发展进程中所具有的重要地位。

附记:本文在资料搜集过程中,得到青海省文物考古研究所任晓燕所长、王忠信研究员、蔡林海副研究员以及海西州博物馆辛峰馆长、都兰县文物管理研究所张皋光的大力协助,在此深表谢意!

---

① 《梁书》卷五四《西北诸戎传》,中华书局,1974年,第810页。
② 石泰安著,耿昇译:《西藏的文明》,第78—79页。

有关《华严法界观通玄记》的
几个新发现

高山杉

摘 要：夷门广智大师本嵩集《华严法界观通玄记》(简称《通玄记》)，是宋代华严宗的重要著述，有宋版、明版和明抄本传世，影响遍及整个东亚世界，甚至被翻译成西夏文。西夏文译本的写本残册出土于黑水城，仅存卷下。因《通玄记》汉文原本至今只刊布了卷上和卷中，对于释读西夏文译本具有决定性作用的卷下，其刊布就显得尤为重要和迫切。卷下明版残页已发现十二折，正式刊布过七折，通过其余五折中三折的首刊，可以把卷下的刊布工作继续往前推进。除西夏文译本外，贺兰山山嘴沟石窟出土的编号 K2：158 的西夏文写本残页，经释读证明是一部迄今未知的有关《通玄记》的注疏。这更是西夏学上的全新发现。

关键词：本嵩；《华严法界观通玄记》；明版；西夏文写本；贺兰山山嘴沟石窟

一 《华严法界观通玄记》的
讲撰、刊布和研究

公元 11 世纪末，北宋东京开封有僧名本嵩者，初学华严，后参禅宗，于神宗元丰六、七年间(癸亥—甲子，1083—1084)隐居嵩山。哲宗元祐三年(戊辰，1088)，宰相张商英(字天觉，号无尽居士，1043—1121)慕其学德，延请入京为禅、教二众开讲华严宗初祖杜顺(557—640)的《法界观》及五祖宗密(780—841)的疏解《注华严法界观门》①。本嵩面向教众的讲义，后集为《华严法界观通玄记》(简称《通玄记》)上、中、下三卷；而对禅众的开示，则有《华严七字经题法界观三十门颂》。张商英亲自率众听讲，大异其辩才，遂请出山，住

---

① 《大正藏》第 45 卷，No. 1884。

持开封夷门大寺,并上奏特赐本嵩佳号"广智大师"。本嵩后殁于报本禅寺,生卒年不详。

在本嵩生前,《通玄记》似未及刊印,仅依传写流布中外。今日本京都栂尾山高山寺藏经折装宋版《通玄记》,前有大观己丑(1109)元照律师(1048—1116)序,谓本书为本嵩住报本禅寺时的弟子东京觉上人所募刻。《通玄记》之初刻可能就在此时。昭和九、十年间(1934—1935),常盘大定(1870—1945)调查高山寺秘藏宋版佛典时,首次发现该书并撰文介绍于学术界①。高山寺本在常盘调查时已不完整,只有卷中和卷下。四十年后,当高山寺典籍文书综合调查团再次著录时,高山寺本的保存情况是卷中"尾欠",卷下仅余卷首二纸和卷内二纸②。

《通玄记》曾经走出宋地,广布于当时的金、西夏和日本。金正大元年(1224),女真有僧名琮湛(生卒年不详)者对《华严七字经题法界观三十门颂》作有《集解》二卷③。其书广引诸家注疏语录,甚至《通玄记》的本文,特别是在卷首简述了本嵩的生平及其讲撰《通玄记》的始末(本文首段叙述本嵩生平即多据之),为后人保留了非常珍贵的史料。《集解》曾先后收入《永乐北藏》和《嘉兴藏》。中国国家图书馆善本部还藏有经折装明版《集解》单刻本一部(索书号:02377),刊印甚精,却很少有人注意。现特将该书万历六年(1578)古灵了童(生卒年不详)重刊叙和李寅(生卒年不详)重刊后跋录出以供参考:

重刊《华严法界观颂》叙

《观颂》者,以释《华严》大经也。盖《华严》文旨冲深,义理广博,极诸佛妙用之神智,至诸法奥理之玄幽,可谓穷理尽性,彻果该因者也。自晋唐以来,释者虽多,惟有杜顺和尚作此三观,再莫加焉。约简情妄显理处,束为一类,名真空观,分之十门。约融事理显

---

① 常盘大定:《支那佛教之研究》第3集,春秋社,1943年,第345—346页。
② 高山寺典籍文书综合调查团编:《高山寺经藏典籍文书目录 第2》,东京大学出版会,1975年,第291—292页。
③ 又名《注华严经题法界观门颂》,《大正藏》第45卷,No. 1885。

用处,束为一类,名理事无碍观,分之十门。约摄事事显玄处,束为一类,名周遍含容观,分之十门。之三观者,显微阐幽,极尽玄妙,融万象之虚妄,全一真之理性。继是则复有圭山之注钥,嵩公之偈颂,湛老之集解,由是华严性海重复灿然,法界义天叠出朗曜,顺祖之《观》于斯卓然而立矣。奈何年深日久,板没不存,《颂》《解》之美,几无传矣。童游学之际,偶得一本,如获至宝,喜不自胜,焚香开读,观智之理,明若观日。遂收书箧,十余载矣,虽有心于寿梓,惜囊钵之空虚。兹于万历乙亥,幸遇皇坛传讲会汉经厂张公等,言及至此,遂发善心,各捐己禄,锓梓流通,使进修者不劳遍参而见本性之源,令施财者不消跬步而得唯心之土,则童之心愿满矣。或谓:《华严》卷帙品偈甚多,义理该罗,融摄无尽,岂以几纸《观颂》而能通之哉?曰:真丹一粒,沙石成金;达理一言,革凡为圣。颂《诗》三百而一言尚可蔽矣,岂可以几纸《观颂》而少之哉?或者辞而退。　大明万历六年岁在丙寅夏玄月吉日钦依皇坛传讲赐紫沙门永祥寺后学古灵了童和南谨识。

重刊《华严法界观颂》后跋

余素喜阅《楞严》,每至微心辨见处,不觉其怡然悦,脱然释,而揄扬觉皇之功不已焉。故苟有人能言其义者,即无问远近,辄往听之。至,与上下议论,每亹亹忘倦,虽彻昼夜所不辞也。是岁暮春,余乡西隅有古灵老人谈演《楞严》宗旨,余辄闻之而辄往之,既幸得聆无上语矣,又孰知有幸中之幸耶。绕法席已,随以入室,因言及《华严法界观颂》,老人曰:余藏旧本,今汉经厂张公等发心寿梓矣,亦首叙矣。出而示之,即而阅之,乃知是书也,杜顺言之于前,嵩湛言之于后,门类虽殊,而阐扬性天则一而已矣。若三公者,真有功于胡老,而古灵、张公等,又有功于三公者也,奚啻继往哲哉!使一人观之,超拔在一人也。使千万人观之,超拔在千万人也。推而至于所传愈广,则饶益愈弘,俾天下之人不迷于所往而皆洞见本性者,非赖是书之不泯乎?以是知灵老之功巨矣。余儒者流也,儒其行不宜释其言也,亦以理有可尚,又有合于余平日之所独见者,故不容呶呶于口也。虽灵老之叙,其言足以尽盖经旨,似有不恤余言之赘者,而余为是言则惟以表其随喜功德之意耳,真匪佞哉。 大明万历六年岁在丙寅夏玄月吉日顺天府儒学廪膳生员后学禹城李寅谨跋。

《通玄记》还被翻译成西夏文,其卷下的蝴蝶装写本残册保存在俄藏黑水城出土文献中,编号"俄 Инв.No. 942"①。在元初西夏遗民一行慧觉[生年不详,皇庆二年(1313)五月卒]②依经录、元中期苍山普瑞(生卒年不详)补注的《大方广佛华严经海印道场十重行愿常遍礼忏仪》(简称《华严忏仪》)卷第四十二中,曾列举"东土正传华严祖师"和"大夏国弘扬华严诸师"③。前者中出现的"造观注记者广智大师"正是本嵩,而所谓"观注记"者依次就是杜顺的《法界观》,宗密的《注华严法界观门》和本嵩的《通玄记》。

虽然高丽义天(1055—1101)的《新编诸宗教藏总录》没有提到《通玄记》,但日本华严宗学者凝然(1240—1321)的《华严宗经论章疏目录》对其已有著录。凝然的弟子湛睿(1271—1346)的著作中还引用过《通玄记》,可见其书在元代已经传入日本。在同时期的中国,苍山普瑞集有《华严悬谈会玄记》[成书于致和元年(1328)]一书,引用后期华严宗著述甚多,其中就包括《通玄记》④。入明以后,《通玄记》传承不绝,内外诸家书目多有著录。密藏道开(生卒年不详,万历时人)所编《藏逸经书标目》中甚至还保存了关于《通玄记》在当时刊刻情况的珍贵记录:"华严法界观通玄记三卷,本嵩法师述,北京有板。"⑤到了清代,虽然仍有书目著录,但《通玄记》已成珍稀的秘籍,非一般人所得接触,从此逐渐被佛学研究者遗忘。需要指出的是,由于《通玄记》始终未能编入大藏经流通,这也多少妨碍了它在宋元以后对佛学思想界的影响。

---

① 《俄藏黑水城文献》第 25 册,上海古籍出版社,2016 年,第 354—369 页。
② 法洪:《故释源宗主宗密圆融大师塔铭》(拓片),收于《洛阳市志》第 15 卷《白马寺志·龙门石窟志》,中州古籍出版社,1996 年,第 100—102 页。
③ 《明版嘉兴大藏经》第 15 册,新文丰出版公司,1987 年,第 550 页。
④ 《巨赞法师文集》中编"读经笔记",团结出版社,2001 年,第 1349—1350 页。
⑤ 高山杉:《陈垣批注本〈藏逸经书标目〉》,《南方都市报·阅读周刊》2013 年 1 月 27 日。

现存成册的明版《通玄记》已知有三部。首先是日本立正大学图书馆藏经折装明刻残本,卷上、卷中完整,卷下缺佚。野沢佳美曾将此本首次影印刊布①,王颂近年又将其加以录文、标点和校释②,前后为《通玄记》的研究作出了很大的贡献。其次是北京德宝2009年古籍秋拍上出现的一部完整的经折装《通玄记》,为宣德刻万历印本③。此本正文的图版虽未公布,但其版式及封面题签的字体与立正大学图书馆藏本完全相同,推测两书或为同版。此书最终不知归属何人,后来也未再现身于拍场之上。最后是天一阁藏本。新近编写的《天一阁博物馆藏古籍善本书目》对其有这样的著录:"华严法界观通玄记二卷　(宋)释本嵩辑　明刻本　六行二十一字白口四周双边　经折装　一册。"④立正大学图书馆藏本和德宝拍本均为三卷三册,不知天一阁本为何是二卷一册。此外,台湾"国家图书馆"还藏有《通玄记》卷上和卷中的明抄本⑤。

二　明版《通玄记》卷中和卷下 残页的发现和刊布

最近十几年中,不断有经折装明版《通玄记》卷中和卷下的残页被发现。先说卷中残页。2006年中国书店第36期大众收藏书刊资料拍卖会和北京万隆2008年古籍秋拍曾先后上拍十余折⑥。2016

---

① 野沢佳美:《立正大学图书馆所藏明版佛典解题目录》,立正大学图书馆,1999年。
② 王颂:《华严法界观门校释研究》,宗教文化出版社,2016年。
③ 拍卖网址参看 http://www.dbpm.cn/auction/sdetail.asp?id=29097&cid=96 以及 http://pmgs.kongfz.com/detail/3_94257/。
④ 天一阁博物馆编:《天一阁博物馆藏古籍善本书目》上册,国家图书馆出版社,2016年,第289页。
⑤ 有关本嵩生平和明版《通玄记》,还可参阅王颂撰:《本嵩与〈法界观门通玄记〉——日本立正大学藏〈通玄记〉及其周边的考察》,《佛学研究》2014年总第23期;杨祖荣撰《本嵩与〈华严法界观通玄记〉三题》,《佛学研究》2015年第1期。
⑥ 高山杉:《发现〈华严法界观通玄记〉:我的奇迹之年还在继续》,《澎湃新闻·上海书评》2017年4月6日。

年2月底,我在孔夫子旧书网上从一山西书商处拍得六折①。同年6月,我发现李文凯先生也从同一书商处购得一折(现已转让给我)②。2017年6月,李先生告诉我上海的袁鑫先生也藏有同卷残页多折,其藏卷甚至还保留了卷首的书名和作者名③。这些卷中残页的字体和版式相同,与立正大学图书馆藏本和德宝拍本不是同一版本。残页的内容也不重复,应该都是来自山西,可能就是从同一部书中散出的。

  再说卷下残页。目前一共发现十二折,均来自日本。其中四折由李文凯先生辗转购得(已转让给我)④,两折由印晓峰先生发现于雅虎日本拍卖网⑤,四折由我发现于雅虎日本拍卖网⑥,最后两折现存日本某书店,由顾怡女士根据我的推测⑦从该店得到照片加以证实。这十二折中,前四折由我对照琮湛《集解》里保留的卷下引文,并请孙伯君女士对照西夏文译本彻底确定为卷下残页,后八折由我对照西夏文译本以及琮湛《集解》里保留的卷下引文彻底确定为卷下残页。在我发现的四折中,正式刊布的只有一折⑧,两折在网上发文讨论过,剩余一折再加上日本某书店的两折则从未正式刊布过。在德宝拍本和天一阁藏本刊布之前,这些卷下残页对于正确释读西

---

① 高山杉:《新获明版〈华严法界观通玄记〉残页》,《东方早报·上海书评》第384期,2016年6月12日。
② 高山杉:《新发现的〈华严法界观通玄记〉明版残页》,《南方都市报·阅读周刊》2016年8月7日。
③ 高山杉:《再续"奇迹之年"——三折明版〈通玄记〉卷下残页》"附记",《澎湃新闻·上海书评》2017年7月15日。
④ 高山杉:《首次刊布的〈通玄记〉卷下明版残页》,《东方早报·上海书评》第409期,2016年12月4日。
⑤ 高山杉:《再续"奇迹之年":三折明版〈通玄记〉卷下残页》,《澎湃新闻·上海书评》2017年7月15日。
⑥ 高山杉:《再续"奇迹之年":三折明版〈通玄记〉卷下残页》,《澎湃新闻·上海书评》2017年7月15日;高山杉:《守网待经——记新发现的明版〈通玄记〉和〈古尊宿语录〉残页》,豆瓣网:https://www.douban.com/note/635436834/。
⑦ 高山杉:《再续"奇迹之年":三折明版〈通玄记〉卷下残页》"附记",《澎湃新闻·上海书评》2017年7月15日。
⑧ 这一折已在2017北京百衲秋拍"法宝圆通——佛经、道书等宗教文献专场"上拍,拍卖网址参看 http://auction.artron.net/paimai-art0071450964/。

夏文译本(仅存卷下)具有极为重要的意义。下面就将我发现的未正式刊布的三折加以刊布。

第一折是解释宗密《注华严法界观门》"周遍含容观第三"中"一理如事门"从"真理即与"到"亦如芥瓶"一段①(宗密《注》文在录文中用引号表示,下均同),正好可以对接在已刊一折(最后三字为"事事无")②的后面,相当于西夏文译本第6叶右半页第4行到左半页第4行③:

阕也。(文四)○一、正释。"真理"下,意由体空即成事故,事现即是理现也。二、喻显。"如耳目"等者,即喻见法,眼唯一眼,喻体空能如理也。色等差别,喻所如事也。意云眼见青如青,见黄如黄,乃至长短大小等皆然。眼见如是,耳闻亦然。此犹难见。次喻云"如芥瓶"者,瓶喻能如之理也,盛多芥子,喻所如之多事也。此喻无理外事故,理全□事也。此……

残页倒数第四字已残,参考西夏文译本相应之处,应是"如"字或"同"字。

第二折是解释"周遍含容观第三"中"九相在无碍门"从"谓一切"至"前但此彼"一段④,相当于西夏文译本第29叶右半页第4行到左半页第3行⑤:

不坏相故○次释(二)。初、标举四句。"谓一切"下,标举也。问:何故此门多望一?《注》云"以一切"下,释也。谓其实亦有一望一等,故云"乃至四句"。"亦有"等者,同前八门亦有四句(文二)。初、简异前门。《注》"此与"下,料简前门也。"前但此彼"等者,谓八门中一摄一切等,但将自一随对他一切,自一摄他一切时,便是自一入他一切法也。此乃敌体相摄……

---

① 《大正藏》第45卷,No. 1884,第690页上。
② 《再续"奇迹之年":三折明版〈通玄记〉卷下残页》中刊布的第一折,《澎湃新闻·上海书评》2017年7月15日。
③ 《俄藏黑水城文献》第25册,第356页。
④ 《大正藏》第45卷,No. 1884,第691页下。
⑤ 《俄藏黑水城文献》第25册,第364页。

第三折①是注释"周遍含容观第三"中"九相在无碍门"里"便彻过去、未来、现在十方一切凡圣中也"②一句，相当于西夏文译本第31叶左半页第5行到第32叶右半页第4行③：

过三世十方一切凡圣之中也，以显诸法圆融互在。□夫心性之源，本无大小，迷之为愚，悟之为智，况身之□土，是智心之影，智净则影明，故得大小无阂，一多即□，分圆全收，凡圣混融，因果交彻，十身一一无阂，十时念念周遍，苟或会通，则功圆顷□。故清凉云：心心作佛，无一心而非佛心，处处证真，无一尘而非佛国○后结□

琮湛《集解》卷下"周遍含容观第三"中"九相在无碍门"里，出现过"凡圣混融，因果交彻""菩萨分明，佛号圆明""圆明处处真"等文句④，与残页里的"分圆全收""凡圣混融，因果交彻""处处证真"文义符合，因此不用对照西夏文译本也可据此判定残页出自《通玄记》卷下。值得一提的是，日本某书店的一折正好可以接在这一折的前面，而其另外一折则又正好可以接在以前刊布的李文凯先生发现的第四折⑤的后面。

三 贺兰山出土的《通玄记》注疏西夏文写本残页

除黑水城出土的《通玄记》西夏文写本外，在贺兰山出土的西夏文残经中，也有与《通玄记》相关的文献，就是编号K2：158的写本

---

① 此折当时混在一堆中日写经和刻经残页中上拍，若非我留心点进去观看，就会与它失之交臂了。因网络照片不够清晰，再加上此折每行最后一字被其他残页遮住全部或半部，所以在录文时无法确定的字只能暂时以方框标出。根据前后文义和西夏文译本，可以推知中间三个方框里的字大概是"与""入"和"刻"。
② 《大正藏》第45卷，No. 1884，第691页下。
③ 《俄藏黑水城文献》，第25册，第364—365页。
④ 《大正藏》第45卷，No. 1885，第706页下。
⑤ 《首次刊布的〈通玄记〉卷下明版残页》中的第四折，《东方早报·上海书评》第409期，2016年12月4日。

残页(图1)①。残页为卷子本,高22厘米,长25厘米,上下单栏,栏距19厘米,存字13行(左右另有残字2行,因损坏严重,暂不计入),每行19至20字不等,行间有细墨线行格。宁夏考古所的研究人员对这张残页做过初步的译释,当时还将其定为禅宗文献②。这个结论当然是不对的,而且所出译文不够准确。为确定残页的内容,锁定其来源,重新制作夏汉对译本如下:

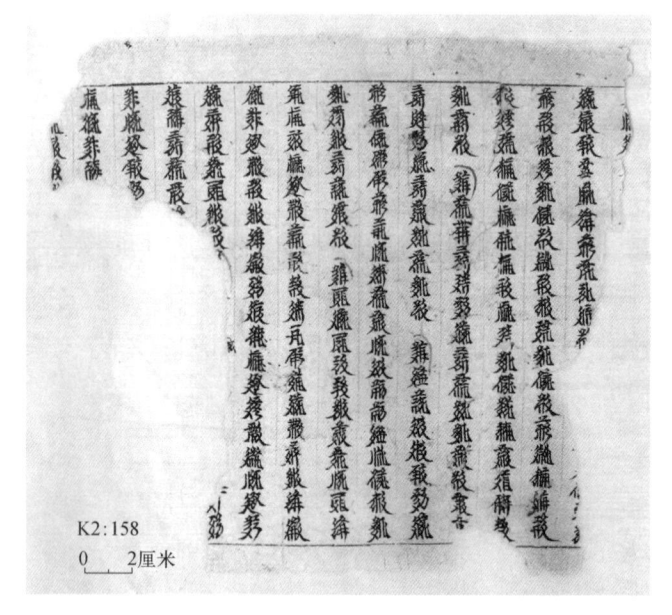

图1　贺兰山山嘴沟出土西夏文写本残页 K2∶158

1］ 𘟀𘟀𘟀𘟀𘟀𘟀𘟀𘟀𘟀𘟀
　　者色等实性如真诸无边也

2］ 𘟀𘟀𘟀𘟀𘟀𘟀𘟀𘟀𘟀𘟀𘟀𘟀𘟀
　　真智以理观照也俗智以事观照也真俗双融智

3］ 𘟀𘟀𘟀𘟀𘟀𘟀𘟀𘟀𘟀𘟀𘟀𘟀𘟀
　　以理事双照俱存双遮俱泯观照空假中三

---

① 宁夏文物考古研究所编:《山嘴沟西夏石窟》卷下,文物出版社,2007年,图版一三四。
② 《山嘴沟西夏石窟》卷上,第129—130页。

4］ 𘝞𘟂𘛄　𘞃𘝦𘛟𘞃𘘣𘜘𘞃𘝦𘟣𘝞𘛄𘟡𘛜
　　观成也　记有执自遣者即有于观空也空见

5］ 𘞃𘟩𘟣𘜘𘞃𘝦𘟣𘝞𘛄　𘞃𘜌𘟇𘜘𘜍𘝰𘜘
　　即息云者即空于观有也　记灵幽测绝等者

6］ 𘜡𘛙𘛏𘛐𘝌𘟰𘜀𘜾𘘾𘞃𘝦𘜀𘜘𘘾𘘾𘜌𘜢𘜰𘞜
　　略钞五第云真妄不系有空不计直直灵知照以观

7］ 𘝞𘝘𘟷𘞃𘜩𘜍𘛄　𘞃𘝰𘛘𘛷𘝰𘛰𘝌𘞅𘜘𘛷𘜌
　　行为故自幽深也　记导者导引而下或相不导故

8］ 𘛙𘛋𘘷𘛒𘜘𘞃𘟰𘞃𘟇𘛼𘟎𘝌𘝖𘜘𘞃𘝨𘜘𘜌𘜍
　　其二处俱在大钞十三下半云此者大悲因故常

9］ 𘜘𘞃𘟰𘝞𘞃𘜘𘜍𘛷𘜍𘞏𘟦𘛋𘛒𘞏𘜍𘟍𘜢𘞃𘜍𘝀
　　死生住大智因故常涅槃处俱住义是今不住说

10］ 𘜘𘞃𘞃𘝞𘟰𘛄——————————𘞏
　　者悲智相导因——————————涅

11］ 𘝞𘛒𘞃𘜘𘛄
　　槃本自有见

12］ 𘝖𘜘𘞃𘛲𘝀
　　生不住等云

13］ 𘛒𘞏𘝖𘛒
　　二死生本

在以前发表的一篇札记中,我曾指出 K2：158 是迄今未知的一种关于《通玄记》的注疏①。理由如下。从文字上看,残页是关于某部以"记"（𘞃）字为书名简称的佛典的注疏。以空格和朱笔符号"⌐"隔开的每段话,先以"《记》……者"（𘞃……𘝰）,"《记》……云者"（𘞃……𘝀𘝰）,"《记》……等者"（𘞃……𘛲𘝰）,或"《记》……而下"（𘞃……𘞅𘜍）的格式摘引《记》中的文字,然后再给出注释。所引《记》中文字一共四句,每句四字,直译的话,依次为"有执自遣"（𘞃𘛟𘝦𘛟）,"空见即息"（𘟡𘛜𘛏𘟩）,"灵幽测绝"（𘜌𘟇𘜘𘜍）和"导

---

① 高山杉：《〈通玄记〉西夏文注疏之发现》,《南方都市报·阅读周刊》2016年5月22日。

者导引"(𗙷𘐆𗙷𗣼)。这四个四字句显然是依次引用《通玄记》卷中"又观空则有执自遣,观假则空见随亡,观中则幽灵绝待,照体独立。'自然'下,明证入无阂,结归教意。导谓导引,悲导智故,不住涅槃而化利有情……"这一段里的"有执自遣""空见随亡""幽灵绝待"和"导谓导引"。① 西夏文"灵幽测绝"的"测绝"虽然文义也通("超绝测度"之义),但我很怀疑先是西夏文译者把这里作"相对"解的汉文"待"字理解成了"等待"的"待",然后用西夏文"𗥰"字("等待""停留"的意思)翻译去它,然后抄写者又把"𗥰"字抄成了字形相近,仅缺一笔的"𗥰"字("测""计"的意思)。

  为了便于论述和直观起见,现将上引《通玄记》卷中一段的前后文字完整地引在下面,兼附立正大学图书馆藏本相应部分的图版(图2),带下加线者为 K2∶158 引用的《通玄记》卷中的本文:

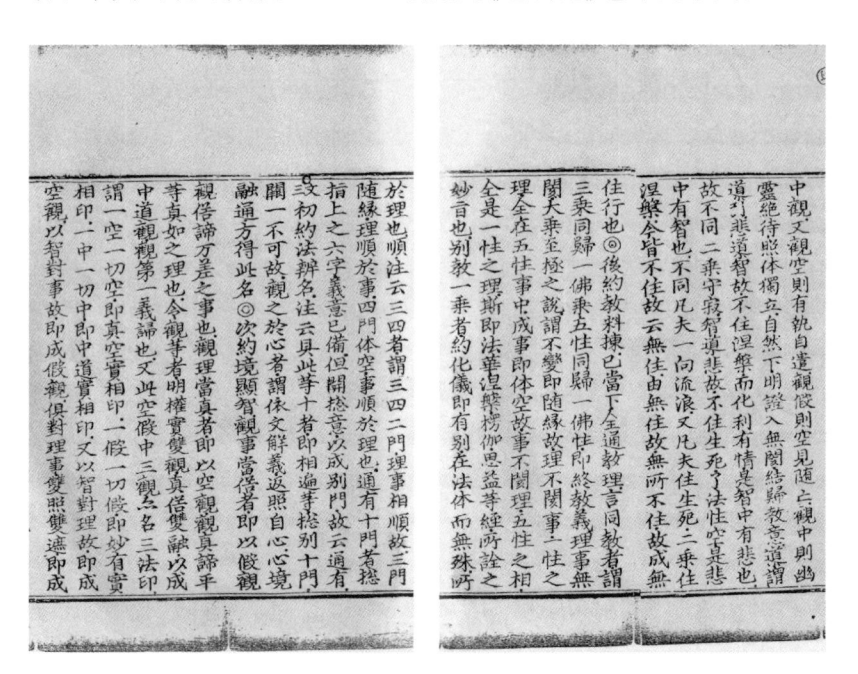

图 2 K2∶158 引用的《通玄记》卷中文字(图版据王颂先生提供的立正大学图书馆藏本复印件)

---

① 王颂:《华严法界观门校释研究》,第 165—166 页。

次、约境显智。"观事当俗"者,即以假观观俗谛万差之事也。"观理当真"者,即以空观观真谛平等真如之理也。"令观"等者,明权实双观,真俗双融,以成中道观,观第一义谛也。又,此空、假、中三观,亦名三法印。谓一空一切空,即真空实相印。一假一切假,即妙有实相印。一中一切中,即中道实相印。又,以智对理故,即成空观。以智对事故,即成假观。俱对理事,双照双遮,即成中观。又观空则<u>有执自遣</u>,观假则<u>空见随亡</u>,观中则<u>幽灵绝待</u>,照体独立。"自然"下,明证入无阂,结归教意。"<u>导</u>"谓导引。悲导智故,不住涅槃,而化利有情,是智中有悲也,故不同二乘守寂。智导悲故,不住生死,了法性空,是悲中有智也,不同凡夫一向流浪。又,凡夫住生死,二乘住涅槃,今皆不住,故云无住。由无住故,无所不住,故"成无住行"也。①

残页 K2:158 里有两段引文,内容和书名均能考出。先看第一段"略钞五第云真妄不系有空不计直直灵知照以观行为"。"真妄不系有空不计直直灵知照以观行为",与弘教书院校订《大藏经》本宗密《大方广圆觉修多罗了义经略疏钞》(简称《圆觉经略疏钞》,共二十五卷)卷十九注释"绝待灵心"四字的"非关真妄,不对有空,直照灵知,而为观行"②密合,可见"略钞"就是《圆觉经略疏钞》的简称。至于卷五和卷十九之异,是古今版本不同所致。这里有一点值得特别注意,就是《圆觉经略疏钞》里"不对有空"的"对"字,与《通玄记》中"幽灵绝待"的"待"字同义,都作"相对""相待"解,而 K2:158 都是用"燚"("测""计"之义)字去翻译它。

再看第二段引文"大钞十三下半云此者大悲因故常死生住大智因故常涅槃住俱住义是"。"此者大悲因故常死生住大智因故常涅槃住俱住义是"这句,与《大正藏》本澄观(738—839)《大方广佛华严经随疏演义钞》(共九十卷,简称《华严大疏钞》)卷五四"而言谓大悲故常处生死等者,等字多义,一者等取大智故常处涅槃,是俱住

---

① 王颂:《华严法界观门校释研究》,第165—166页。
② 日本弘教书院校订:《大藏经》律字函第10册,第41叶右。

义"①文义基本相合,可知"大钞"就是《华严大疏钞》的简称。"(卷)十三下半"和卷五四的不同,理由同上。

除了对《通玄记》卷中四句引文的注释外,K2∶158的其余文字也与《通玄记》在文脉上相通,在文义上相关。比如在"有执自遣"一句的注释前面,K2∶158讲的是空、假、中三观。这与《通玄记》卷中在"有执自遣"前面也是讲空、假、中三观是符合的。在"导者导引"一句的注释后面,K2∶158讲的是由悲、智相导而产生的"常住生死"和"常住涅槃"的"俱住义"以及"不住涅槃"和"不住生死"的"俱不住义"。这同《通玄记》卷中在"导谓导引"之后也是讲"不住涅槃"和"不住生死"(怀疑K2∶158第12行的"生不住等云"应该是引用《通玄记》的"不住生死")的"俱不住义"是符合的。由此更能证明,K2∶158引用的"记"正是《通玄记》,而其本身就是此前未知的一种《通玄记》的注疏。可惜我们现在还不知道这部注疏的名字,也不知道它是先用汉文写成然后再翻译成西夏文的,还是直接用西夏文写就的。《通玄记》居然还有西夏文的注疏,这在西夏佛教史和中国华严宗史的研究上可以说是一个全新的发现。

(感谢王颂先生提供立正大学图书馆藏明版
《华严法界观通玄记》的复印件)

附记:

本文在《中山大学学报·社会科学版》2018年第2期"宗教与文明研究"专栏发表后,我幸运地在"北京匡衲2018年春季拍卖会"的"大藏集珍——佛经、道教等宗教文献专场"(2018年6月23日)拍到了文中刊布的第三折《通玄记》卷下残页,由此确定了录文时未能看清的五字依次为"且""与""入""剋"(与"刻"通)和"故"。除此之外,我还通过王东辉先生的帮助,得以见到一折天一阁藏明版《通玄记》的局部照片,从而确定其与立正大学藏本为同版(参看我写的《与〈通玄记〉残页的偶遇和重逢》,《澎湃新闻·上海书评》2018年

---

① 《大正藏》第36卷,No.1736,第426页上。

8月1日)

  而最令人振奋的消息则是来自北京大学的高树伟先生,他通过检索"全国馆藏文物名录",在北京智化寺居然一下子就发现了两部完整的明版《通玄记》(高树伟撰:《再搜〈通玄记〉①:古刹寻踪》,《澎湃新闻·上海书评》2018年9月7日)。在与我沟通讨论的过程中,高先生又逐渐发现智化寺的两部《通玄记》的版本并不相同,其中一部(他称为"《通玄记》Ⅰ")与我在本文中提到的来自山西的卷中残页同版,另一部("《通玄记》Ⅱ")则与日本回流的卷下残页、立正大学藏本、德宝拍本和天一阁藏本同版。高先生还根据他复制的后一部《通玄记》(即"《通玄记》Ⅱ"),将本文提到的十二折卷下残页以及我后来在雅虎日本新发现的四折卷下残页一一对照恢复到原书里的位置(高树伟撰:《再搜〈通玄记〉②:重访智化寺》,《澎湃新闻·上海书评》2018年10月15日)。高先生的这个大发现不仅使《通玄记》西夏文译本的彻底解读成为可能,也为宋明佛教史和佛典版刻史添加了极其珍贵的研究资料。

  在日本发现的卷下残页现在已经有十六折,藏有其中两折的"日本某书店",其实就是东京的东城书店。因为该店已经将那两折出售,这里也就没有必要再替其保密。我最近又发现,这两折残页已经从日本来到中国,出现在北京荣宝2018秋季艺术品拍卖会"一念莲花开·敦煌写经及佛教艺术专场"上,与很多中日刻经和写经一起混在第1251号拍品"佛经鉴定标本集"中。

钱锺书的佛典笔记及其修辞比较研究

张 治

摘 要："二西"之一的释教经籍,乃是钱锺书沟通中西思想文化之修辞与观念的重要研究对象。他广涉内典要籍,多次通读佛藏,其宗旨主要在于扩大"文学"的范围,将一切人类精神思想活动均视为文学研究理应关照的对象。从近年刊布的《钱锺书手稿集·中文笔记》盘点其阅读史中涉及佛典的内容,这尤其集中表现为与欧美文学和中国传统古典文学所进行的修辞比较,与钱锺书本人对中国思想文化发展脉络若干重要问题的思考以及他本人的治学心绪皆密切相关。作为著作的准备草稿,《容安馆札记》保留了大量建立在文本阅读基础上的综合讨论,将其与《管锥编》进行比较,可以看到钱锺书读佛典认识上的发展演进;尚有若干散论遗说,属于他未刊著作中的重要线索。

关键词:钱锺书;大正藏;读书笔记;修辞

在讨论钱锺书的学术成就时,对其著作中体现出的博览通识、融汇东西的文化视野,以及他专注于辞章上立意、拟象等文学功能这样一种相对狭窄的研究趣旨,须并重两端才能获得更为准确的认知。一般看来,钱锺书论学以修辞上的中西比较为主,兼顾心理学和社会学因素的考察。虽则读书范围极为宽阔,却是始终围绕固定的视角而展开。所谓"锥指管窥"(limited views),也就并非只是谦逊的话了①。于此而言,钱锺书读史传之书,也读宗教哲学著作,并非一种"跨学科"的研究路数,而是企图扩大"文学"的范围,将一切人类精神思想活动均视为文学研究理应关照的对象。他早年欲撰

---

① 钱锺书:《管锥编》1972年"序",生活·读书·新知三联书店,2007年,第1页。Also cf. Ronald Egan's Introduction to his selected translation, *Limited Views*, HUP, 1998, pp. 14-16.

写一部中国文学史,曾说:

> 鄙见以为不如以文学之风格、思想之型式,与夫政治制度、社会状态,皆视为某种时代精神之表现,平行四出,异辙同源,彼此之间,初无先因后果之连谊,而相为映射阐发,正可由以窥见此种时代精神之特征……①

"政治制度"云云,假如指的是惯常所说的范畴,实则在钱锺书后来的学术论著中少有问津,但与所谓"社会状态"并列,可能指的是政治、宗教等一切社会习俗。而"思想之型式"方面,则令人想起他还有个未曾实现的计划——"我有时梦想着写一本讲哲学家的文学史"②,也类似从修辞角度解读思想文献。

　　这种解读尤其可贵之处,在于完全建立在对中西文化传统里不同世代的经典著作细致认知上面。修辞比较的认知研究,展示关联、相通或是分歧、相异之处,自有其重要意义。如徐复观所说:"中国的文学史学,在什么地方站得住脚,在什么地方有问题,是要在大的较量之下才能开口的。"③中国自古以来与外界文化交流最重要的对象先后出现了两个,《谈艺录》开篇已经声称"颇采'二西'之书"④。除了"耶稣之'西'"(欧美),钱锺书对于"释迦之'西'"(印度)也是下过很多功夫的⑤。这个话题,三十年前已有人论述,如张文江在为钱锺书作传时即指出,《管锥编》里作为枢纽的十部要籍,

---

① 钱锺书:《〈中国文学小史〉序论》,《国风半月刊》第3卷第11期,1933年,第9页。
② 钱锺书:《作者五人》,《写在人生边上/人生边上的边上/石语》,生活·读书·新知三联书店,2007年,第228页。
③ 徐复观:《我的读书生活》,《徐复观文集》第1卷,湖北人民出版社,2009年,第234页。
④ 钱锺书:《谈艺录》,中华书局,1984年,第1页;参看《管锥编》,第1054页。
⑤ 钱锺书:《管锥编》"《太平广记》三八"(第1054页):"近世学者不察,或致张冠李戴;至有读魏源记龚自珍'好西方之书,自谓造微',乃昌言龚通晓欧西新学。"按,盖指侯外庐《中国思想通史》卷5"中国早期启蒙思想史"一书末章所言。参看刘世南《记默存先生与我的书信交往》(牟晓朋、范旭仑:《记钱锺书先生》,大连出版社,1995年,第27—28页)、《"晚尤好西方之书"》(《中华读书报》2002年3月20日)二文。

其中"《太平广记》的小说和《全上古三代秦汉三国六朝文》的文章……包含了先秦以下乃至唐前千年间的思想内容,其中有西域佛教输入后引起的种种变化"①。而黄宝生也曾有这一话题的论文,对《管锥编》里涉及佛经与中国古典文学之关系的各种意见进行总结,从影响研究、平行研究和科际研究三方面进行了分述②。

钱锺书钻研宗教书籍,并不是深究于义理,而是着眼于文词上的构思和表现,关注的是表达手法上的高明独特之处。深入佛道二藏之学的潘雨廷,曾在与学生谈话时指出,钱读佛经有很大的局限性。在深研精神哲学的人看来,大经大法的文字里有对人可以产生力量的高妙思想,但这些信息未必为几度通读《大藏经》的钱锺书所接受:

问:钱锺书先生佛经等全读过,《管锥编》也引过《悟真篇》的句子,为什么不注意实际指的内容呢,是否有意不谈?

先生言:读一遍句子和仔细研究是不同的。③

诗篇可作卜辞,占卜之辞也"不害为诗"④。同理,佛教讲经用诗文小说形式,反之则佛经也可从文学角度进行审视。此前日本学者最先提起"佛教文学"这个说法时,定义为"以佛教精神为内容,有意识创作的文学作品"⑤,实则陈义不高,所取范围既有限亦不足为重。能以文学之眼光看视佛经文献价值的,则有陈允吉、常任侠等学者勉力为之⑥。钱锺书虽无专书进行讨论,却时时亲入"铜山",

---

① 张文江:《营造巴比塔的智者:钱锺书传》,复旦大学出版社,2011年,第85—89页
② 黄宝生:《〈管锥编〉与佛经》,《文学评论》1988年第1期。
③ 张文江:《潘雨廷先生谈话录》,第20页,复旦大学出版社,2012年。参看熊十力语:"读佛家书,尤须沉潜往复,从容含玩。否则必难悟入。吾常言学人所以少深造者,即由读书喜为涉猎不务精深之故。"见氏著:《佛家名相通释》,上海书店出版社,2007年,第13页。
④ 钱锺书:《管锥编》,第816页。
⑤ 加地哲定著,刘卫星译:《中国佛教文学》,今日中国出版社,1990年,第22页。
⑥ 常任侠:《佛经文学故事选》,上海古籍出版社,1982年;陈允吉:《佛经文学粹编》,上海古籍出版社,1999年。

披露了不少有用的资料。而近年刊布于世的《钱锺书手稿集》,尤其是《容安馆札记》和《中文笔记》部分,涉及内典范围甚广,从中可见已刊著作中涉及相关材料是如何逐渐积累的,另外,值得一提的还有未曾发表过的若干相关论说。钱锺书晚年本来存有《管锥》之"续编"及"外编"的写作计划,惜皆未成书,正可从这些笔记资料中看出一些有价值的线索。

一

商务印书馆陆续影印出版的《钱锺书手稿集》(2003—2016),共71册,分成《容安馆札记》3册(下简称《札记》)、《中文笔记》20册和《外文笔记》48册(另附《外文笔记·总索引》1册)三个部分,《札记》记录的是钱锺书在1949—1974年间的日常论学心得,而后两者则包含了自20世纪30年代中期留学英国至1994年病危住院前的中外文读书笔记①。学界或以钱锺书著述及笔记中使用过的外语种类称述其治学的"多维度",实则读佛经的笔记里多处都以拉丁字母转写的方式,大量附记重要概念的梵语原文,尤以《法苑珠林》《法华经》《中论》、阿含部诸经为多②,出现频度远超过《外文笔记》读古希腊作家所附的希腊文字。

在此,先从《钱锺书手稿集》的《中文笔记》20册中考察他读佛典的基础情况。从篇目来看,钱锺书是通读过大藏经的,这主要是指日本《大正新修大藏经》(简称《大正藏》)。根据《大正藏》的部册次第,将《中文笔记》具体抄录经目列表如下:

---

① 杨绛:《〈钱锺书手稿集〉序》(2001年),《杨绛全集》第2卷,人民文学出版社,2014年,第315—318页;张治:《钱锺书手稿中的年代信息》,《上海书评》2012年11月。
② 黄宝生曾回忆钱锺书在1976年聊天时多谈佛经,"还能说出一些佛经用词的梵文原词",其中谈到了《法苑珠林》。见氏撰:《温暖的回忆》,丁伟志主编:《钱锺书先生百年诞辰纪念文集》,生活·读书·新知三联书店,2010年,第157页。

部 次	册 次 及 所 抄 经 目	所在《中文笔记》册次
01 阿含部	01：《长阿含经》22卷、《中阿含经》60卷	04
	02：《杂阿含经》50卷、《增壹阿含经》51卷	04
02 本缘部	03：《六度集经》8卷、《菩萨本缘经》3卷、《生经》5卷、《菩萨本行经》3卷、《大乘本生心地观经》8卷、《方广大庄严经》12卷、《过去现在因果经》4卷、《佛本行集经》60卷	04
	03：《师子素驮娑王断肉经》1卷、《生经》5卷、《六度集经》8卷	12
	04：《佛所行赞》5卷、《兴起行经》2卷、《大庄严论经》15卷、《杂宝藏经》10卷、《杂譬喻经》2卷（失译人名）、《旧杂譬喻经》2卷、《杂譬喻经》3卷（道略集）、《百喻经》4卷、《法句经》2卷、《出曜经》30卷	03
	04：《法句譬喻经》4卷、《百喻经》4卷、《杂譬喻经》3卷（道略集）①、《众经撰杂譬喻》2卷（道略集，鸠摩罗什译）、《旧杂譬喻经》2卷、《杂譬喻经》2卷（失译人名）②、《杂譬喻经》1卷（支娄迦谶译）③、《出曜经》30卷	12
03 般若部	05—07：《大般若波罗蜜多经》600卷④	11
	08：无	/
04 法华部	09：《妙法莲华经》7卷	03
05 华严部	09—10：无	/
06 宝积部	11—12：无	/
07 涅槃部	12：《大般涅槃经》40卷	02、16
08 大集部	13：无	/

① 编目误作支娄迦谶译本。
② 编目误作道略集三卷本。
③ 编目失收。
④ 编目误作"《大般若波罗蜜多心经》一卷"。

续 表

部次	册次及所抄经目	所在《中文笔记》册次
09 经集部	14:《贤劫经》8卷、《称扬诸佛功德经》3卷、《诸佛经》1卷、《弥勒下生经》1卷、《大方广宝箧经》3卷、《文殊师利问菩提经》1卷、《文殊师利问经》2卷、《说无垢称经》6卷、《月上女经》2卷、《不思议光菩萨所说经》1卷、《阿难七梦经》1卷、《末罗王经》1卷、《普达王经》1卷、《五王经》1卷、《卢至长者因缘经》1卷、《树提伽经》1卷、《佛大僧大经》1卷、《摩邓女经》1卷、《摩登女解形中六事经》1卷、《㮈女祇域因缘经》1卷	04
	15:《观佛三昧海经》10卷	14
	16:《楞伽经》4卷	14
	17:《四十二章经》1卷	03
	17:《圆觉经》1卷	09
10 密教部	18：无	/
	19:《大佛顶首楞严经》10卷	13
	20：无	/
	21:《大方等陀罗尼经》4卷	09
11 律部	22—24：无	/
12 释经论部	25:《分别功德论》5卷、《大智度论》100卷、《金刚仙论》10卷	04
	25:《大智度论》100卷①	20
	26：无	/
13 毗昙部	26—29：无	/
14 中论部	30:《中论》4卷	03
15 瑜伽部	30:《瑜伽师地论》100卷	03
	31:《成唯识论》10卷	14
16 论集部	32:《那先比丘经》2卷	12

① 注"补前记",未见。

续表

部次	册次及所抄经目	所在《中文笔记》册次
17 经疏部	33:《法华玄义释签》20卷	10
	34—39:无	/
18 律疏部	40:无	/
19 论疏部	40:《佛遗教经论疏节要》1卷	03
	41—44:无	/
20 诸宗部	44:无	/
	45:《鸠摩罗什法师大义》3卷、《宝藏论》1卷、《肇论》1卷	03
	45:《三论玄义》1卷	11
	46:《摩诃止观》10卷	10
	47:无	/
	48:《人天眼目》6卷、《惠能大师施法坛经》1卷、《六祖大师法宝坛经》1卷、《禅源诸诠集都序》2卷	03
	48:《宗镜录》100卷	16
21 史传部	49:《佛祖统纪》54卷	09
	49:《迦叶结经》1卷	12
	50:无	/
	51:《景德传灯录》30卷、《续传灯录》36卷	01
	51:《大唐西域记》12卷	07
	52:无	/
22 事汇部	53:《法苑珠林》100卷	01
	53:《法苑珠林》100卷	09
	53:《法苑珠林》100卷	15
	54:《翻译名义集》7卷	15
23 外教部	54:无	/
24 目录部	55:无	/

尚需说明几点：

其一，根据笔记的具体内容，有的经籍虽看似出现多遍笔记，但要么是断续的几段合为一遍，要么是第一遍笔记太简略，后来详读一遍，大体可认为存有笔记的，是翻阅两遍所下的功夫。

其二，有些部册笔记空白，并不代表钱锺书未曾涉猎，比如律部经籍见引于《管锥编》者，有《四分律》《五分律》等。而第52册的《弘明集》《广弘明集》，在《管锥编》勘订《全上古三代秦汉三国六朝文》时经常用到；《镡津文集》也见于书中。外教部经籍，在《管锥编》《札记》中也找得到一些引文。

其三，钱锺书读某些佛典要籍，用的是另外的单行刻本。比如《中文笔记》第2册读《四十二章经》的笔记，用的就是湘潭叶氏观古堂汇刻宋真宗御注本(1902年)。作为最早的汉译佛经之一，《四十二章经》版本繁多，屡经改窜，有明以来佛藏用宋真宗注本，此本又以观古堂刻本最为完整，不同于流于俗间、多有失真的宋守遂注本①。再如《中文笔记》第10册《妙法莲华经文句记》30卷，署"智顗说、湛然述、灌顶记"，也不是《大正藏》本，但涵盖了经疏部第34册里的重要内容，根据1961年钱锺书致巨赞法师信，可知他曾托朋友向达向其借阅"天台三大部"，即《摩诃止观》《法华文句》《法华玄义》，《法华文句》正是湛然注《文句记》②。同属《中文笔记》第10册里的《维摩诘所说经》笔记，用的是僧肇注本，也不是《大正藏》里的10卷本形式。此外，史传部第50册里最重要的几种高僧传，《中文笔记》存有其他版本的笔记③，于是也不用此册。

《中文笔记》里抄过的佛典或佛学要籍也有超出《大正藏》范

---

① 汤用彤：《汉魏两晋南北朝佛教史》，北京大学出版社，2011年，第23—24页。
② 朱哲编：《巨赞法师文集》，团结出版社，2001年，第1338页及图版171、172。参看高山杉：《〈巨赞法师全集〉新收信札录文订误》，《东方早报·上海书评》2009年10月25日。
③ 《中文笔记》第5册单读《高僧传》，第12册有读《高僧传二集》《高僧传四集》的笔记。《札记》和《管锥编》还都多次征引《高僧传三集》。按这几个标题与《大正藏》中称"续高僧传""宋高僧传"和"大明高僧传"的方式不同，乃是民国时期支那内学院所刊单行本。

围的,比如第 2 册《大佛顶首楞严经正脉疏》,为明交光真鉴所作,后世以为是截断众流的《楞严》新注。钱锺书眉批云"首数卷判析六根与外物关系最微妙",赞其善辩。有意思的是,这番读书感受与他的人生经验发生契合。他读此书甚早,笔记写于 1940 年,当时方至湖南蓝田侍亲,心头又牵挂远在上海的妻女老小。读书笔记上录《遣闷》(即《遣愁》,《槐聚诗存》定为 1940 年作)一诗。其中谈到"口不能言"的愁闷情绪,又言喋喋多言的诗歌无法触及真实心境,正是从《楞严经》中所谓"但有言说,都无实义"而感发的。

此外,《中文笔记》第 3 册抄读的晁迥《法藏碎金录》、惠洪《石门文字禅》,第 8 册的《牧牛图颂》,第 15 册的《释氏蒙求》、《华严经疏钞悬谈》(唐释澄观撰)等,也不见于《大正藏》中。其中《石门文字禅》于释家撰述中以文章见长,日后钱锺书对此方面有更高明和更系统的评论。而澄观《悬谈》从实叉难陀《疏钞》化出,将最大部头的《华严经》删繁就简,故能与禅宗相应①。当然,在《大正藏》范围之外,所见最被钱锺书重视的佛典是《五灯会元》一书。《中文笔记》第 14、15 册有合之不足一过的摘录,其中言尚有某册笔记补充,并不见此 20 册中。

由上可知,钱锺书读大藏经,应该也不止于像潘雨廷所言,只是"读一遍句子"。既不止读过一次,也不止于《大正藏》。20 世纪 80 年代中期,时任中华书局编辑的张世林,曾受钱锺书嘱托,两次登门送新刊《中华大藏经》前 10 册供阅览:"不到两个礼拜,先生又通知我再将六至十册送去一阅。送去后,他指着前五册说,这些我已看完了,你拿回去吧。"并记钱锺书言,说他这是第四遍读佛藏了②。

《中文笔记》未涉及《大正藏》55 册,"目录部"。《管锥编》论释道安《摩诃钵罗若波罗蜜经钞》时有一段文字勘校上的见解:

---

① 张文江:《管锥编读解》,上海古籍出版社,2005 年,第 456 页。
② 见张世林:《编辑的乐趣》,《光明日报》2015 年 7 月 21 日。

严氏辑自释藏"迹"①,凡琮引此《序》中作"胡"字者,都已潜易为"梵",如"译胡""胡言",今为"译梵""梵语",琮明云:"旧唤彼方,总名胡国,安虽远识,未变常语"也。又如"圣必因时,时俗有易",今为"圣必因时俗有易",严氏案:"此二语有脱字";盖未参补。至琮引:"正当以不關异言,传令知会通耳",今为:"正当以不闻异言"云云,殊失义理。安力非削"胡"适"秦"、饰"文"灭"质"、求"巧"而"失实";若曰:"正因人不通异域之言,当达之使晓会而已";"關"如"交關"之"關","通"也,"传"如"传命"之"传",达也。②

文中"严氏"指严可均,"今为"云云,即《全晋文》所录释藏《出三藏记集》中的该篇;而"琮引",则是指"《高僧传》二集"彦琮传载《辩正论》所引文字。严可均用《出三藏记集》辑南北朝时期的佛教文章极多,钱锺书的札记和读佛藏的笔记中均只用严氏《全文》,而不提《出三藏记集》一书,但他显然是翻阅过《大正藏》第55册的,《札记》第743则读《全唐文》卷九一六景净《景教流行中国碑》时曾引过圆照《大唐贞元续开元释教录》③。他通常不理会版本校勘之业,此处因道安此文关系重大,必须进行说明,才细加辨证。《管锥编》"《焦氏易林》二"谈及禅宗话头里的"胡言汉语"一词时,指出胡汉的对呼如同今日之言"中外",再次引述了彦琮《辩正论》关于"胡本杂戎之胤,梵唯真圣之苗"的严格区别。接下来他根据历代正史和辟佛言论中并未遵从彦琮之分辩的情况,推翻了王国维在《西胡考》一文中认为唐人著书皆祖彦琮的观点。这都可以和上面的那段勘校意见相互发明④。

前揭黄宝生文中已列举了《管锥编》曾揭示的中国古典小说受佛经影响的例子,包括《大唐西域记》卷七记救命池节,经过《太平广

---

① 原书将"释藏迹"三字置于一书名号内,非是。此系佛藏传统惯用的千字文帙号(或函号)。按严氏前后录若干经序,皆此出处,可知系指《出三藏记集》一书。根据蔡运辰《二十五种藏经目录对照考释》(新文丰出版公司,1983年,第246页),《出三藏记集》位置见于"迹"函的只有"永乐南藏"。
② 钱锺书:《管锥编》,第1982页。
③ 钱锺书:《容安馆札记》,第2091页。
④ 钱锺书:《管锥编》,第823页。

记》几则故事,后启《绿野仙踪》第73回《守仙炉六友烧丹药》①;《太平广记》卷四四五《杨叟》(出《宣室志》),"似本竺法护译《生经》第一〇《鳖、猕猴经》而为孙行者比邱国剖心一节所自出"②;还有《三宝太监西洋记》"描叙稠叠排比,全似佛经笔法,捣鬼吊诡诸事亦每出彼法经教典籍"③。有意思的是,钱锺书读佛典时趣味盎然,思维活跃,时时拈出各种不同性质书籍中的段落来"参话头"。《五灯会元》笔记的批注上多次提及"Catch 22",指美国小说家约瑟夫·海勒(Joseph Heller)所著小说《第二十二条军规》(1961年),这尚可猜想是"语语打破后壁"的禅宗公案和荒诞派小说家所暴露的日常世界秩序的危机能够互文(美国当代文学本就煞有介事地崇尚禅宗)。有时颇能引譬连类,如《出曜经》述鼠入酥瓶,饱不能出,批注上大下功夫,不仅引述同部典籍里的类似故事,还引了寒山诗"老鼠入饭瓮,虽饱难出头",接着又是古罗马诗人贺拉斯,又是法国古典主义作家拉封丹的寓言诗,又是文艺复兴时期意大利大诗人阿里奥斯托的讽刺诗,又是格林兄弟的"狼与狐"童话④。他读《生经》时想到了意大利文艺复兴时期摹仿薄伽丘《十日谈》非常成功的班戴洛(Matteo Bandello),其篇幅庞大的短篇故事集里有一篇和"舅甥经第十二"所记有很多雷同之处,此后又记起古希腊历史学之父希罗多德笔下还有另外一个版本,将洛布古典丛书本相关章节的英译文抄了几页。这些材料使他后来写成了那篇著名的比较文学论文——《一节历史掌故、一个宗教寓言、一篇小说》⑤。

读书笔记批注中时有活泼的或真实的人生感受。读《观佛三昧海经》时,"自有众生乐视如来"云云,批注居然是"余少时戏画《许眼变化图》略同此意",指的是钱锺书读书时给同学所作漫画,绘其

---

① "《太平广记》一〇",钱锺书:《管锥编》,第1001页。
② "《太平广记》七四",钱锺书:《管锥编》,第1108页。
③ 钱锺书:《管锥编》,第2130—2131页。其中言小说用"普明颂"一事,亦见《中文笔记》,第8册,第156页读《牧牛图颂》眉批。
④ 钱锺书:《中文笔记》第12册,第333页。
⑤ 钱锺书:《七缀集》,生活·读书·新知三联书店,2002年,第164—183页。

见心爱女生屡送秋波之状①。

而在读《楞严》时,见经文云:

> 波斯匿王起立白佛……感言此身,死后断灭……我今此身,终从变灭……我观现前,念念迁谢,新新不住,如火成灰,渐渐消殒,殒亡不息,决知此身当从灭尽……我年二十虽号年少,颜貌已老初十岁时;三十之年又衰二十;于今六十又过于二;观五十时宛然强壮……其变宁唯一纪二纪,实为年变;岂唯年变,亦兼月化;何直月化,兼又日迁;沈思谛观刹那刹那,念念之间不得停住……

批注非常简略:"余今年亦62(明港,1972年1月12日)。"②然而联系此时境遇,当能体会其中有极深之感慨③。

二

《札记》编号至802则,实则存留了792则,多由专门的某部书而展开;另有一些属于杂篇,分成若干互不关联的小节。还有少数几篇以某个话题进行议论,可能是某个文章初步构思的计划。比如第17则,开篇先说:

> 哲理玄微,说到无言,"如鸟飞虚空,无有足迹"(《大智度论》卷四十四《释句[义]品第十二》),则取譬于近,"如深渊驶水,得船可渡"(卷五十四《释天主品第二十七》)。④

就是从佛典里的阐说入手,提出取譬立喻对于哲理玄奥之处进行讨论的意义,下文比较不同文献里对于"立喻之道"的见解。这是一个比较简略的设想,后来《管锥编》言称"穷理析义,须资象喻"时,使用

---

① 杨绛:《记钱锺书与〈围城〉》(1985年),《杨绛全集》第2卷,第188页。
② 钱锺书:《中文笔记》第13册,第402页。
③ 根据《杨绛全集》第9卷的《杨绛生平与创作大事记》,1971年4月4日,干校迁明港"师部"。1972年,钱瑗与父母在干校同过元旦,1月4日回北京;3月12日,钱、杨回北京。
④ 钱锺书:《容安馆札记》,第16页。

了这则札记的主要思路，材料大加剪裁，扩充论据，使得立论更为周全①。

通过《札记》和《管锥编》的对照，也可以看出钱锺书在使用这些佛教文献资料的一个认识过程。依据前引张文江意见，《管锥编》经由《太平广记》《全上古三代秦汉三国六朝文》二书关，注意到了佛教传入中国后引起思想文化上的种种变化。《太平广记》收的是"小说家言"，《全上古三代秦汉三国六朝文》则多为思想学术文献。卷帙繁多，梳理起来颇为不易。例如，《札记》第 335 则续读《全三国文》时，75 处只评论了康僧会《安般守意经序》的"弹指之间，心九百六十转，一日一夕十三亿意"这句话；而在《管锥编》中，该卷被单独拈出的材料因作者僧俗不同而分为两节：前一节是阙名《曹瞒传》，后一节包括了支谦《法句经序》和康僧会《法镜经序》。《安般守意经序》的引文和相关比较被移到了"《列子张湛注》二"中②。钱锺书对《法句经序》可发挥之处产生兴趣③，该条目的内容也在《札记》出现过，不过是第 417 则论《全晋文》卷一六〇僧叡《思益经序》处所附，进入著作中地位得到提升。这个变化涉及对于翻译思想的认识过程，颇为重要，故在此联系相关几处内容略加论述。《管锥编》引《法句经序》的段落是：

> 仆初嫌其为词不雅。维祇难曰："佛言依其义不用饰，取其法不以严，其传经者，令易晓勿失厥义，是则为善。"座中咸曰：老氏称"美言不信，信言不美"……"今传梵义，实宜径达。"因顺本旨，不加文饰。

随即指出，"严"当训作"庄严"之"严"，与"饰"变文同意。并以严复"信达雅"说与上文进行比较，指出"三字皆已见此"，进一步认为"信"（钱锺书解释为"依义旨以传，而能如风格以出"）本身就包含了"达"和"雅"。大多人都能理解"雅"并不是靠增饰润色来完成的，却未必认识到"信"与"达"的关系。钱锺书心目中的"达而不

---

① "《周易正义》二"，钱锺书：《管锥编》，第 21—23 页。
② 钱锺书：《管锥编》，第 734 页。
③ 钱锺书：《管锥编》，第 1748 页。

信"者,类如林译小说;而言"未有不达而能信者",则矛头指向的是所谓"直译本"(la traduzione letterale),背后则是对鲁迅为代表的翻译思想的否定①。钱锺书欣赏翻译中的"化"境,又赞同"十九世纪末德国最大的希腊学家"维拉莫维茨-默伦多夫(Ulrich von Wilamowitz-Moellendorff)的名言"真正的翻译是灵魂转生"②,皆可与此互相发明。历来论者涉及钱锺书由佛教文献阐发其翻译观时必引上面这段内容,但钱锺书还有一处更重要的意见,就是在"《全晋文》卷一五八"篇论释道安《摩诃钵罗若波罗蜜经钞序》提出的"五失本""三不易"③。

目前检索《札记》各则,似不见钱锺书对这篇文字的注意。在《管锥编》中,这节讨论竟长达 8 页篇幅。其中特别强调:

> 按论"译梵为秦",有"五失本""三不易",吾国翻译术开宗明义,首推此篇;《全三国文》卷七五支谦《法句经序》仅发头角,《学记》所谓"开而弗达"。《高僧传》二集卷二《彦琮传》载琮"著《辩正

---

① 参看钱锺书:《林纾的翻译》,《七缀集》,第 77—80 页。《容安馆札记》第 84 则,录岳珂《桯史》卷一二记金熙宗时译者译汉臣视草事,其中将"顾兹寡昧""眇予小子"译释作"寡者,孤独无亲;昧者,不晓人事;眇为瞎眼;小子为小孩儿",又引诰命用"昆命元龟",译云"明明说向大乌龟"(《癸巳存稿》卷十二《诗文用字》条引),钱锺书评价说:"按此鲁迅直译之祖也。"(第 146 页)

② 钱锺书:《〈围城〉日译本序》,《写在人生边上/人生边上的边上/石语》,第 142 页。这句话原出自维拉莫维茨编订欧里庇得斯《希波吕托斯》的初版前言(*Euripides Hippolytos*, p. 7, Berlin: Weidmannsche Buchhandlung, 1891),副题为"何为翻译?(Was ist Übersetzen?)"。后经修改,以副题为正题,收入 1925 年刊布的氏著《演说与讲录集》(*Reden und Vorträge*)第 1 卷。原文作:Noch schärfer gesprochen, es bleibt die Seele, aber sie wechselt den Leib: die wahre Übersetzung ist Metempsychose. "质言之,存其魂灵,而易其肉身:翻译之精义乃灵魂转注"。Metempsychose 原是古希腊文中 μετεμψύχωσις 一词,指灵魂的转移,原与毕达哥拉斯的学说有关;在 19 世纪后期多用于翻译佛教术语的"灵魂转生""灵魂转世"。《管锥编》中曾言"东汉迎佛以前,吾国早信'人灭而为鬼',却不知'鬼灭而为人'之轮回,基督教不道轮回,而未尝不坚持'灵魂不灭'、有地狱天堂之报。谈者又每葫芦提而欠分雪也"(第 2213 页),参看第 728—730 页,其中结尾处对"形体变化(metamorphosis)"与"转世轮回(metempsychosis)"进行辨别。

③ 钱锺书:《管锥编》,第 1982—1989 页。

论》,以垂翻译之式",所定"十条""八备",远不如安之扼要中肯也。

可谓是极高的评价。按支谦《法句经序》标示"信言不美,美言不信"的主"信"原则,具有时代意义。因为东汉末年佛教经籍系统入华,存在安世高、支娄迦谶译经的小乘、大乘两系,其中安世高再传而至康僧会,支娄迦谶再传而至支谦。支谦译经,由后世竺法护、鸠摩罗什等重译、补译而影响中国本土佛教流派的形成。康僧会的各篇《序》中则可看出重视大乘的转向。由此足见《管锥编》并论支谦、康僧会的意义①。故而《法句经序》虽然是"仅发头角",却是源头所在。至于彦琮的"十条""八备",在此之前也曾为钱锺书所重视,1965年,他寄赠厦门大学教授郑朝宗的诗中,有"好与严林争出手,十条八备策新功"句,就用此典②。

释道安一生重视般若诸经,《摩诃钵罗若波罗蜜经钞》乃大品《般若》之补译,同样是具有重要意义的③。《管锥编》论"五失本"其一,"梵语尽倒,而使似秦",指的是梵文语序和汉语不同。引道安另外几篇经序,说明"此'本'不失,便不成翻译",又记《高僧传》二集卷五《玄奘传之馀》所载前代译经起初服从梵文习惯而"倒写本文"、后来不得不"顺向此俗"④。"失本"之二:"梵经尚质,秦人好文,传可众心,非文不合",钱锺书连续引用八九种佛教文献,证明梵经本来也兼有文质,译者将梵文的质加以润色成文,或是将原作的文藻减损当作是质,都算"失本"。其中以鸠摩罗什《为僧叡论西方辞体》的"嚼饭与人"之喻最能道出翻译之难,这段引文也见于《札记》论僧叡《思益经序》处,尚有些重点不明;至《管锥编》则层次分明,且成为后文引用多种西学著作进行发挥的焦点。

---

① 张文江:《管锥编读解》,第404—406页。
② 钱锺书:《槐聚诗存》,生活·读书·新知三联书店,2002年,第128页,题"喜得海夫书并言译书事";参看《札记》第728则。又见郑朝宗:《怀旧》(1986年),《海滨感旧集》,厦门大学出版社,2014年,第97页。
③ 张文江:《管锥编读解》,第452页。
④ 参看鲁迅《关于翻译的通信》(1932年):"中国的文或话,法子实在太不精密了……我以为只好陆续吃一点苦,装进异样的句法去,古的,外省外府的,外国的,后来便可以据为己有。"《鲁迅全集》第4卷,人民文学出版社,2005年,第391页。

而本来被简略处理的"五失本"的后三义,钱锺书认为"皆指译者之削繁删冗,求简明易了",似并无太多需要表述之处,惟引释道安《比丘大戒序》的"约不烦"一说。但《管锥编》在20世纪80年代的两度增订,这里都增加了不少内容,比较佛经与先秦子书的说理繁简之分别。"约不烦"的尚简原则,让我们联想到钱锺书夫人杨绛后来提出的"点烦"的翻译观,后者虽说是取自《史通》,但与此处也是相通的①。

又,《管锥编》论《全晋文》卷一六四僧肇《答刘遗民》《般若无知论》等:

> 吾国释子阐明彼法,义理密察而文词雅驯,当自肇始;慧远《明报应论》(辑入卷一六二)、《鸠摩罗什法师大乘大义》(未收)等尚举止生涩,后来如智顗、宗密,所撰亦未章妥句适。僧号能诗,代不乏人,僧文而工,余仅睹惠洪《石门文字禅》与圆至《牧潜集》;契嵩《镡津集》虽负盛名,殊苦犷率,强与洪、至成三参离耳。然此皆俗间世法文字,非宣析教义之作,《憨山老人梦游集》颇能横说竖说,顾又笔舌伧夺,不足以言文事。清辩滔滔,质文彬彬,远嗣僧肇者,《宗镜录》撰人释延寿其殆庶乎?

强调自僧肇开始,在阐释佛理方面有文学的讲求了,这是从上一代的翻译事业开展出自家论述的新局面。此卷及下卷将《肇论》各篇悉数收入,钱锺书引《太平御览》所收《洛阳伽蓝记》佚文,言僧肇将四论合为一卷,呈慧远阅,"大师叹仰不已",又呈刘遗民,叹曰"不意方袍,复有叔平"。钱锺书言"叔平"当作"平叔",是将其比作三国时期谈玄的领袖何晏,足见其文理深湛。"盖结合般若与老庄,亦佛教中国化之始也",而此后玄学不敌般若之学,渐趋消亡,佛学则进一步发展起来②。

---

① 杨绛:《翻译的技巧》(2002年),《杨绛全集》第2卷,第284—285页。按杨绛此文显然参考了《管锥编》此处对于佛教译经的讨论,其中还采用了释道安"胡语尽倒"(即"梵语尽倒"的另一版本,详见下文)一语。而"点烦"之说,实也屡见于《管锥编》中。杨绛舍近而求远,不用译经话语里的"约不烦",改用史家讲求文章做法的"点烦",可能是故意要掩饰来源。
② 张文江:《管锥编读解》,第455页。

钱锺书还以《全隋文》卷六炀帝《与释智𫖮书》三十五首为例，举出前后卷中炀帝还有致释氏书十九首，传世数量上超过了梁武帝（但后者有"浩汗巨篇"）。智𫖮即智者大师，是天台宗"五时八教"之判教的创始人，亦可见中国佛教之兴，其中也得益于政治力量上的支持①。钱锺书称"佞佛帝王之富文采者，梁武、隋炀、南唐后主鼎足而三，胥亡国之君"，而史家和小说家均未曾以此责炀帝。推究原因，或许正是台宗得隋王室之助而大盛后世所造成的。

此外，《管锥编》于严氏《全文》中对于刘勰《灭惑论》、甄鸾《笑道论》、僧勔《难道论》以及徐陵《天台山馆徐则法师碑》、阙名《中岳嵩阳寺碑》等也均有所留意，注重其中的释、道二教势力消长，与《札记》中存在的对《全唐文》相关内容的评说互相呼应（详见下文）。

《太平广记》自卷八七至一三四为佛教故事，或实或幻，反映了宋初时候释教思想在中国被传播和被认知的整体情况。《管锥编》对这部分内容是从卷八八"异僧二"《佛图澄》、卷八九"异僧三"《鸠摩罗什》论起的。这两篇都见于《高僧传》，故而在《札记》第 724 则中只字未提。这里分别拈出，颇有深意。研究者曾谓佛图澄（及弟子道安）、鸠摩罗什（及弟子僧肇）在东晋十六国时期佛教入华过程中作用最大，而前者以神通、后者以传经，确立了后世佛教发展的两个基本途径②。因而钱锺书记图澄噀酒成雨的故事，将之与"道家自诩优为"者比较③。在《鸠摩罗什》一篇，钱锺书先指出《太平广记》删去《高僧传》所载什来华以前事，补录早年教师盘头达多所言"绩师空织"的譬喻，参照家喻户晓的安徒生童话《皇帝新衣》，谓结尾小儿的一语道破"转笔冷隽，释书所不办也"。按这篇讨论出自《札记》第 691 则杂篇"读牛津版安徒生童话集"，页边补充了明末陈际泰自称"读西氏记"听来的"遮须国王之织"故事④，钱锺书评论说：

所谓"西氏"，当指耶稣教士，惜不得天主教旧译书一检之，此又

---

① 张文江：《管锥编读解》，第 510—511 页。
② 张文江：《管锥编读解》，第 269 页。
③ 钱锺书：《管锥编》，第 1052 页。
④ 钱锺书：《容安馆札记》，第 1489—1490 页。

安徒生所自出耳。

但到《管锥编》里就改口了:"'西氏记'疑即指《鸠摩罗什传》,陈氏加以渲染耳。"其下就发了那番"近世学者"时常张冠李戴、混淆"二西"的论说①。但安徒生这篇童话的确另有所本,出自西班牙文艺复兴的前驱作家堂胡安·曼努埃尔(Don Juan Manuel,1282—1348)的《卢卡诺伯爵》(*El conde Lucanor*,1335)第32篇,民国时期即为中国读书界所知②。钱锺书的改口有失察之处,但这也未必证明陈际泰所闻见于耶稣会士译书。而《卢卡诺伯爵》本是辑自中古流传于波斯希腊等地的传说故事,因此这与《高僧传》所记罽宾国人所述必然还存在着更为古老的关联。

而被《札记》以专篇进行讨论的佛典,只有《五灯会元》,见于第669、783两则。然而这两则篇幅都较短,实则与杂篇中的单条无异。前一则,仅就卷一"世尊拈花"的出处加以考证,指出西人好用此典而不明所本,进而由眼神手势交流胜过语言之迅速谈到男女相悦无须言说③。这番前后两个层次间跳跃式的论调并未进入钱锺书的著作中,前面所云传法不落言筌,义理举世皆知④;后面的这种眉语传情的诗句中西文学里的例子不胜枚举,《管锥编》讨论陶潜《闲情赋》"瞬美目以流眄,含言笑而不分"处即已蔚为大观⑤。《札记》第783则,仅论卷二〇弥光禅师的"只为分明极,翻令所得迟"⑥,赞为"妙于立譬",并引申至歌德、圣伯夫、斯宾诺莎等人处。《管锥编》中则颠倒主客,从萨缪尔·约翰生博士的"目穷千里而失之眉睫之前"起,经诺瓦利斯再绕到《五灯会元》这一句(同时一并引据同卷开善道谦所云)⑦。深究内学者会提示"此关涉禅家大戒,盖必待自悟而

---

① 钱锺书:《管锥编》,第1054页。
② 安徒生自述、张友松译:《安徒生童话的来源和系统——他自己的记载》,《小说月报》第16卷第9号"安徒生号下",1925年。
③ 钱锺书:《容安馆札记》,第1375—1378页。
④ 钱锺书:《谈艺录》,第233页,"附说十七"。
⑤ 钱锺书:《管锥编》,第1924—1926页;并参看第968—969、1162—1163页。
⑥ 钱锺书:《容安馆札记》,第2478页。误作大慧禅师语。
⑦ 钱锺书:《管锥编》,第1447—1448页。

不能说破"①,钱锺书则似乎津津乐道于微观与宏观难以兼具的文学描述,举证愈加繁复了。钱锺书的友人苏渊雷后来校点了《五灯会元》一书(1982年),钱锺书在1953年答其诗,开篇就是"只为分明得却迟",《札记》第401则录此诗,题目中有比后来《槐聚诗存》版多出的内容,谓"渊雷好谈禅,比闻尽弃所学,改名曰翻,以示'从前种种'之意,故诗语云然"②。按,苏曾改名作苏翻。虽然不明其究竟详情,但从此处互相影响以至后来有感应的现象颇令人印象深刻。虽然钱锺书似只重修辞(公案话头),然文字上的感受(成为典故,进入诗作)仍可进一步影响人的精神面貌(察觉"尽弃所学"为非),继而使文本得以改观(校点文献)。

　　《札记》尚有几处杂篇收入读佛典的专节。第631则,读《百喻经》之十:愚人命木匠造楼语:"不用下二重屋,为我造最上者"③,参看的是《格列佛游记》中的"飞岛"(Laputa)等等。第725则,读《楞严经》论"指月示人"之喻,发挥平平,查钱著拈此只作寻常语,并不多加阐释④。而第750则,读《华严经》卷九"初发心菩萨功德品"中"一切解即是一解,一解即是一切解故",连篇比类,花样层出不穷。《管锥编》"《左传正义》三"谈到"观辞(text)必究其终始(context)"处采用了此节札记,化繁复为简要,注释里只提到文艺复兴时期意大利哲学家布鲁诺以及17世纪英国哲学家乔治·赫伯特(George Herbert),其他如韦勒克、狄尔泰、克罗齐等人若干文献全部略去⑤。

　　此外,钱锺书对于世俗作家的诗文涉及释教经籍者也有所评骘。《宋诗选注》就把范成大称为"也许是黄庭坚以后、钱谦益以前用佛典最多、最内行的名诗人"⑥。而《札记》第635则杂篇,就又有一节论范石湖以后诗家用佛典最夥者为钱牧斋⑦。这与《谈艺录》

---

① 张文江:《管锥编读解》,第351页。
② 钱锺书:《容安馆札记》,第949页。
③ 钱锺书:《容安馆札记》,第1207—1208页;原文先后作"我不欲下二重之屋,先可为我作最上屋""我今不用下二重屋,必可为我作最上者"。
④ 钱锺书:《容安馆札记》,第1841页。
⑤ 钱锺书:《管锥编》,第283页。
⑥ 钱锺书:《宋诗选注》,人民文学出版社,1963年,第218页。
⑦ 钱锺书:《容安馆札记》,第1233—1234页。

第 69、84 两篇讨论以诗参禅理、说佛法,与《中国诗与中国画》里总结禅宗"单刀直入"的观念影响中国诗画艺术,均有相关呼应之处。神韵派重视"从简",要摆脱经籍学问的束缚;而诗文里的用事繁复,则考验的是广泛取材的能力。钱锺书认为耶律楚材"用禅语连篇累牍,然不出公案语录,不似范、钱之博及经论也",又批评钱曾得到钱谦益极高赞誉的《秋夜宿破山寺绝句》十二首用佛典的方式过于"下劣",可谓持论甚高。《管锥编》还曾发现王中《头陀寺碑文》的价值:"余所见六朝及初唐人为释氏所撰文字,驱遣佛典禅藻,无如此碑之妥适莹洁者"①。

钱锺书曾言欲为《管锥》之续编,已刊之《编》中屡见其"别详""别见""参观"《全唐文》卷论某篇云云的字样②。从《札记》读《全唐文》的条目来看③,也有追踪佛教文献的思路。比如第 729 则涉及《全唐文》卷二六〇姚崇《谏造寺度僧奏》《遗令诫子孙文》中的辟佛之语,指出其思想在有唐一代的前后传统。但钱锺书又指出,姚崇虽然力非沙门度人、造寺、写经、铸像等业,但自己也写了一篇《造像记》,"是未能免俗耳"④。第 743 则,读卷九一七清昼《能秀二祖赞》,指出"二祖契合无间,初不分门立户也";把卷九二〇宗密《金刚般若经疏论纂要序》中的"牛毛麟角"之喻放在历代佛道典籍和世俗诗文中进行品评;又如读卷九二二延寿《宗镜录序》,大为称赏,说"可谓滔滔汩汩者矣!释子文气机流畅莫过于此",由此可见钱锺书对《宗镜录》在文学价值上的高度肯定,与前引所谓"质文彬彬,远嗣僧肇"的赞语相合⑤。

---

① 钱锺书:《管锥编》,第 2242 页。
② 钱锺书:《管锥编》,第 284、669、1140、1405、1413、1488、1516、1517、1610、1711、2017、2018、2024、2055、2209、2360 则;1978 年"序":"初计此辑尚有论《全唐文》等书五种……已写定各卷中偶道及'参观'语,存而未削。"(第 1 页)
③ 第 729、731、733、735、737、739、741、743 则论《全唐文》,第 745 则论《唐文拾遗》。
④ 钱锺书:《容安馆札记》,第 1908 页。
⑤ 钱锺书:《中文笔记》第 16 册,第 34 页批注:"宋以后推尊此录者,惠洪、冯开之皆是也。"

结　　语

《管锥编》"周易正义"篇论"圣人以神道设教，而天下服矣"，引爱德华·吉本名言："众人（the people）视各教皆真（equally true），哲人（the philosopher）视各教皆妄（equally false），官人（the magistrate）视各教皆有用（equally useful）"①。钱锺书自己就是以哲人眼光视宗教的，这自然是冷静清醒之处，尤其是论及"神道设教"背后有秉政者对于民人的利用，其中"损益依傍，约定俗成"，终致迷信僵化，"末派失开宗之本真"。能够察觉民人迷信之"皆真"中果然也有"本真"可存②，而非一味斥责其妄，这在论说上是颇为周全的。而若尤其考虑到《管锥编》成书之时代，此番论说也是极有勇气并且切中现实问题的。

不难看出，抛开宗教的因素来说，钱锺书涉猎佛典，最可贵之处在于读书勤奋、持之以恒，因此大多数卷帙庞大、义理纷披、文词深奥的著作，都能为他所通览，都能为他所巧用。在佛藏文献方面，若真如他所说，完完整整读过三四遍以上的话，应该于其中大有收获的。《札记》第 727 则曾录王世懋《艺圃撷馀》所云："善为故事者，勿为故事所使。如禅家云转《法华》者，勿为《法华》转"云云③，可移用在此评述钱锺书以佛书论艺文时的境界。《管锥编》从《广记》《全文》二书着手，于佛教文化入中国过程中涉及信仰、传布和经籍翻译的若干信息颇能识其要旨，再和《容安馆札记》里《全唐文》乃至宋元以后思想学术接通，从大处说都是很有价值的。他心思有时过多在辞藻修饰的才能方面下功夫，还是受其文学趣味的左右。从钱锺书

---

① 钱锺书：《管锥编》，第 31 页。
② 参看鲁迅所谓"伪士当去，迷信可存"之说，见《破恶声论》（1908 年），《鲁迅全集》第 8 卷，第 30 页。并见（日）伊藤虎丸著，孙猛译：《早期鲁迅的宗教观——"迷信"与"科学"之关系》，《鲁迅研究月刊》1989 年第 11 期。
③ 钱锺书：《容安馆札记》，第 1864 页。《五灯会元》卷二，六祖示洪州法达偈："心迷《法华》转，心悟转《法华》。诵久不明已，与义作仇家。"《管锥编》第 927 页亦引之。

读书笔记手稿中的丰富内容看来,他早年所称"颇采'二西'之书"绝非空言。假如可以将更多精力去集中在文字背后的拟象、立意之思维基础以及文化和社会背景上,那么再以佛典与各国诗文小说互证,或与西洋哲学相参,这样的论说也许更有意义。

五音姓利与北朝隋唐的
葬埋择吉探微

吴 羽

摘 要：北朝之人葬在子、午年者颇多，葬在五音姓利中的通月者亦众，说明五音姓利择吉法在北朝时期已经对葬埋择吉有一定影响。虽然五姓理论在唐初受到吕才的批判，且不被官方承认，皇帝葬埋择吉也不考虑五姓因素，但是有材料表明，五姓学说在唐代仍是广为人知的观念，五音姓利择葬埋年、月、日之法在唐代社会上仍有一定的影响。逮至宋代，五音姓利择吉法成为官方承认的理论，进入了官修典籍，完成了从民间杂说到官方理论的转变。

关键词：五姓；葬埋习俗；择吉；墓志

引 言

五音姓利，即将天下之姓归入五音——宫、商、角、徵、羽，于是姓便有了五行属性，可以与时间、空间的五行属性形成相生相克关系，不同的时间和空间对特定的姓便有了吉凶意涵，这便是五音姓利择吉的基本原理。探讨五音姓利与葬日选择关系的成果相对较少，茅甘先生较早指出敦煌文书 P.3281 背面"提供了一些有关确保五姓具有一种吉祥安葬的资料"，并列表指出其中所载的五姓墓月、墓日时间[1]。黄正建先生注意到一些敦煌文献中的殡葬择日要先定五姓[2]。陈于柱先生对敦煌文书 P.3594《五姓墓月法》有专门探讨，解释了五姓墓月、墓日、耗月、耗日，并注意到宋代王洙等编，金毕道

---

[1] 茅甘：《敦煌写本中的"五姓堪舆"法》，收入谢和耐、苏远鸣等著，耿昇译：《法国学者敦煌学论文选粹》，中华书局，1993年，第254页。
[2] 黄正建：《试论唐人的丧葬择日——以敦煌文书为中心》，刘进宝、高田时雄编：《转型期的敦煌学》，上海古籍出版社，2007年，第249页。

履、张谦校《重校正地理新书》卷十中五姓的大墓年、小墓年的记载，也注意到唐贞观年间吕才对五姓的批判，指出五音姓利中的墓月（日）、耗月（日）成为五姓修宅、营墓时加以规避的禁忌①。这给予我们很多有益的启发。

一方面，前贤注意到的文献，大都是关于坟墓营造的禁忌，很难找到相关的实例与之印证，因此五音姓利的影响有待评估。另一方面，虽然前贤业已注意到五音姓利对择日有规定，但是尚未见专门探讨五音姓利择年、择月、择日理论及其实际影响的成果。中古时期的墓志遗存颇多，使我们有可能用其中的葬埋日期与五音姓利择吉法进行对比，以便了解五音姓利对北朝隋唐时期的葬埋择吉是否有影响，或有多大影响。由于北朝隋唐墓志数量颇巨，我们只要用一个姓的殡葬日期进行验证即可，这一时期李姓墓志数量颇多，且李姓自汉代以来均被认为属于徵姓，是一个颇佳的切入点。不过这种探索也存在一些实际的困难，一方面，墓志中往往不明言所用葬日期是用哪种择吉法，因此即使与五音姓利择吉法相合，也不能遽断便是采用了五音姓利法或受其影响；另一方面，势必有一定数量的实例与五音姓利法不合，也难以就此断言五音姓利择吉法毫无影响。所以，一方面，我们将梳理五音姓利择吉对葬埋择年、月、日的论述，努力统计相关实例，观察与五音姓利择吉法相合的日期在所见全部实例中所占的比例；另一方面，笔者将努力爬梳墓志中所载的吉光片羽的择吉法，并专门分析李唐皇室的葬埋日期，以期从某种程度上弥补统计法的不足。

一 择年月

《重校正地理新书》卷十《年月吉凶》云："凡葬，先择年，年吉然后择月。若祔葬及从葬先茔，必得蒿里、黄泉合通开年月。若别卜

---

① 陈于柱：《敦煌写本〈宅经·五姓同忌法〉研究——兼与高田时雄先生商榷》，《中国典籍与文化》2007年第4期，第13—18页。

兆域,须太岁纳音与姓相生即吉。"①这是讲了两种情况,一种情况是"祔葬及从葬先茔",需要是蒿里、黄泉合通开年月才吉。对此《地理新书》有解释,较复杂,下面我们将专门解释。另一种情况是"别卜兆域",则"须太岁纳音与姓相生",太岁历十二支及其五行属性是子水、丑土、寅木、卯木、辰土、巳火、午火、未土、申金、酉金、戌土、亥水,五姓宫、商、角、徵、羽的五行属性分别是土、金、木、火、水,金生水,水生木,木生火,火生土,土生金,则宫姓须用火或金,即巳、午、酉、申年;商姓须用水、土,即子、丑、辰、未、戌、亥年;角姓须用水、火,即子、巳、午、亥;徵姓须用木、土,即丑、寅、卯、辰、未、戌年;羽姓须用金、木,即寅、卯、申、酉。

事实上,我们很难将所搜集到的实例一一区分开究竟是祔葬先茔还是别卜兆域,因为很多墓志只是讲葬于何地,却不言明究竟是祔葬先茔还是别卜兆域。若仅局限于言明的墓志,则数量甚微,不具有统计学意义。更重要的是,《地理新书》是整合北宋前期社会上流行的各种理论,并非唐人原貌。例如《地理新书》所载较早的《六壬式》《青乌子》《冢记》《龙首经》和《葬经》未见有此分法。因此我们不拟对上述方法进行直接验证,而更重视《地理新书》所引文献中的记载。该书又云:

> 太岁在子、午、卯、酉,名大通年,又用二月、八月、五月、十一月,名大通月。《六壬式》以河魁加太岁月建,视甲庚丙壬下临四季善者,即四仲岁月是也。故《冢记》云:"四仲岁月鬼道通,丘丞墓伯纳其踪,尔时葬者大有功。"又《青乌子》以天刚加岁月建,功曹、传送临五姓大小墓,名蒿里、黄泉大通之岁月也。商、角利于卯、酉年及二月、八月,徵、羽、宫利于子、午年及五月、十一月,不离四仲也。

> 又《龙首经》以河魁加岁月建,太乙、登明临本姓大小墓,名重神入墓。此年月葬者吉。据此即商、角利于子、午年,五月、十一月;徵、羽音利于卯、酉年,二月、八月,亦不离四仲也。《青乌》《龙首》各

---

① 王洙等编撰,毕道履、张谦校,金身佳整理:《地理新书校理》,湘潭大学出版社,2012年,第281页。

相矛楯(上音牟,下食月切),不知(吴羽按:"知"当为"如")吕氏之兼善也。

　　太岁在寅、申、巳、亥,名小通年。又用正月、七月、四月、十月名小通月。《六壬式》以河魁加岁月建,得太冲、从魁、胜先、神后下临四季,吉。即四孟月是也。故《冢记》云:"四孟岁月鬼神旺,功曹、传送都鬼乡,登明、太乙及凤凰,丘丞、墓伯录鬼方,尔时葬者甚吉良。"又按《葬经》云:以天刚加岁月建,胜先、神后临本姓大小墓,名光明沐浴,是小通岁月也。商、角利于巳、亥年及四月、十月,徵、羽音利于寅、申年及正月、七月。又云:巳年及四月在商姓是龙入圹(吴羽按:当为圹),在角姓是虎入圹;亥年及十月在角姓是龙入圹,在商姓是虎入圹。其亡人有父忌龙入圹,亡人有母忌虎入圹。若卒哭内承凶及因祖宗而葬,即不忌。推龙虎入圹,以传送加葬岁月建,天刚临姓墓,名青龙入圹;河魁临姓墓,名白虎入圹。①

这三段文字,其实是解释大通年月与小通年月及五姓龙、虎入圹年月。在解释何为大通年、小通年之时,又附以《六壬式》或各种葬书的解释,一方面让人理解何为大通年、小通年;另一方面展示不同的解释,其中主要是取《六壬式》的解释为正。其中云:"不知(吴羽按:'知'当为'如')吕氏之兼善也。"吕氏为唐初吕才,可知《地理新书》主张"岁在子午卯酉,名大通年,又用二月、八月、五月、十一月,名大通月"。"太岁在寅、申、巳、亥,名小通年。又用正月、七月、四月、十月名小通月",其实是吕才的主张。而吕才的大小通年月主张虽然不顾忌五姓因素②,事实上却是对以往五姓选择理论的综合。根据以上记载,可梳理出3种五姓吉利年月,加上《地理新书》本卷之后所说"东方朔云:五姓葬用天覆、地载年月者吉,亡人安宁",③则有4种吉利年月。列表如下:

---

① 《地理新书校理》,第281—282页。
② 吕才对五姓有激烈的批判,沈睿文先生还指出唐代的陵地秩序摒弃了五姓之说,见沈睿文:《唐陵的布局:空间与秩序》,北京大学出版社,2009年,第78、90页。
③ 《地理新书校理》,第284—285页。

	宫 姓		商 姓		角 姓	
	年	月	年	月	年	月
青乌子	子、午	五、十一	卯、酉	二、八	卯、酉	二、八
龙首经	?	?	子、午	五、十一	子、午	五、十一
葬 经	寅、申	正、七	巳、亥	四、十	巳、亥	四、十
东方朔	巳、午天覆,申、酉天覆	四、五天覆,七、八地载	辰、戌天覆,亥、子地载	三、九天覆,十、十一地载	亥、子天覆,巳、午地载	十、二天覆,四、九地载

	徵 姓		羽 姓	
	年	月	年	月
青乌子	子、午	五、十一	子、午	五、十一
龙首经	卯、酉	二、八	卯、酉	二、八
葬 经	寅、申	正、七	寅、申	正、七
东方朔	寅、卯天覆,丑、未地载	正、二天覆,六、十二地载	申、酉天覆,寅、卯地载	七、八天覆,正、二地载

迄今为止,未见北朝对这些理论进行统一整合,而《地理新书》分别征引这些文件,说明这些典籍均曾在社会上流行,这些理论究竟在当时社会上有无影响?这几种理论都不可用的年月,是否真的采用的人较少?唯有通过实例来验证方可知晓,所以我们选择统计北朝隋唐李姓及其妻葬埋年月情况①,前述所有的月,按照殡葬择吉的惯

---

① 本文引用的文献是,赵超:《汉魏南北朝墓志汇编》(简称①,天津古籍出版社,1992年);罗新、叶炜:《新出魏晋南北朝墓志疏证》(简称②,中华书局,2005年);王其祎、周晓薇编著:《隋代墓志铭汇考》(简称③,线装书局,2007年);周绍良主编:《唐代墓志汇编》(简称④,上海古籍出版社,1992年);周绍良、赵超主编:《唐代墓志汇编续集》(简称⑤,上海古籍出版社,2001年);吴钢主编:《全唐文补遗》第6辑(简称⑥,三秦出版社,1999年);吴钢主编:《全唐文补遗》第7辑(简称⑦,三秦出版社,2000年);吴钢主编:《全唐文补遗·千唐志斋新藏专辑》(简称⑧,三秦出版社,2006年);赵君平编:《邙洛碑志三百种》(简称⑨,中华书局,2004年);余华青、张廷皓主编:《陕西碑石精华》(简称⑩,三秦出版社,2006年);(转下页)

例,都是用星命月,因此在勾稽葬埋实例时,需要推算该日期所在的星命月,我们依据张培瑜先生的《三千五百年历日天象》计算的月节进行推算①。当然,该书南北朝部分仅载南朝的节气时间,我们所搜实例是北朝的,其间有一定误差,但南北朝节气前后相差不超过四天②,若日期恰好在月节前后四天范围内者,本文不使用它来验证是否合于五姓择月。

首先看北朝隋时期的情况,据我们统计,墓志中明言是祔葬的并不多,不具有统计学意义,而且没有明言祔葬或从葬先茔,仅说葬于某时者,也未必便不是从葬先茔,由于没发现择年月对权厝、殡有特别的规定,且明言权殡、厝等的只有几例③,不具有统计学意义,故而也一并合入。我们寻得北朝隋时期李姓祔葬、合葬、迁葬、葬、权殡、厝年共58例(由于大部分人名都出现三次,逐个出注未免繁琐,故随文给出书籍简称和页码,见于《新出魏晋南北朝墓志疏证》《隋代墓志铭汇考》者统一用该书中墓志的编号,不用页码。下文唐代

(接上页)胡海帆、汤燕编:《北京大学藏徐国卫捐赠石刻拓本选编》(简称⑪,上海人民出版社,2007年);赵君平、赵文成:《河洛墓刻拾零》(简称⑫,北京图书馆出版社,2007年);西安碑林博物馆编、赵力光主编:《西安碑林博物馆新藏墓志汇编》(简称⑬,线装书局,2007年);宁夏固原博物馆编:《固原历代碑刻选编》(简称⑭,宁夏人民出版社,2010年);张乃翥辑《龙门区系石刻文萃》(简称⑮,国家图书馆出版社,2011年);齐运通:《洛阳新获七朝墓志》(简称⑯,中华书局,2012年);胡海帆、汤燕编:《北京大学图书馆新藏金石拓本菁华》(简称⑰,北京大学出版社,2012年);赵君平、赵文成:《秦晋豫新出墓志搜佚》(简称⑱,国家图书馆出版社,2012年);胡戟、荣新江主编:《大唐西市博物馆藏墓志》(简称⑲,北京大学出版社,2012年);毛阳光、余扶危:《洛阳流散唐代墓志汇编》(简称⑳,国家图书馆出版社,2013年);赵力光主编:《西安碑林博物馆新藏墓志续编》(简称㉑,陕西师范大学出版社,2014年);赵文成、赵君平:《秦晋豫新出墓志搜佚续编》(简称㉒,国家图书馆出版社,2015年);西安市长安博物馆编:《长安新出墓志》(简称㉓,文物出版社,2011年)。我们翻阅过的不止这些书籍,只是因为与上述典籍所收人名重复,未加引用,所以不再赘列。

① 张培瑜:《三千五百年历日天象》,大象出版社,1997年。
② 请参邓文宽:《敦煌天文历法辑校》,江苏古籍出版社,1996年,第101—103、701—702页。
③ 木日4例:李彰、李旰、李元俭、李景亮;水日1例:李敬族;土日1例:李敬族妻赵兰姿。

人名也如此处理），现将相关年份情况分述如下：

子年 13 例：李陁及妻安氏③472、李希宗①363、李义雄①493、李则③121、李钦及妻张氏③125、李静②181、李元及妻邓氏③466、李善⑫60、李同仁③存目 079、李宝③存目 080、李璧①118、李彰①293、李吁③473。

丑年 5 例：李桃杖㉒126、李宁㉒124、李贤⑭75、李杀鬼妻杜羽资③存目 041、李景亮③243。

寅年 5 例：李和②119、李虎②184、李冲及妻郭氏③257、李弘秤及妻蔡阿妃③255、李君妻崔芷繁③008。

卯年 4 例：李诜①39、李贤和妻吴辉①384、李贵夫人王氏③028、李敬族②132。

辰年 1 例：李静训③293。

巳年 4 例：李遵①164、李超①160、宫人李氏 a③300、李世洛㉒195。①

午年 15 例：李弼⑰90、李椿妻刘琬华②203、李列㉒65、李颐①179、李宪①331、李祖牧②85（妻②84 同日不重收）、李盛及妻刘氏③168、李惠及妻华氏③041、李世举②204、李伯钦②27、李敬族②132（及妻赵兰姿②133）、李谋①179、李琮①466、李君妻王沙弥③172、李君颖②86。

未年 2 例：李达妻张氏⑨19、宫人李氏 b③339。

申年 3 例：李略⑰97、李云①478、李肃③350。

酉年 3 例：李挺①350、李简子（蕤）①48、李元俭㉒158。

戌年 2 例：李缃妻常敬兰⑰80、李敬族妻赵兰姿②133。

可以明显看出，在子、午年的特别多，占到 48% 强。这并不是因为某年李姓墓志特别多而造成的结果，这些实例所在时段和地域都非常分散。在其他年份葬例数字如此平均的情况下，子、午年葬者特别多很难说全是偶然，所以，我们倾向认为《青乌子》确有一定影响。

---

① 宫人李氏有多位，故加以 a、b 区别，之后正文中人名后有 a、b、c、d、e 者均为这个意思。

星命月可确定的殡葬实例共 48 例,分布情况是:

正月 9 例:李诜、李缅妻常敬兰、李椿妻刘琬华、李超、李虎、李世举、李元及妻邓氏、李敬族(及妻赵兰姿)、李琮。

二月 2 例:李肃、李谋。

四月 1 例:李静。

五月 7 例:李遵、李陏及妻安氏、李达妻张氏、李宁、李贤、李吁、李敬族妻赵兰姿。

六月 2 例:李桃杖、宫人李氏 b。

十月 3 例:李盛及妻刘氏、宫人李氏 a、李彰。

十一月 6 例:李希宗、李云、李则、李善、李同仁、李景亮。

十二月 18 例:李弼、李略、李烈、李宪、李挺、李贤和妻吴辉、李和、李钦及妻张氏、李静训、李弘秤及妻蔡阿妃、李世洛、李杀鬼妻杜羽资、李伯钦、李璧、李君妻崔芷繁、李君妻王沙弥、李元俭、李敬族。

很明显,正月、二月、五月、六月、十一月、十二月这些被上述不同典籍认为是吉月的共 44 例,占到 91%强,很难认为是一种偶然情况,尤其是三、七、八、九月竟然一例都没找到,而十二月有 12 例之多,很难认为这些月份全都没有顾忌五姓的因素。所以可以认为五姓因素在北朝隋时期的有一定的影响。

如所周知,唐代吕才曾经批判五姓学说的荒诞,那么唐代的情况如何?唐代墓志数量远超北朝隋,我们仅选取会昌元年(841)至五代的情况即可有一定程度的了解,共寻得葬、祔葬、合葬 122 例(殡、权殡、权厝类不计)①:

子年 13:李范⑮348、李宁(别墅侧)⑥172、李毗妻卢氏㉒1230、李璞⑫590、李士悦⑫1232、李某夫人王氏④2432—2433、李玄禄⑫

---

① 之所以选择会昌以后,是因为我们依照本文的统计原则,会昌以后至五代与之前的唐代葬例并无明显差别,而且会昌以后至五代离宋较近,可进行直接比较。之所以北朝隋计入殡、权殡、权厝类,是因为实例较少,再抛开这几类实例更少,而且经我们计算,加上这些例子对分析统计数据没有影响。唐代以后不再计入,是因为实例较多,不必再计入,计入也不影响分析统计数据。我们并没有比较北朝和隋唐各种比例的差别,因此统计原则有所差别问题不大。

574、李贞曜④2341、李公夫人姚品⑤1008、李某夫人郑秀实④2348、李君素⑳587、李正卿④2239—2240、李勣⑬925。

丑年8例：李又玄㉒1274、李眈④2353—2354、李某a⑤959、李郇⑲941、李述④2355、2356、李氏女十七娘⑤1013、李某夫人张氏a④2439—2440、李棁⑤1081。

寅年2例：李某夫人韦氏⑲945、李愉太夫人元氏⑨333、李昇荣⑤964、李群⑱1000、李敬回㉒1276、李某夫人崔氏b④2447、李某并妻⑫644。

卯年15例：李泳㉒1200、李某夫人刘氏⑤1023、李道周⑫595、李元④2375、李某夫人曲丽卿④2375—2376、李继⑬951、李行思⑲1055、李烨妻郑氏④2373—2374、李璩④2451、李某夫人纥干氏④2453—2454、李某夫人赵氏㉑640、李悬黎④2454—2455、李氏女④2456—2457、李重直⑱1104、李少荣夫人王氏田氏㉑585。

辰年8例：李俊素⑧375、李敬实⑤1028、李沂⑬812、李公别室张氏④2457—2458、李棠㉑642、李元玢⑤977、李洉⑲953。

巳年8例：李藻文⑫577、李巡⑪9、李琐⑥162、李恬⑰228、李氏长女④2380—2381、李缨妻杨蕙④2461—2462、李克用⑦164、李郧夫人杜氏⑲907。

午年18例：李某夫人崔氏b⑫604、李某妻郑氏㉒1292、李审规⑤1115、李某夫人④2517—2518、李珩夫人⑮381、李重吉⑫659—660、李继忠⑱1102、李耽妻韩氏㉒1242、李某b④2276—2277、李某夫人张氏b⑤2320、李璋妻卢氏④2388—2389、李烨④2390—2391、李氏一娘子④2395—2396、李仲甫及夫人崔氏田氏⑬877、李真㉒1350、李又玄妻邵氏㉒1299、李毗㉑623、李眈㉒1295。

未年6例：李季节⑫579、李从证④2287—2288、李肱儿母太仪④2401、李令崇④2536—2537、李贻休⑱1041、李某d㉓296。

申年9例：李扶④2402—2403、李当妻卢鈢㉒1303、李通灵㉑660、李汭⑬888、李璆夫人金氏⑤1051、李推贤④2481、李辞⑤1123、李荣益夫人史氏⑬890、李用夫人周氏⑤1051。

酉年13例：李憻⑲913、李汶⑬895、李颢夫人张氏⑱1076、李某妻韦氏㉒1310、李瀍⑦155、李仁钊㉑699、李璆④2217—2218、李公度

④2305、李朋及妻杨氏⑲969—975、李颢④2483、李戡⑲885、李文益⑬772、李当⑱1312。

戌年 4 例：李复元妻杜氏⑧368、李光曾④2220—2221、李明振⑤1154、李凝㉒1261。

亥年 17 例：李郁⑦119、李长⑤1137、李侹⑤1137、李某 e㉓316、李字简夫人暴氏⑬778、李遂晏㉑565、李映⑤1004、李潜⑳613、李氏室女④2322—2323、李岸夫人董氏⑯357、李颖⑥182、李某夫人宇文氏④2425—2426、李同⑥490、李公贶⑱1055、李皋⑱1079、李某夫人郑氏④2320、李钊⑧420。

可知寅年、戌年最少，亥年不是上引典籍中任何一种的吉年，但是数量不少，所以，虽然不排除五音姓利对唐代择年的影响，但是前引《地理新书》中所载的各种理论，在唐代的影响不宜高估。而权殡、权厝等非正式葬埋的我们找到 18 例①，除寅、未年没有外，散在十支，毫无选择的迹象。

唐会昌元年至五代，目前所见李姓葬例（不含殡、权殡、权厝）在星命月的分布情况如下：

星命正月 14 例：李字简夫人暴氏、李范、李公别室张氏、李某妻郑氏、李从证、李氏女、李重直、李某夫人张氏 b、李璋妻卢氏、李烨、李公度、李君素、李毗、李某 d。

星命二月 11 例：李某夫人韦氏、李愉太夫人元氏、李敬实、李藻文、李令崇、李扶、李郁、李升荣、李顼、李克用、李颖。

星命三月 1 例：李俊素。

星命四月 15 例：李宁、李又玄、李某夫人刘氏、李季节、李汶、李颛夫人张氏、李耽妻韩氏、李元玢、李某 a、李郁、李氏长女、李贻休、李公夫人姚品、李戡、李耽。

星命五月 10 例：李肱儿母太仪、李当妻卢鉥、李眈、李敬回、李凝、李遂晏、李映、李潜、李皋、李文益。

---

① 李太均⑬731、李公政⑤1078、李某 c④2344、李果娘⑫575、李太恭⑬737、李韶⑱1058、李君谊⑬790、李仲绚⑤1019、李君妻刘氏㉒1203、李氏故第二女⑤980、李审规⑤1115、李俊⑮386、李亚封⑱1053、李再诚⑬884、李彦藻⑲887、李珪④2308—2309、李亚封⑱1053（又权厝）、李某妻汤氏⑤952、953。

星命六月1例：李棠。

星命七月9例：李道周、李某夫人、李某妻韦氏、李复元妻杜氏、李明振、李璩、李浔、李颛、李氏室女。

星命八月11例：李憎、李仁钊、李长、李侹、李述、李某b、李真、李岸夫人董氏、李某夫人宇文氏、李同、李某并妻。

星命九月2例：李某夫人王氏、李通灵。

星命十月13例：李毗妻卢氏、李泳、李继、李沂、李珩夫人、李汭、李滩、李某夫人纥干氏、李仲甫及夫人崔氏田氏、李朋及夫人杨氏、李少荣夫人王氏田氏、李勍、李当。

星命十一月17例：李审规、李继忠、李某e、李郾夫人杜氏、李玄禄、李某夫人张氏a、李烨妻郑氏、李某夫人赵氏、李缨妻杨蕙、李推贤、李辞、李公贶、李某夫人崔氏b、李某夫人郑秀实、李又玄妻邵氏、李荣益夫人史氏、李钊。

星命十二月16例：李璞、李士悦、李元、李某夫人曲丽卿、李行思、李巡、李重吉、李氏女十七娘、李棁、李悬黎、李恬、李氏一娘子、李璆夫人金氏、李璆、李用夫人周氏、李正卿。

可见星命三、六、九明显偏少，除东方朔之外，其他三种葬经均认为这三个月并非吉月，不排除是这是考虑五姓的结果。当然，仍然不宜对五姓择吉法估计过高，因为分布在其他月份的实例数量比较接近，很难评估五姓择吉对唐代葬埋择月的影响究竟有多大。《地理新书》卷十《择葬年五姓傍通立成法》《择葬月五姓傍通立成法》也总结了五姓不可用的大小墓等年月，经对比，在所搜集的实例中看不出端倪，此不赘述。这是不是意味着，对北朝隋时期葬埋时间选择有一定影响的五姓，经过唐代吕才的批判已经销声匿迹，或者影响甚微呢？

二　择　日

关于五音姓利与择日，《地理新书》卷十记载"择日取时，与姓相生则吉，相克则凶"，同书卷十一《杂吉凶日》又曰："宫姓乙亥、乙卯、乙未，商姓丙寅、丙午、丙戌，角姓辛巳、辛酉、辛丑，徵姓壬申、壬子、壬辰,羽姓己未、己丑、戊辰、戊戌,名五龙胎忌日,不可用。"①所谓日"与姓相生",指纪日干支的纳音与姓的五行属性相生,相克指纪日干支的纳音与姓的五行属性相生。

有材料表明,正式葬埋择日顾忌这种相克关系在北朝已有体现。成书于唐以前的敦煌文书 P.2534《阴阳书·葬事》残卷记载了星命九月至十二月的葬事吉日②,其中记载的一些葬埋吉日,有些姓用之凶。黄正建先生曾敏锐地指出,葬事择日先要定五姓③。我们也曾经做过统计,指出,角、徵二姓用之凶的日子必定是金日,角、羽二姓用之凶的必定是土日,宫、商二姓用之凶的必定是木日,宫、徵二姓用之凶的必定是水日,商、羽二姓用之凶的必定是火日④,根据五音的五行属性,这些凶日要么是日纳音克姓纳音,要么是姓纳音克日纳音。但是这件文书并未全部体现择日取时要与姓相生的原则,也不是全部日都是与姓相克便不能用,例如九月的乙卯日(水)便没说哪些姓不适用,这样的例子还有一些,值得注意的是,这些不标明哪些姓忌用的日子都不是葬日,凡葬吉者均顾忌与姓音相克,但殡埋等有些顾忌,有些不顾忌,现不知规律是什么。不过,该件文书末尾云:"凡葬及殡埋、斩草日……日音与姓相克害深。"无论如何,葬埋顾忌五姓与日干支相克应该是渊源已久,《地理新书》中所载方法恐是前代旧文。

敦煌所出文献表明在某些时段,五姓忌用日月进入了当时的一些地方历日。例如,敦煌文献 P.2583 末《唐长庆元年辛丑岁(821)具注历日》记载三月"〔十〕九日乙卯水闭……祭祀、拜官、结婚、修宅堤坊(防)、葬、〔斩〕草〔吉〕",敦煌文书 P.2765《唐大和八年甲寅岁(834)具注历日》记载二月"廿八日己酉土执……修宅、解除、葬埋吉

---

① 《地理新书校理》,第 288、301—302 页。
② 关于《阴阳书·葬事》的成书时间,参罗振玉:《鸣沙石室佚书正续编》,北京图书馆出版社,2004 年,第 42 页;吴羽:《唐宋葬事择吉避忌的若干变化》,《中国史研究》2016 年第 2 期。
③ 黄正建:《试论唐人的丧葬择日——以敦煌文书为中心》,《转型期的敦煌学》,第 249 页。
④ 吴羽:《敦煌文书〈阴阳书·葬事〉补正数则》,《敦煌研究》2013 年第 2 期。

(……角、□用之凶)"①。当然，并非所有的葬埋吉日都有姓不适用，有些葬埋吉日，例如《唐大和八年甲寅岁（834）具注历日》所载三月三日甲寅是葬埋吉日，但是却并没有注明哪些姓不适用，究竟为何如此排列，尚待进一步考证，但是可以证明，一些活动的择日顾忌日干支纳音与姓纳音的相克关系，在中晚唐时期的敦煌是较为普通的知识。

9世纪末至10世纪初韩鄂所撰《四时纂要》卷一中记载："五姓利年，宫姓，丑、未、巳、午、申、酉年吉；商，子、亥、申、酉年；角，寅、卯、子、亥年吉；徵，寅、卯、巳、午、丑、未年；羽，申、酉、子、亥、寅、卯年吉。五姓用月日时同此。"②均避开了与姓音相克的日。

以上这些材料说明五音姓利在北朝隋唐的葬埋择吉理论中有一席之地，当然，具体的葬埋择吉，究竟《地理新书》所载有无影响，或者有多大影响，则需要统计实际的葬日，进行对比。

北朝隋时期，我们所见的葬例（权殡等不计）情况如下：

金日7例：李缅妻常敬兰、李弼、李桃杖、李达妻张氏、李虎、李杀鬼妻杜羽资、李琮。

木日16例：李椿妻刘琬华、李陁及妻安氏、李超、李挺、李义雄、李惠及妻华氏、李静训、宫人李氏a、李世举、李元及妻邓氏、李同仁、李弘秤及妻蔡阿妃、李肃、李璧、李敬族（含妻赵兰姿）、李简子（蕤）。

水日7例：李贤和妻吴辉、李烈、李颐、李云、李钦及妻张氏、宫人李氏b、李谋。

火日9例：李诜、李遵、李略、李祖牧（含妻宋灵媛）、李和、李静、李伯钦、李君妻崔芷繁、李君颖。

土日10例：李宪、李希宗、李则、李盛及妻刘氏、李贵及妻王氏、李宁、李贤、李世洛、李善、李君妻王沙弥。

金、水日虽然偏少，木日虽然偏多，但是不足以说明五姓择葬日

---

① 邓文宽：《敦煌天文历法文献辑校》，第130、148—149页。
② 关于《四时纂要》的成书时间，参见缪启愉为韩鄂撰《四时纂要校释》所做的《校释前言》，农业出版社，1980年，第2页。此文据韩鄂撰、守屋美都雄解题：《四时纂要》（影印万历十八年朝鲜重刻本），山本书店，1961年，第13页。

法影响有多大。

唐代会昌至五代：

金日 12 例：李通灵、李灉、李某 e、李继、李沕、李某夫人宇文氏、李某 b、李公夫人姚品、李郇、李凝、李某并妻、李玄禄。

木日 33 例：李璆、李复元妻杜氏、李郁、李泳、李俊素、李范、李士悦、李某夫人韦氏、李道周、李耽妻韩氏、李贻休、李璆夫人金氏、李颖、李梲、李敬回、李推贤、李钊、李愉太夫人元氏、李某夫人、李真、李继忠、李某夫人纥干氏、李潜、李岸夫人董氏、李眈、李氏女十七娘、李氏一娘子、李同、李某夫人崔氏 b、李氏女、李又玄妻邵氏、李仁钊、李氏室女。

水日 21 例：李遂晏、李氏长女、李某 d、李璩、李公别室张氏、李缨妻杨蕙、李某妻郑氏、李耽、李汶、李顗夫人张氏、李皋、李长、李侹、李克用、李璋妻卢氏、李字简夫人暴氏、李令崇、李璞、李公贶、李某夫人张氏 a、李重吉。

火日 36 例：李某 a、李元玢、李顼、李从证、李憎、李宁、李某夫人刘氏、李元、李某夫人曲丽卿、李沂、李肱儿母太仪、李又玄、李辞、李重直、李当妻卢鉌、李巡、李升荣、李戬、李君素、李正卿、李少荣夫人王氏田氏、李恬、李文益、李映、李某夫人郑秀实、李烨妻郑氏、李浔、李毗、李烨、李用夫人周氏、李某夫人王氏、李某夫人赵氏、李悬黎、李仲甫及夫人崔氏田氏、李荣益夫人史氏、李行思。

土日 17 例：李藻文、李季节、李公度、李述、李敬实、李某夫人张氏 b、李扶、李某妻韦氏、李颥、李明振、李毗妻卢氏、李棠、李鄩夫人杜氏、李朋（含夫人杨氏）、李当、李勋、李珩夫人。

从这样的统计来看，几乎看不出姓音与葬日纳音相生相克在北朝隋唐时期葬日选择中有影响。

国家图书馆藏北宋杨惟德编《茔原总录》卷三有择五姓用日立成，与前述五姓择日法有所不同，其中载徵姓"葬日庚午、庚寅上吉，丙午、丙申庚申次吉，丁酉又次吉"。上面所举北朝隋葬例中，无庚午、庚寅、丁酉葬例，丙午 2 例（李剡、宫人李氏 b），丙申 8 例（李略、李诜、李伯钦、李祖牧及妻宋灵媛、李君颖、李和、李君妻崔芷繁、李静），庚申 7 例（李简子、李璧、李挺、李义雄、李静训、李元及妻邓氏、李陁及妻安氏），这几种葬例共 17 例，既看不出上吉、次吉、又次吉的区别，也看不出这些吉日在总葬例中的绝对优势。上面所举唐代会昌至五代葬例，庚午 2 例（李扶、李朋及夫人杨氏），庚寅 10 例（李岸夫人董氏、李士悦、李氏女十七娘、李颖、李同、李悦、李推贤、李愉太夫人元氏、李仁钊、李真），丙午 4 例（李字简夫人暴氏、李氏长女、李公觊、李耽），丙申 12 例（李升荣、李项、李恬、李从证、李文益、李映、李元、李某夫人曲丽卿、李胘儿母太仪、赵郡李氏女李悬黎、李当妻卢鉥、李辞），庚申 11 例（李璆、李郁、李潜、李眈、李氏一娘子、李璆夫人金氏、李敬回、李某夫人纥干氏、李氏女、李钊、李继忠），丁酉 13 例（李君素、李正卿、李某 a、李少荣夫人王氏田氏、李元玢、李宁、李某夫人刘氏、李沂、李毗、李烨、李又玄、李荣益夫人史氏、李重直），共 52 例，其他还有在甲寅等的日，在实例中不仅看不出所谓的上吉、次吉、又次吉的分别，总体上说，这 52 例在我们找到的 119 葬日中占不到一半，看不出《茔原总录》所载五姓吉日的影响。

　　问题是，假如五姓真的对唐代实际葬埋年、月、日选择影响极小，或者没有影响，又怎么解释敦煌所出文献中的五姓择吉，又如何解释宋代突然如此重视五姓呢？因此，我们这种统计虽然能看出一些总体情况，但是仍然不够，需要作一点专题的研究，并找一些更具体的实例。

三　某些殡葬时间个案探析

　　唐代皇帝的葬日选择应该是根据官方认可的理论选择的结果，那么统计并分析唐代皇帝的葬日，可以从某种程度上验证前揭五姓择吉理论是否受到唐代官方的认可。吴丽娱先生在《终极之典——中古丧葬制度研究》中曾搜集整理唐代皇帝的丧礼时间，并制成表格[1]。我们仅取丧、葬时间，加以我们需要的元素列表如下：

---

[1]　吴丽娱：《终极之典——中古丧葬制度研究》，中华书局，2012 年，第 188—193 页。

五音姓利与北朝隋唐的葬埋择吉探微

大行皇帝	丧　日	葬日及所在星命月	葬日干支属性	吉年情况	吉月情况
高祖	贞观九年五月六日	同年乙未十月庚寅	十一	木	地载	大通
太宗	贞观廿三年五月廿六日	同年己酉八月庚寅	八	木	大通	大通
高宗	弘道元年十二月四日	次年甲申八月庚寅	八	木	小通	大通
武曌	神龙元年十一月廿六日	次年丙午五月庚申	五	木	大通	大通
中宗	景龙四年六月二日	同年庚戌十一月己酉	十	土	非吉	非吉
睿宗	开元四年六月十九日	同年丙辰十月庚午	十	土	非吉	非吉
玄宗	宝应元年四月五日	次年癸卯三月辛酉	四	木	大通	非吉
肃宗	宝应元年四月十八日	次年癸卯三月庚午	四	土	大通	非吉
代宗	大历十四年五月廿一日	同年己未十月己酉	十	土	地载	非吉
德宗	贞元廿一年正月廿三日	同年乙酉十月己酉	十	土	大通	非吉
顺宗	元和元年正月十九日	同年丙戌七月壬寅	七	金	非吉	非吉
宪宗	元和十五年正月廿七日	同年庚子五月庚申	六	木	大通	地载
穆宗	长庆四年正月廿二日	同年甲辰十一月庚申	十一	木	非吉	大通
敬宗	宝历二年十二月八日	次年丁未七月癸酉	七	金	地载	非吉
文宗	开成五年正月四日	同年庚申八月庚申	八	木	小通	大通

续　表

大行皇帝	丧　日	葬日及所在星命月	葬日干支属性	吉年情况	吉月情况
武宗	会昌六年三月廿三日	同年丙寅八月壬申	七	金	天覆	非吉
宣宗	大中十三年八月七日	次年庚辰二月丙申	二	火	非吉	大通
懿宗	咸通十四年七月十八日？	次年甲午二月甲午	正	金	大通	小通
僖宗	文德元年三月六日	同年戊申十月辛卯	十一	木	小通	大通
昭宗	天祐元年八月十一日	次年乙丑二月己酉	二	土	地载	大通
哀帝	开平二年二月廿二日	同年戊辰	？	？	非吉	？

　　葬埋年、月皆有不少非吉,据吴丽娱先生前揭书的统计,皇帝的卒葬间隔时间即葬期在3至12个月之间,显然是尽量在一年中埋葬,所以即使葬年是吉年,也很难认为是根据五姓择吉的结果;非吉月的又显得较多,且未集中在某一时段,所以即使是吉月,也很难认为是根据五姓择吉的结果,有鉴于此,我们认为李唐皇室葬埋择年月基本未考虑五姓因素。火克金,而皇帝葬日有金日,且不止一处,说明未考虑五姓相克因素。可以认为官方承认的葬日择吉法不考虑五姓因素。

　　这是否意味着隋唐民间葬日选择也不考虑五姓因素？这就需要查找是否有明文记载的实例。关于某姓归于何音,由于我们讨论的是隋唐的情况,这里利用曾波先生校录的敦煌文献中的诸姓所属之音[①]查找诸姓所属之音。现将查到的相关实例逐条疏证于下：

　　1.《薛保兴墓志》记载:"以大隋大业岁次庚午年润十一月戊子

---

① 曾波:《敦煌写卷〈诸杂推五姓阴阳等宅图经〉之"五姓"校议》,《敦煌学辑刊》2005年第3期。

朔大通卜移洛邑。"

按，赵万里先生指出，薛保兴卒于"齐世"，距葬年数十年，王其祎、周晓薇先生则认为墓志中的"大通"是"卜大通亨、吉利之日"的意思①。我们认为，既然卒葬间隔很远，则有择年、择月的时间和可能，大通似可考虑是不是指大通年和大通月。经查，薛姓属徵音火，他被葬于大业庚午年（610），为《青乌子》所载大通年，闰十一月一日，在星命十一月，又为大通月，然为五龙胎忌月，说明未顾忌五龙胎忌之说。

2.《武周卢延庆墓志》记载武延庆卒于圣历二年己亥（698）十二月二十八日，夫人李氏卒于咸亨五年甲戌（670）五月十二日，"合葬于都西北十三里平乐乡之原……谨用商家，克修壬穴，以其年（圣历二年）八月九日庚寅坤时下……魁刚藏设，蒿里与黄泉共通，神将加临德辰，将白露相会，百祥符协"②。

按，墓志云"商家"，即卢属商音，据前表，圣历二年己亥，恰好是《葬经》所云的小通年，下葬日期在星命八月，是《青乌子》所说的大通月，如前所述，小通年是"胜先、神后临本姓大小墓"，与墓志所云"神将加临德辰"相合，而大通月则是"蒿里、黄泉大通"，与墓志所云"蒿里与黄泉共通"。因此，可以认为薛保兴葬年、月均是按照五姓通年、通月来选择的。

3.《李庭训夫人清河崔氏墓志》记载崔氏卒于天宝九载（750），而在大燕顺天二年（760）十一月十（丙申）迁就其夫之茔，并云"属其年大通"③。

按，李姓属徵火，顺天二年为庚子年，十一月十日在星命十一月，乃《青乌子》大通年、大通月，正与墓志所说"其年大通"合。丙申火与姓不相克，但十一月属五龙胎忌月，说明不顾忌五龙胎忌月。

4.《李邕墓志》记载："戊申之年，葬者通岁……夫人太原郡君温氏，以大历三年十一月廿日，同窆于洛阳之北原。"④

---

① 王其祎、周晓薇编著：《隋代墓志铭汇考》第4册，第112—113页。
② 赵君平、赵文成：《秦晋豫新出墓志搜佚》，第334页。
③ 周绍良主编：《唐代墓志汇编》，上海古籍出版社，1992年，第1746页。
④ 周绍良主编：《唐代墓志汇编》，第1766页。

按，李姓属徵火，大历三年戊申（768），确为《葬经》所载小通年，十一月二十日庚寅恰为小寒十二月节，为东方朔所说地载月，日与姓相生。显然考虑了五姓因素。

5.《桑甹夫人王氏墓志》记载："久俟<u>通年</u>，获此龟吉，以贞元五年八月廿一日归祔河南县平乐乡先君，礼也。"①

按，桑姓属商金，己巳年，星命八月，乃《葬经》小通年，《青乌子》大通月。

6.《程俊墓志》载："以贞元六年庚午十月癸巳朔廿八日庚申，迁祔于河南县平乐乡徐娄村西南二里……几岁权厝，<u>兹年大通</u>。"②

按，程属商音，贞元六年庚午（790），《龙首经》为大通年；星命十一月，《龙首经》为大通月，与墓志所云"兹年大通"相合，可见择年、月考虑了五姓。庚申属木，与姓相克，择日不考虑五姓。

7.《马浩墓志》记载："薨于位……比为岁月未通……今以贞元十四年十一月十五日迁窆于万年县……前夫人河东裴氏……寝疾路隅……<u>爰因通岁</u>……迁祖祔姑加之礼也。"③

按，马姓属羽水，贞元十四年戊寅（798）十一月丙午朔十五日庚申水，在星命十一月，《葬经》小通年，《青乌子》大通月，与墓志所云"通岁"合。日与姓音不相克，可见年、月、日选择均考虑五姓。

8.《梁守让墓志》记载："大历十三年八月九日奄终于私第，享年七十有三。顷以未遇吉时，从权安厝，<u>今会通岁</u>，与夫人中山刘氏、陇西李氏合葬窆于郡城东北原……贞元十五年四月十日。"④

按，梁属商音金，贞元十五年己卯（799）四月乙亥朔十日甲申水，星命四月，《青乌子》大通年，《葬经》小通月，与墓志云"今会通岁"相合，可知考虑五姓。

9.《郑子容墓志》记载："以大中六年五月四日遘疾，终于上都宣平第……向以未遇<u>通年</u>，从权于三峰别墅……子容幼妹……以会昌

---

① 周绍良主编：《唐代墓志汇编》，第1854页。
② 周绍良主编：《唐代墓志汇编》，第1859页。
③ 周绍良、赵超主编：《唐代墓志汇编续集》，上海古籍出版社，2001年，第765页。
④ 周绍良、赵超主编：《唐代墓志汇编续集》，第770页。

二年三月八日婴疾不瘳……遂权厝于城东。今值□岁,龟筮叶吉,以十年四月廿五日并归葬于河南府……祔于大茔。"①

按,郑为宫音土,祔茔日期在《青乌子》为大通年,在东方朔为天覆月,与墓志所云"今值□岁,龟筮叶吉"相合。

10.《唐故怀州录事参军清河崔府君后夫人范阳卢氏墓志铭并序》记载:"大中十三年冬十二月戊戌,奄捐馆于渑池之第,享春秋六十有九。稔历辰、巳,阴阳家谓之不通,故不克葬。元改咸通之三年,岁在壬午,既大□,乃克葬。正月……以丁酉归窆于洛阳平阴乡陶村之北原怀州府君幽垄之东南五步。"②

按,"辰、巳"谓大中十四年庚辰(860)、咸通二年辛巳(861),崔姓属角,《青乌子》《龙首经》中辰、巳年确为不通之岁,《葬经》谓巳小通年。可见此处所谓不通是指据《青乌子》《龙首经》。咸通三年壬午(862),《龙首经》为大通年。墓志中"既大□"当即"既大通"。正月庚午朔,丁酉为二十八日火,在星命正月,非通月。姓与日音不相克,可见此处只有择年考虑了五姓。

由上可知,隋唐时期,确有人选择葬埋年、月时考虑五姓,且在长安、洛阳均有,前面统计的合于五姓通年、通月的数字中,当有一部分考虑了五姓。当然,并不是年、月、日选择全都会顾忌五姓。

结　　语

通过以上考察,我们有以下几点认识:

从理论和实践层面来看,五音姓利择吉法对北朝葬埋的择年、择月有一定程度的影响,但是不宜高估。逮至唐代,一方面,官方并不承认五音姓利择吉法的合理性和合法性,皇帝葬埋择吉基本上不考虑五姓因素,这可能与吕才对五姓理论的批驳有关。但是在社会上,五姓之说仍甚流行,对葬埋择吉有一定影响,但是这种影响尚不普遍。

---

① 周绍良主编:《唐代墓志汇编》,第 2335 页。
② 周绍良主编:《唐代墓志汇编》,第 2390 页。

逮至宋代,官修堪舆典籍承认了在中古时期已经在社会上流传已久的五音姓利学说的合理性和合法性,并在官修堪舆、择吉类典籍中进行了整合,从而成为官方认可的理论。限于篇幅,我们这里没有仔细讨论宋代帝、后葬埋是否遵循五音姓利择吉法,也没有讨论这种官方认可的理论在社会上究竟有多大影响。但是如所周知,五音姓利对宋代皇陵、白沙宋墓的布局具有重要的影响,明显与唐代皇陵的布局不同,这使我们相信,五音姓利择吉法在宋代的影响可能超过了在唐代的影响。

从五音姓利择吉法在南北朝唐宋的命运我们似乎隐约看出择吉术在中国古代深远的影响及其复杂面相:一方面,国家对方术的整顿是社会上纷繁复杂的择吉法逐渐形成共识的重要途径;另一方面,国家在整顿方术及相关的择吉法时,如果与社会上流行的观念相差过远,虽然对皇家有一定影响,但对社会的影响则会大打折扣,唐代皇室不用而社会上不少人却用五姓择吉法便是明证。最后,五音姓利择吉法从唐代不受官方承认,仅是在社会上影响不算普遍的择吉法的一种,到宋代一变成为官方承认的择吉法,透露出唐宋社会文化变迁的一个侧面,即唐代某些民间和非主流文化到宋代一变成为受国家承认甚至广为流行的文化。

突厥语的体动占卜书

茨 默

朱 灞 译

摘 要：文章以吐鲁番出土文献为基础，释读三件古突厥语体动占卜书，以补充 1907/1908 年古典学家第尔斯关于东西方体动占卜术比较研究在古代突厥回鹘文献上的缺失。文章的另一个意图是通过释读拓展古代突厥语在人体解剖学方面的语汇。文中介绍了作者搜求到的奥斯曼土耳其语体动文献的在多国的公私收藏情况，可以补充第尔斯书所缺。附带考释的是两件吐鲁番民俗信仰写本，以揭示中原汉文化的术法体系为中亚回鹘人所承用的事实。

关键词：占卜；身体抽动；回鹘语；吐鲁番文献；第尔斯《古代东西方体动文献丛考》(Hermann Diels, *Beiträge zur Zuckungsliteratur des Okzidents und Orients*)

"在真和美的疆域之外，存在着一个幻想的疆土，在这里希腊罗马世界和东方诸国有着奇妙的共识。"① 这是 1849 年福来舍——德国阿拉伯学的奠基人——就东方民族有关身体部位抽动的先兆认识一文的开篇之句。现在我就这个题目续写新篇②，虽并无许多新

---

① Heinrich Leberecht Fleischer, "Über das vorbedeutende Gliederzucken bei den Morgenländern," *Berichte über die Verhandlungen der Königlichen Sächsischen Gesellschaft der Wissenschaften zu Leipzig*, Phil.-hist. Klasse（海因里希·雷伯来希特·福来舍：《东方民族的具有预兆性质的肢体抽动信仰研究》，《王家萨克森科学学会哲学史学学部纪要》），1849/1, S. 244.
② Peter Zieme, "Türkische Zuckungsbücher," I. Hauenschild /C. Schönig / P. Zieme (Hrsgg.), *Scripta Ottomanica et Res Altaicae*. Festschrift Barbara Kellner-Heinkele. Wiesbaden: Otto Harrassowitz Verlag. (Veröffentlichungen der Societas Uralo-Altaica. 56)（郝恩舍尔德、薛尼希、茨默主编：《纪念芭芭拉·凯尔纳—海因克勒教授荣休奥斯曼曼与阿尔泰学论文集》，《乌拉尔阿尔泰学会丛刊》第 56 号，哈拉索维茨出版社），2002, S. 379 - 395。

见,但也事出有因:其一,这项研究对古代突厥学有一个词汇学上的贡献,以往我们对其解剖学的名词所知尚少。其二,民俗信仰在不同的宗教文化圈乃至文明圈中往往有惊人的相似,这里提供几个新的例证。

古代游牧民族相信身体部位的抽动有预示预言性的意义。德国民俗学家、耳鼻喉科医生卡鲁茨曾游历中亚柯尔克孜和土库曼部族中作民俗学调查,在他的日记里曾写下这样一段话:"就身体抽动我收集到如下材料:右眼跳,有吉事,举事有成,(不成)有喜;左眼跳,有不顺。手痒,得馈赠。右耳鸣,人念我善;左耳鸣,人对我有恶言。嘴唇跳,有美食。鼻痒,有头疼喷嚏。右手跳,有财或馈赠;左手跳,牲畜将死。妇人哈欠,寤寐思男。"①

20世纪初,古典希腊学家第尔斯就身体抽动的占卜文献做了一项大规模的比较性研究②,奥斯曼文献自然也在他涉猎范围之内。突厥语、蒙古语的材料当时还不为人知,卡拉教授(György Kara)告诉我:海西希释读、公布了蒙语写本《全身部位抽动书》③,其开头部分如下:"右耳鸣,有流言;左耳鸣,得[⋯]。左[⋯]动,遇人安雅。上指甲动,有喜事。右眼睫跳,亲属久别重逢。"

关于知识盲点,第尔斯坦诚写道:"我们可以相当有把握地认为,体动论的东向传播相当深广,比如说我们知道,毛利人就有这方面的基本信念习俗。但是目前我没有可能一一去追踪探源,同样,对中国

---

① R. Karutz, *Unter Kirgisen und Turkumenen. Aus dem Leben der Steppe.* Leipzig: Verlag Klinkhardt & Biermann(理夏德·卡鲁茨:《与柯尔克孜、土库曼人打成一片——中亚草原生活游历记》,克林克哈特与毕尔曼出版社),1911,S. 138.

② Hermann Diels, *Beiträge zur Zuckungsliteratur des Okzidents und Orients.* Abhandlungen der Preußischen Akademie der Wissenschaften, Phil.-hist. Klasse, Berlin: Georg Reimer(赫尔曼·第尔斯《古代东西方体动文献丛考》,《柏林普鲁士科学院哲学史学学部丛刊》,来默出版社),1907/1908.

③ Walter Heissig, *Mongolische Handschriften, Blockdrucke, Landkarten.* Wiesbaden: Otto Harrassowitz Verlag(瓦尔特·海西希:《古蒙语写本、版刻书、舆图解题目录》,哈拉索维茨出版社),1961,Nr. 88: Cod. Ms. Asch. 124 SuUB, Göttingen, 9v8 – 11v16.

和日本有关习俗及其文本的掌握在本研究中只能暂付阙如。"①就前述古突厥语残片的背景,汉学家艾伯华有这样的陈述:"当今的历书将身体抽动按地支的顺序排列,然后给出占辞。但是历书并不说,抽动的是哪一个具体身体部位。"②业已知道的是敦煌汉文文献中也有类似内容的占卜文本③。

奥斯曼土耳其语身体抽动占卜文献为数甚多,类称为Segirname("体动书"),有整部书如此冠名的,也有丛抄写本中的单篇有如此标题的。我将目前了解的公私藏家文献列出:

柏　　林	Pertsch, W, *Die Handschriften-Verzeichnisse der königlichen Bibliothek zu Berlin*. 6: *Verzeichniss der türkischen Handschriften*. Berlin: A. Ascher & Co.(派弛:《柏林王家图书馆藏写本注记目录》第6卷《突厥语写本注记目录》,阿舍书局),1889,收藏编号41:8 [Diez A. 8°26.](指出有关联的收藏编号10:3与4, 27:13以及125:4); H. Sohrweide, *Türkische Handschriften*, Teil 5, Wiesbaden: Otto Harrassowitz Verlag(左卫德:《突厥语写本》第5卷,哈拉索维茨出版社),1981, Nr. 302 [Ms. or. quart; Teil 18, 1988(Bl. 439b‐422a)]。
哥　　达	Pertsch 1889(派弛,前揭书),收藏编号1:17。
波　　恩	Universitäts-und Landesbibliothek So 241(波恩大学暨北莱茵州立图书馆),参见 M. Götz, *Islamische Handschriften*. Teil 1: Nordrhein-Westfalen. Stuttgart:

---

① 第尔斯前揭著作卷2,S. 115 n. 2。
② W. Eberhard 在 *Türkische Turfantexte* VII, S. 96 Nr.34 的附注。
③ Hou Ching-Lang, "Physiognomie d'après le teint sous la dynastie des Tang," in: Michel Soymié (ed.), *Contributions aux études sur Touen-Houang*, Genèves-Paris: Librairie Droz(侯锦郎:《唐代基于气色的相术》,苏远鸣主编:《敦煌研究论文集》,德劳兹书局),1979, pp. 55‐66 并附图版。

	Franz Steiner Verlag(葛茨:《伊斯兰写本》第1卷《北莱茵威斯特法伦卷》,弗朗茨·施代纳出版社),1999,收藏编号3,图版30b-31a(片段)。
萨拉热窝	参见 W. Zajączkowski, 'Zwei türkische Zuckungsbücher (segirname)'. *Folia Orientalia* (扎尧芝科夫斯基:《两部突厥语体动书研究》,《东方学散叶》),8(1967):89-109。
伊斯坦布尔	托普卡珀王宫博物馆(Topkapı Sarayı Kütüphanesi)收藏编号3157,参见 H. Ersoylu, 'Segir-nâme II'. *Türk Dili Araştırmaları Yıllığı-Belleten*(爱速禄:《体动书(二)》,《突厥语言研究辑刊》),1995:99-145。 梅夫拉纳博物馆(Mevlânâ Müzesi)收藏编号2179,参见 H. Ersoylu, 'Segir-nâme I'. *Türk Dili Araştırmaları Yıllığı-Belleten*(爱速禄:《体动书(一)》,《突厥语言研究辑刊》),1989:28-48。
私人收藏	Kemal Özergin(凯末尔·玉泽金)。
私人收藏	Osman Sertkaya(奥斯曼·赛特卡亚)。

古突厥语文献是本文的主要对象,但是目前我们所拥有的都是断章残简,完整程度远不如奥斯曼文献。将两者加以比较可以看出相当多的共同之处,而共性在于,两者都有意表达一些正能量的、能给人类带来幸福的东西。

首先,我想对阿拉提曾经公布的写本稍加补充。20世纪30年代,土耳其学者阿拉提曾在柏林科学院进行吐鲁番写本研究,其时他对一直受到忽视的草写体写本特别下了功夫,而这部分写本恰好是生活在吐鲁番盆地的回鹘人在日常生活事务中留下的,其中有一些司法行政事务的公私文书,也有历本、符咒和占卜书。阿拉提的《古代突厥语司法文书》(Eski Türk Hukuk Vesikaları)和《吐鲁番出土突厥语文献》第七辑(Türkische Turfantexte VII)都是他对吐鲁番文书做出的贡献。①

1. U 5820(T III T 295)，在阿拉提 TT VII 书中编号34，出自吐峪沟。写本以"吾人欲言"(sözlälim)开头，也就是说，讲的是肢体抽动占卜。文本的构成可以这样划分：

1)（行2-3）　　　凡足、头抽动,有财富。
2)（行4-5）　　　右头抽动,有远行。
3)（行6）　　　　左头抽动,得权势。
4)（行7）　　　　耳鼓抽动,有得。
5)（行7-9）　　　右耳动,必有大得。
6)（行9）　　　　左耳动,有财获。
7)（行10-11）　　耳垂动,见赐见赏于公侯。
8)（行11-12）　　右眉动,有乐事。
9)（行12）　　　　左眉动,无忧。
10)（行13）　　　右上睫毛动,[…]

2. Ch/U 6796 + Ch/U 6238，汉文、回鹘语双面书写，可以完全缀合②。背面文本含有汉字，似乎用以替代回鹘语词，当以回鹘语读之。

与本文主题有关的内容起自第12行，其文如下：

（行12）　　　　　吾人欲言身体、四肢之抽动：
1)（行12—13）　　头抽动,有财富。
2)（行13）　　　　发际线抽动,出行至另一城。
3)（行13—14）　　头左半抽动,有权望。
4)（行14—15）　　头右半抽动,有利益。
5)（行15）　　　　右耳动,有大利益。
6)（行16）　　　　左耳动,入货。

---

① Reṣid Rachmeti Arat（G. R. Rachmati），*Türkische Turfantexte* VII. Abhandlungen der Preußischen Akademie der Wissenschaften, Phil.-hist. Klasse, Berlin（拉赫马提·阿拉提:《吐鲁番出土突厥语文献》卷7,《柏林普鲁士科学院哲学史学学部丛刊》），1936/12.
② 汉文为佛教内容写本,内容在《大正藏》中无法勘定。

7)（行16—17）　　脑(?)动,有[…]
8)（行17）　　　　右眉跳,有喜乐。
9)（行17—18）　　左眉跳,有厄。
10)（行18—19）　右眼上(睑?)跳,[…]
11)（行19）　　　左眼上(睑)跳,有喜。
12)（行19—20）　右眼下(睑)跳,有谎言。
13)（行20）　　　左眼下(睑)跳,[…]

3. Mainz 153(T I α)写本带有所谓摩尼文字特有的标点符号,因此之故,维尔金斯将之收入突厥语摩尼教文献目录①。但是,这件占卜书残片是否就一定有摩尼教的性质,尚不易断定。文本语译如下:

（正面行1—5）　　　　　　手掌痒,有大[…],长壮敏捷有为者(?),必强。
（正面行5—背面行2）　　手臂抽动,兄弟亲属为仇。
（背面行3—5）　　　　　　孕妇腹中子多思,有三重危急,疼痛而抽搐。

上述这些文本时有晦涩难懂之处,但无疑都属于占卜术的范围。从语言上看,所有身体部位的词语都是用方位格形式(Lokativ),此点与其他古突厥语和奥斯曼土耳其语有异。

流传下来的奥斯曼时代占卜书较回鹘语占卜书为多。两相比较,根本性的区别不是很大,多属用词与小节之别。构成结构一样,几乎是套路文体,都是先说身体部位、肢体名称,续以"抽动"一词——总是使用同一个突厥词 täprä-,这是在古代突厥语中很少见的一个词;奥斯曼土耳其语文本中的与此对应的词是 segir-。

以上的占卜书有一个特征:很少提到凶兆。只有一处"左眉跳,

---

① J. Wilkens, *Alttürkische Handschriften*, Teil 8: *Manichäisch-türkische Texte der Berliner Turfansammlung*, Stuttgart: Franz Steiner Verlag（维尔金斯:《古代突厥语写本解题目录》卷8《柏林吐鲁番特藏摩尼教突厥语文献》,弗朗茨·施岱纳出版社）,2000, Nr. 432:"纸质写本,内容为肢体搐动及其离奇的寓意。"

有厄"（Ch/U 6796 + Ch/U 6238，行 17—18）。

柏林藏吐鲁番写本 Ch/U 6796 + Ch/U 6238 背面有两段有关民俗的文字，在此一并略作释读。首先是行 1—7：

［…］不跟从［…］。在这些天里，无建议（ötüg sav）。望［…］，其面不合，必从军。作恶（事），有殃，马失亡，人有危亡之虞。举行婚礼，有口舌争执。祭祀施舍，人必穷。

在此利于生子女，必利父母兄弟，利己身无尽。了也。

行 8—11 是使用十二支，术法体系来自汉文化，为突厥人继承而成为其日常的习俗。术法以时间单位分割为架构，其用途可以是多方的。在这里，十二支明显指的是年，所以这个术法或许是供婚娶择时以利生子吉利使用的。

相配的［生辰］年：
子申辰，合。
丑巳酉，合。
未亥，合。
［不相配的生辰年：］
子午，不合。
丑未，不合。
申寅，不合。
卯［酉］，不合。
巳亥，不合。

类似的术法也见于 U 328（T III Kurutka），发现地 Kurutka 的位置大约在今天吐鲁番北的小桃沟，属于景教遗址。这个回鹘语写本用景教聂斯托利字母书写，殊堪注意：

吾人欲言（如下的）相配：
鼠年、龙年、猴年：此三种人相配。
牛年、蛇年、鸡年：此三种人相配。
虎年、马年、狗年：此三种人相配。
兔年、羊年、猪年：此三种人相配。

这个表单式样的十二支相配表有一个数理排列的规律,以数字表示地支从子到亥的序列如下:

1—4	5—8	9—12
1	5	9
2	6	10
3	7	11
4	8	12

这里,等差数列的性质显然。

数术与丝绸之路
——希腊、印度、突厥与汉文体动占卜书

王 丁

摘 要：体动占（palmomancy）是占卜术中预兆占的一个特殊门类，其特征是根据人的身体器官或部位（如脸、眼睑、睫毛、眉毛、鼻子、嘴唇、耳朵、手、足等）的抽动、发热感、痒感或者耳鸣这些多半属于主观的感知，来占卜这些征象所预示即将发生的事情及其吉凶休咎。本文重新释读敦煌汉文体占写本，以此为基础，指出古希腊、印度、突厥同类术法文本对照研究的一些线索，提示以占卜术为代表的数术知识在丝绸之路这一欧亚交通网络中如何传播交流的问题。

关键词：体动占卜；居延汉简；敦煌文献；比较宗教学

一 多语种体占文献

从文明史的视角看，占卜术渊源久远，传承不断，其种类纷繁，远取诸物，近取诸身，就中记载身体部位抽动之寓意的占卜术虽然属于相对偏僻的门类，但在东西方民族中间却有惊人的相似。1908年柏林普鲁士科学院古典学家赫尔曼·第尔斯发表了《古代东西方体动文献丛考》①。该书卷一《古代希腊体动书》是一部校勘整理之作，对象为根据人的体动征象进行吉凶占卜的希腊文著作 Περὶ παλμῶν 的3个抄本。这部篇幅不长的作品托名于传说中集卜师与巫医之职于一身的美蓝浦斯（Melampus），推定成书年代为公元前3

---

① Hermann Diels, *Beiträge zur Zuckungsliteratur des Okzidents und Orients.* 1. *Die griechischen Zuckungsbücher* (Melampus Περὶ παλμῶν). 2. *Weitere griechische und aussergriechische Literatur und Volksüberlieferung.* APAW, Phil.-hist. Klasse（第尔斯：《古代东西方体动文献丛考》卷1《古代希腊体动书》、卷2《希腊及希腊之外文献与民俗传统》，《柏林普鲁士科学院哲学史学学部丛刊》），1907/IV；1908/IV。

世纪。第尔斯的长篇引言包含对这种占卜术的精湛观察。在卷二《希腊及希腊外文献与民俗传统》中,第尔斯会同多种东方学、西方语言民俗文化的专家,搜讨到俄语、塞尔维亚语、保加利亚语、罗马尼亚语、阿拉伯语、希伯来语、突厥语、印度语、日耳曼语、英语、法语的体动信仰材料,并加以德译,使得一种古老而弥新的信仰在一个跨越欧亚大陆、上下数千年的时空内获得了跨越语系、民族、文化的全面研究,为数术研究、人类学、民俗学开辟出一个比较文明史研究的新维度。

第尔斯这部开创性的杰作没有为这项研究画上句号。同样是在柏林科学院,数年后诞生了一部新巴比伦语体动占卜书的研究专著,按照科学院制度,需要由一位同行专家介绍、评议,为亚述学家麦斯纳作引荐评议的正是当时已经退休的科学院学部总干事、对体动占卜文献素有研究的老专家第尔斯①。此后,古典学家在美蓝浦斯书的残篇别本的勾稽勘定上续有新的发现②,希腊体占文献的整

---

① Bruno Meissner, "*Ein neubabylonisches Zuckungsbuch*," *SPAW*(麦斯纳:《一件新巴比伦语体动书写本》,《柏林普鲁士科学院哲学史学学部纪要》),1921/1, S. 319-324; "Verzeichnis der im Jahre 1921 gelesenen Abhandlungen," *APAW*, Phil.-hist. Klasse("1921 年度宣讲论文总目"),1921, XIII.

② A. Hurst, "Le papyrus de Genève inv. 161 (Bibliothèque publique et universitaire)," *Atti del XXII Congresso Internazionale di Papirologia, Firenze 1998, Istituto Papirologico «G. Vitelli»*, I, Firenze: Istituto papirologico G. Vitelli(喻斯特:《日内瓦大学图书馆藏 161 号纸草写本研究》,《第二十二届国际纸草学大会论文集》,韦太利纸草学研究所),2001, pp. 669-679 及图版 36-37; S.Costanza, "P. Vindob. G 2859 verso: rapporti e connessioni con la tradizione palmomantica," *Aegyptus*(考斯坦磋:《维也纳纸草文献 G 2859 背面:体动书传本的关联研究》,《古代埃及研究》),83, 2003, pp. 105-131; Amphilochios Papathomas, "Eine neue palmomantische Schrift der späteren Römerzeit: unbekannte Fassung aus dem Melampus-Traktat?," J. M. S. Cowey & B. Kramer (Hrsgg.), *Paramone. Editionen und Aufsätze von Mitgliedern des Heidelberger Instituts für Papyrologie zwischen 1982 und 2004*, Archiv für Papyrusforschung Beiheft 16, Leipzig/München: Walter de Gruyter(帕帕托马斯:《一件罗马晚期的体动书:是否美蓝浦斯书?》,考维、克拉默主编:《帕拉牟内:海德堡纸草学研究所成员 1982—2004 年间论文集》,《纸草学研究文库》副刊第 16 辑,德格罗伊特出版社),2004, S. 18-42.

理校勘也有升级版①。

茨默教授的论文《突厥语的体动占卜书》②为第尔斯书增补的是古突厥语资料,而因为材料系得自德国探险队在吐鲁番的考古发掘与采集,时间区间大约落在公元10世纪或稍晚的一段时间,所以这3件重新获得释读的突厥语体动书就可以中古时期占卜文化的标本,更为重要的是,茨默教授的这项工作提醒我们,应该在丝绸之路文化交流中的语境中观照在东西方流传甚广的占卜术——占卜是某种可以不胫而走的实用心理学。

第尔斯书卷二搜集、翻译、整理了11种语言的体动书,不可不谓宏博,但是他仍然不无遗憾地说:"我们知道,毛利人也有这方面的基本信念习俗,但是目前我不能一一去追踪,同样对中国和日本有关习俗的掌握在本研究中也只能暂付阙如。"③事实上,汉文体占材料的确是有的。

二 汉文体占书

正如茨默教授论文中已经征引到的,在敦煌写本中的汉文体动占卜文献已经由侯锦郎先生指出。有关敦煌占卜文献的书志学著述,一般都按传统做法列入主流术法之外的杂占类④。对敦煌占卜文献的语文整理,也涉及体动占卜门类的写本⑤。真正展开具体的专门研究还是近年的事,但是已经取得了非常可喜的成果,在术法

---

① Salvatore Costanza, *Corpus Palmomanticum Graecum* (Papyrologica florentina, 39). Florence: Ed. Gonnelli(考斯坦磋:《希腊体占书集成》,《弗洛伦萨纸草学丛刊》第39辑,龚耐力出版社),2009.
② 《中山大学学报》第56卷,2016年第5期,第115—119页。
③ Diels, *Beiträge zur Zuckungsliteratur des Okzidents und Orients*, II, S. 115 Anm.2.
④ 黄正建:《敦煌占卜文书与唐五代占卜研究》,学苑出版社,2001年,第161—163页(同书增订版,中国社会科学出版社,2014年,第143—144页);郑炳林、陈于柱:《敦煌占卜文献叙录》,兰州大学出版社,2014年,第289、293—294页。
⑤ 王爱和:《敦煌占卜文书研究》,兰州大学博士学位论文,2002年。

的流变、历代文献记载的勾稽上,用力甚勤,可称详瞻①。

敦煌文献中的下列写本含有体动占卜术内容:

A. P.2621v

B. P.2661v

C. P.3398

D. P.3685 + P.3281

E. BD.15140

P.2661v 尹安仁抄本书法上佳,保存状态也好,为汉文体占书的最佳底本。其他多数写卷保存状态不佳,颇多残断、模糊之处,加之有些写本出于文化水平不高的抄写人之手,笔画每不明确,讹错脱漏(此以 P.2621v、D. P.3685+P.3281 为甚),因此通读并非易事。黄正建和郑炳林、陈于柱两书以及王晶波的论文仅对部分语句作了转录。王爱和博士论文的录文比较完整,但因他根据的《敦煌宝藏》图版本身不够清晰,识读难度大,不免有一些误读错释,大辂椎轮,尚待赓扬。本文据 IDP 国际敦煌学网站彩色数码图片重录 5 件写本,对汉文体占书作一次文献清理,以奠定下一步研究的基础。

(一) 占耳鸣耳热心惊面热目润等法(P.2621v,以下简称 A 本)

子时 耳鸣 左有口舌,右有财来。手掌养 得酒。耳热 左有忧,右有父母思念之。心动 有喜事。面热 有人说道之事。足养 有远客,恶事至。目闰 上有人思事,下有相(?)因②。

丑时 耳鸣 左右并喜。耳热 左有喜事,右有女子、酒肉。手掌养 有女人鬼思之。手中养 有贵人来。面热 有人言语。心动 □□之

---

① 王晶波:《敦煌的身占文献与中古身占风俗》,《敦煌学辑刊》2012 年第 2 期。此文部分内容收入王晶波《敦煌占卜文献与社会生活》第十一章《敦煌杂占及其他文献》,甘肃教育出版社,2013,第 487—498 页。另外还有一篇硕士学位论文,彭橞娟:《传世身占术研究》(导师:邱德修),台湾静宜大学,2014 年(未见)。

② "因",王爱和录文脱去。

事。**足养** 有市买恶事。**目闰** 左上得财,右下人思之。

寅时 **耳鸣** 左有喜事,右有妇人来。**耳热** 左夫道相事,右喜乐之事。**手掌养** 有忧思之事。**心动** 丧亡,忧来。**足养** 有人骂。**目闰** 左有□事,右有恶事。

卯时 **耳鸣** 左有□□□。**手掌养** 君子□□之。**面热** 妇女骂之。**心动** 有女子思事之。**耳热** 左得飞财,右有悦事。**足养** 有贵之事。**目闰** 左惊人,上福善。右人骂,下有喜乐。

辰时 **耳鸣** 左有客来□财。右有□财物言语。**耳热** 左有喜,右有凶事。**手掌养** 有远(?)客来。**面热** 有众会之事。**心动** 有恶事至。**足养** 有恨之,不乐,忧事。**目闰** 左有喜事,上得财。右有言语,下吉利。

巳时 **耳鸣** 左有客来,右有喜事。**耳热** 左有思喜,右有大喜。**手掌养** 有□□□消息事。**面热** 有恨怒之事。**心动** 有所□□思之。**足养** 有□事。**目闰** 左有贵人来,上有吉(?)人来。右有言语,下有□物。

午时 **耳鸣** 左有客来,右有喜□。**耳热** 左有客来,右有喜事。**手掌养** 妻子之事。**心动** 有□言□。**足养** 有请之事。**目闰** 左有酒肉,上有酒肉事。右有恶事,下有□□事。

未时 [**耳鸣**] 左有客来。右有贵人来。**耳热** 左不喜,右有过之事。**手掌养** 有□[…]相之[…]有财物,小忧。**面热** 有念之事。**足养** 有酒肉。**目闰** 左口舌,上得财,右大吉,下过□。

申时 **耳鸣** 左有客来,右远行,应死。**耳热** 左有乐,右不吉。**手掌养** 有□家事。**面热** 有人问在不在之事。**心动** 有喜好之事,女子思之事。**足养** 有远行之事。**目闰** 左远行,上得财。右有客来,下众人爱。

酉时 **耳鸣** 左有口舌,右远行。**耳热** 左□□喜□□。**手掌养** 有进退捕。**面热** 有绫之事。**足养** 有好之事。**目闰** 左有饮食,上□人。右有大,下不祥。

戌时 **耳鸣** 左有酒肉,右远行。**耳热** 左有喜,右不吉。**手掌养** 有悬官善①之事。**面热动足养** 并同酒之事。**目闰** 左有口舌,上众伏事,右有喜乐,下有欲事。

亥时 **耳鸣** 左有火来,右有非财来。**耳热** 左悲忧,行人请之。

---

① "善",当系"口舌"的误写。

右得横财入手。手掌养 有远行。面热 有外舌口。心动 女子念之,及酒食。足养 有酒肉。目闰 左远行,上酒肉来,右妇人口舌,下欲事,吉。

(二) 占人手痒目闰耳鸣等法(P. 2661v,以下简称 B 本)

岁月日时州学上足弟子尹安仁书,占人手痒目闰耳鸣等法在后也。

(此处有医书文字,略)

子时 耳鸣 左有口舌,右有财来。手掌养 得饮食。耳热 左有忧,右父母思念之。心惊动 右喜事。面热 有妇人说之。足养 远客来,恶事至。

丑时 耳鸣 左右并喜。耳热 左有喜事,右女子酒食事。手养 女人鬼思之。掌中养 有贵人来。面热 有人言语。心动 忧官。足养 有市买事。

寅时 耳鸣 左喜事,右妇人。耳热 左夫妇相通事,右喜乐事。手养 有忧思之事。心动 有丧亡忧之事。眼润 左目有奴婢事,右目有喜事。足养 有人骂之。

卯时 耳鸣 有妇人来。手养 君子来向①之。面热 女妇骂之。心动 有女子恶事。耳热 左得非财,右好悦事。足养 有贵之。眼润 左有惊警,右人骂。

晨时 耳鸣 左有客来并才,右有才勿言语。耳热 左有官事,喜。右凶事。手养 有客来。面热 有众会之事。心动 有恶事至。足养 有恨之□,不乐,忧②。眼润 左有喜事,右有言语。

巳时 耳鸣 左有别离,右有财物。耳热 左喜思,右大喜。手养 有思念儿子消息事。面热 有恨怒之事。心动 有所悲思之事。足养 有喜事。眼润 左有贵客来,右有言语事。

午时 耳鸣 左有客来,右有喜事。耳热 左有喜乐,右有思念之事。

---

① "向",王爱和释"问"。
② "有恨之□,不乐,忧",王爱和释"有恨意不乐忧事"。

手养　有妻之事。面热　有人呼游之事①。心动　恶事,不吉。足养　有人呼请之事。眼润　左有酒肉,右有恶事。

未时　耳鸣　左有客来,右有贵人来。耳热　左有不喜之事,右有谒之事。手养　有爱念想之事。面热　有相念之事。心动　有财,小忧。足养　有酒肉。眼润　左有口舌,右大吉。

申时　耳鸣　右(左)有客来,右远行,或有死事。耳热　左有乐,右不吉。手掌养　有远行之事②。有财来。面热　有人问在不在。心动　有喜好之子思之事。足养　有远行之事。眼润　左有远行,右有女来之事。

酉时　耳鸣　左有口舌,右远行。耳热　左有喜,右有喜。手掌养有进退捕③之。面热心动　有绫之。足养　有好事。眼润　左有饮食事,右大吉。

戌时　耳鸣　左有酒肉,右远行相言④。耳热　左有喜,右不吉,有人呼之⑤。手养　有县官、口舌之事。面热心动足养　有酒肉食事。眼润　左有口舌,右有喜庆。

亥时　耳鸣　左□⑥来,右绯财来。耳热　左有忧悲⑦事,行人请之,右得横才(?)。眼润足养　有酒食,喜。右得横财事。手养　有远行事。面热　有外人口舌事。心动　女子心念及有酒肉事。足养　有酒食,喜。

(三) 推人十二时耳鸣热足痒手掌痒等法(P.3398－2,以下简称C本)

推人十二时耳鸣热足痒手掌痒等法,日同占。

子时　耳鸣　左鸣口舌,右鸣财来。耳热　左有忧事,右有父母念之。手掌养　得饮食。心惊动　有喜事。面热　有妇人说之。足痒　有远客来,恶事至。

---

① C本：面热　有人呼迎之事。
② 写本"有远行之事"外画有方框,也许是删除符号。
③ "捕",原文作"桶"。
④ "相言",王爱和读"相事"。
⑤ "呼之",王爱和读"诅之"。
⑥ □,写本空一格,C本相应处为"有客"。
⑦ "忧悲",王爱和读"忧愁"。

丑时 耳鸣 左右并吉。耳热 左有喜事,右有女人酒肉事。手痒 女人思之。掌中痒 有贵人来。面热 有人言语。心动 忧官。足痒 有市买事。

寅时 耳鸣 左有喜事,右有妇人来。耳热 左夫妇相通事,右有喜乐事。手痒 有忧思之。心动 丧亡,忧事。眼瞤 左有奴婢事,右有喜事。足痒 有人骂之。

卯时 耳鸣 有妇人来之。手痒 君子来向之。面热 女妇骂之。心动 □□恶骂。耳热 左有非财。右好说□。足痒 有责(贵?)之。眼瞤 左有惊事,右有骂之。

辰时 耳鸣 左有容(客)来并财,右有财物言语。耳热 左有喜,右有凶事。手痒 有客来。面热 有众会之事。心动 有恶事。足痒 有恨之意□乐恶事。眼瞤 左有喜事,右有言语。

巳时 耳鸣 左有别离事,右有财物事。耳热 左喜思,右大喜。手痒 有思念儿子消息事。面热 有恨怒之事。心动 有所悲思之事。足痒 有喜事。眼瞤 左有客来,右有言语事。

午时 耳鸣 左有客来,右有喜事。耳热 左有喜乐,右有思念事。手痒 有妻之事。面热 有人呼迎之事。心动 恶事,不吉。足痒 有人呼请之事。眼瞤 左有酒肉,右有恶事。

未时 耳鸣 左有客来,右有贵人来。耳热 左有不喜之事,右有谒拜之事。手痒 有爱念相之事。面热 有欺陵事。心动 有陵之事。足痒 有好事。眼瞤 左有饮食,右有大吉事。

[**申时**、**酉时**,写卷此处阙]

戌时 耳鸣 左有酒肉事,右有远行相言。耳热 左有喜事,右有不吉人呼之事。手痒 有县官口舌之事。面热 有官口舌。心动 有文合(?)舌①。足痒 有酒肉事。目瞤 左有口舌事,右有喜庆事。

亥时 耳鸣 左有客来,右有非财来。耳热 左有众之事,行人请之,右有得横财事。手痒 有远行之事。面热 有外人口舌。心动 有女子思念及有酒肉事。足养 有酒食事。目润 左有口舌事,右有妇女口舌之事。

---

① "有文合(?)舌",不通,疑有讹误。

（四）"六十甲子本命元辰历"（拟题，**P.3685＋P.3281**，以下简称 D 本）

在这个抄本的"目瞤"和"心动"两名目之间，有一个难识的字，且写法不固定，12 次写作哑或呟（呬），字书把它看作"呧"，也就是"诋"的异体字，意思是诘难、斥责。另一个写法咥（咥），意思是啮咬。这两个读法，在体动占卜术中都有语义上的困难。有学者将之读为呕①。这个理解不可能是正确的，原因有二：字形不合；尤其是语境不合。因为目瞤、心动、足痒等都是生理反应，呕吐是病态表征，在体动占卜中没有作为事项出现过。我猜测，这个字是喷嚏一词的某种代替字。哑、呟、呧中古音 *tej，与嚏 *tey 近乎同音，咥的中古音 *thyt，有入声的差异，但因为这种写法仅有三例，是呬的四分之一，不妨看做是书手的误写。从意义角度看，将此字释作嚏，则下文"嚏者，有呼召""嚏者，人呼之""嚏者，贵人说之"，恰合"寤言不寐，愿言则嚏"（《诗经·邶风·终风》）和唐代慧琳《一切经音义·大庄严经论》卷一三所记载的，"今俗文喷嚏，云人道我，此亦古遗语也"，所说的正是周秦以来中国人对喷嚏的预示意义的信仰。

P.3685

[**庚子**]…目瞤　左君子思之，右女子思之。嚏者　有酒肉。心动　有[…

P.3281

辛丑…目瞤　左有喜事，右有人思之。心动　父母思之。嚏者　吉。足养　酒食事。…

壬寅…目瞤　左有口舌，右念仆人。嚏者　父母忧之。心动　有忧。足痒　有行事。…

癸卯…目瞤　左人说之，右人思之。心动　有忧。嚏者　贵人说之。一云父母忧之。足养　贵人思之。…

甲辰（无目瞤等事项）

乙巳…目瞤　左父母思之，右有人思之。嚏者　女子思之。心动

---

① 王晶波前揭文，页 43—44，页 41 注 1"有关喷嚏占，敦煌文献中没有保留下来"。

得财。口痒　有口舌。…

　　丙午…　目瞤　左有女子思之,右生欲之。嚏者　酒食事。心动　吉。足痒　吉。…

　　丁未…目瞤　左有思之,右有子孙。嚏者　有呼召。心动　大吉。足养　口舌起。…

　　戊申…　目瞤　左有恶事,右有思之。咥(嚏)者　吉。心动　有利。足庠　得财。…

　　己酉(无目瞤等事项)

　　庚戌…目瞤　左有恶事,右忧县官。咥(嚏)者　吉。心动　有恨事。足庠　得财。…

　　辛亥…目瞤　左有酒肉至,右有恶事。咥(嚏)者　父母思之。心动　得财。…

　　壬子…(残缺)

　　[**癸丑**]…目瞤　左君子思之,右有人思之。足养　酒肉事。…

　　甲寅…目闰　左有口舌,右有人念之。嚏者　父母忧之。心动　忧。足养　有行事。…

　　乙卯…目瞤　左人说之,右人道之。嚏者　贵人说之。一云父母忧。心动　有忧。足养　贵人思之。…

　　丙辰…目瞤　左说之,右祝(?)之。嚏者(有脱文)。

　　丁巳(无目瞤等事项)

　　戊午…目瞤　左妻子思之,右客欲来。嚏者　有酒食。心动、足痒　吉。…

　　己未…目瞤　左有恶事,有君子思之。嚏者　人呼之。心动　吉。足痒　有口舌。…

　　庚申…(目瞤等事项部分残去)

（五）推十二时耳鸣耳热足痒手掌痒等法（拟题，BD.15410背①,以下简称 E 本）

　　]事　足养　有远行之事。目润　左有远行,右客来。

---

① 《国家图书馆藏敦煌遗书》第143册,北京图书馆出版社,2012年,第349页。

[酉时] 喜事[……]事　手养　有进□□去　面热　[……]有饮食,[……]大喜。

戌时　耳鸣　左有酒肉,右有远行。[……]县官口舌之事。面热心动足　[……]喜庆。

亥时　耳鸣　左有财来,右非财来。[……]　手养　有远行事[……]之事。足养　有酒肉之事。目润　左远行,右□□。

三　汉胡互较：占书核心问题

（一）什么是体动占？

体动占,又称身占、体占,是占卜术中的一种预兆占。这个词是一个西文的汉语译名,学术希腊—拉丁语是 palmoskopia（体动之视）,德语形式是 Palmomantik,英语形式是 palmomancy①。这种占卜的对象既包括身体部位或器官的皮肤、肌肉的痉挛抽搐、不由自主的"跳"（英语 twitch/spasm,德语 Zuckung）,也包括突发、外因不明的疼、痒以及喷嚏等反常现象。

根据茨默教授的研究,奥斯曼土耳其语 segirname 是一个复合词,字面义为"动+书",义为对全身部位及器官的异常状况（也就是"动"）的"（占）书"。这个统称既有用来整合一部书的名字,也有丛抄写本中的单篇有如此标题的。古突厥语里没有发现一个相当于"体动占"的名词。

相当于体动占这个概念的统称,汉文里未见。中国古人似乎对这些术法个体有很清楚的认识,将它们分别集录成篇成书。如《隋书·经籍志》五行类附注"梁有……《嚔书》《耳鸣书》《目瞤书》各一卷"。本文讨论的敦煌写卷《占人手养目润耳鸣等法》（P.2661v）、《推人十二时耳鸣热足养手掌养等法》（P.3998）,其实是篇名里提到

---

① Diels, *Beiträge zur Zuckungsliteratur des Okzidents und Orients*, p. 6; Th. Hopfner, "Palmoskopia," *RE*, 18, 1949, col. 259-262（《泡利氏古典学事典》,侯普夫纳撰写的"体动占"词条）.

的术法的集纂本,但标题仍是枚举式的 A+B+C,没有设法给一个统称。正是因为这个原因,传统书志学往往把这些林林总总的个别占卜术统称为"杂占"(《汉书艺文志》设有此部),如通书《玉匣记》杂占收录了"占面热法""占眼跳法""占耳热法""占耳鸣法""占嚏喷法""占肉颤法""占心惊法",都是敦煌体动占书里的名目。

(二) 年代

五件敦煌写本都没有标明抄写年代,根据写本的内外特征,研究者推断:P.2621v"当在吐蕃统治敦煌时期,当在 824 年或稍后";P.2661v,唐末五代时期;P.3398,系册子本,当抄写于晚唐五代宋初①,换言之,抄本的制作年代大体在 9 到 11 世纪期间。突厥语本的年代,茨默教授论文没有讨论。就此问题我请教于他,他的答复是:写本本身没有确定的依据足以帮助作出准确的断代,基于高昌回鹘时期一般文字状况可以推测其大约处于 11 至 13 世纪这段时间。由此我们可以认为,突厥文本的年代在敦煌汉文本之后,但不甚晚。

(三) 身体部位

汉文体动占卜涉及面、眼、口、耳、心、手、足,有关的征兆是局部温度升高的热(面热、耳热)、皮肤瘙痒感(口痒、手痒、足痒)、没有外部声源的主观听觉感觉(耳鸣)、心跳加速或心悸(心动、心惊动)、局部肌肉突然跳动(目瞤、眼瞤)。喷嚏,古人没有指派具体的器官,虽然慧琳《一切经音义》卷三五引《韵集》"鼓鼻而喷嚏",但史籍著录的占书,名字叫"嚏耳鸣杂占"(《汉书·艺文志》)、"嚏书、耳鸣书、目瞤书"(《隋书·经籍志》),显然不将喷嚏归于某一器官的作用。器官或部位与感觉相配,再加上成对的器官部位的左右(眼、耳、手、足)、上下(眼,指眼睑)分别,就构成了汉文体动占卜征兆的经纬。判断吉凶休咎的占辞,是这一符号系统(symbolism)的意义层面。

手部,有的时候还细分正背面(手掌养、掌中养)。突厥语本除

---

① 王晶波:《敦煌的身占文献与中古身占风俗》,《敦煌学辑刊》2012 年第 2 期。

了涉及手及手掌(手掌痒,有大[…]),还有手臂(手臂抽动,兄弟亲属为仇)。蒙古语本提到指甲("上指甲动,有喜事")。手足表面皮肤的突然痒感刺激,是占书中屡见的征兆,"口痒"唯一一次出现(口痒有口舌,E本),稍令人费解。茨默文中引用的中亚柯尔克孜与土库曼人相信的"嘴唇跳,有美食",讲的是唇部的意外搐动。

没有出现在敦煌汉文体占书的征兆是眉毛和睫毛的运动异常,而突厥语本中有:"右眉动,有乐事。左眉动,无忧。右上睫毛动[…]","右眉跳,有喜乐。左眉跳,有厄"。突厥语本中不仅把整个头部作为一个单位("头抽动,有财富"),还把头分为左右两半来占卜("头左半抽动,有权望。头右半抽动,有利益"),甚至发际线也是要观察的征兆对象("发际线抽动,出行至另一城"),在对头部的分类占卜上较汉文占书原为细致。汉文本有左右耳,突厥语本亦有,但多出耳鼓("耳鼓抽动,有得")和耳垂("耳垂动,见赐见赏于公侯")。

腹部的异动,见于突厥语本("孕妇腹中子多思,有三重危急,疼痛而抽搐"),意思应该是孕妇腹痛,所产之子将是一个思虑重的人,生活里会经历几次大坎坷。将性别纳入体动占的范围,在敦煌汉文同类占书里尚未见到。从这一点可以想见,突厥人手里曾有一个篇幅相当可观、分类丰富的卜师手册。

汉文本有而突厥语未见的有:耳鸣、面热、耳热、心动。当然,新释读出来的突厥语本是残卷,篇幅很短,不知道完整的原文中是否涉及这些身体器官和部位。

(四)占词涉及的生活事项

占卜书有最常规的吉凶判,古今中外概莫能外。人们求卜,为的是对迄今已然发生的事情(利弊、好坏已知)的起因有了解释,更是为了求得建议以达到对未然事物的吉与利进行趋利避害的途径。人类生活生事日繁,占书演化的趋势自然是愈详,事项之多,可以不厌其烦。E本所在的六十甲子本命元辰历,就是一部平均一日上千字的说命书,古代社会士农工商生活的方方面面可以说无所不包。

社会生活方面,既有对社会阶层的认知,如君子、贵人、官员、客人等,也特别注意到冲突、争讼的问题(口舌):目瞤,左君子思之(E

本);嚏者,贵人说之(E本);耳鸣,左有客来。右有贵人来(A本);手痒,君子来向之(C本);耳鸣,左鸣口舌,右鸣财来(C本);手养,有县官、口舌之事;目瞤,左有恶事,右忧县官(E本);耳热,左有不喜之事,右有谒拜之事(C本);耳鸣,左有客来,右远行,应死(A本);耳鸣,左有客来,右远行,或有死事(B本)。

家庭生活在占书里体现得比较单一,只涉及父母、求卜人、妻子及子孙:心动,父母思之。目瞤,左父母思之。嚏者,父母思之(均E本);目瞤,左妻子思之(E本);目瞤,左有思之,右有子孙(E本)。有一定家产、拥有家用奴仆的缙绅之家看来是占卜的客户:目瞤,右念仆人(E本);目瞤左有奴婢事,右有喜事(B本、C本)。夫妻生活在占书中有体现:耳热,左夫妇相通事,右有喜乐事(C本)。

感情生活上,占书对女子、妇人的来临三致意,总是女性来就,而无男性往求,体现了传统男权社会的价值观:面热,有妇人说之(说,悦也。B本、C本);耳热,左有喜事,右女子酒食事(B本);耳鸣,左有喜事,右有妇人来(C本);耳热,左有喜事,右女子酒食事(B本);耳热,左有喜事,右有女子、酒肉(A本);心动,有喜好之事,女子思之事(A本);心动,女子心念及有酒肉事(B本)。

对财富的希冀:眼润、足养,右得横财事(B本);耳热,右得横财入手(A本);足庠,得财(E本);耳鸣,右有财来(A本);目润,左上得财(A本);耳鸣,右有非财来。耳热,右有得横财事(C本)。非财一词,不甚可解,特别是"耳鸣,左有财来,右非财来"(E本)是两种什么样的情况?另一个写法是飞财(耳热,左得飞财,A本)。因为说的是"得",飞财就不可能是失去的财物之意。此外还有绯财(耳鸣,右绯财来,B本)的写法,待考。

占书里也透露出古人对享乐生活的意识,如酒食、酒肉:眼润足养 有酒食,喜……足养 有酒食,喜(B本);嚏者,有酒肉(D本);足养,有酒肉之事(E本)。为女子所思恋、有朵颐之乐经常也联袂出现:耳热,左有喜事,右有女子、酒肉(A本);心动,女子心念及有酒肉事(B本)。

茨默教授提醒了突厥语占书的一个特点:26条占词里,仅有4条的意思是偏向于负面的征象:1.左眉跳,有厄;2.右眼下(睑)跳,有谎言;3.手臂抽动,兄弟亲属为仇;4.孕妇腹中子多思,有三重危急,疼痛而抽搐。吉凶休咎比例悬殊如此,是突厥人生性乐观?还是术士意在阿谀讨好问卜之人,有意报喜不报忧?后者的可能是存在的。比较看来,汉文本是标准的占卜术,不讳言凶事、恶事、死、丧亡:耳热,左有喜,右有凶事(A本、C本);耳热,左有忧事,右有父母念之(C本);足痒,有远客来,恶事至(C本);耳鸣,左有客来,右远行,或有死事(B本);心动,丧亡,忧事(C本)。遗憾、生气的事也会出现,如:面热,有恨怒之事(A本、B本)。

四 自西徂东?

我们前面引过第尔斯的话,其实之前的半句也很有意味:"我们可以相当有把握地认为,体动占卜的信仰向东的传播范围相当之广。"① 这是在20世纪初叶属于常识的"传播论"说法,西方作为知识产权的持有者、东方作为后发的文化地区,两种角色似乎不证自明,其理论背景是"言必称希腊"的欧洲中心论:世界主流文化、核心宗教文化价值无不来自希腊罗马,或至少是以印度雅利安文化圈为文化输出方。东方学的长足发展使人们逐渐看清,即使是在公元前7、8世纪就登上人类文明巅峰的希腊,在精神、物质文明上也曾经是拿来主义者。即以数术占卜巫术这样的数术"小道",两河文明曾经给予希腊以广泛的、实质性的影响②。

体动占卜术乃至其所在的数术知识体系,是否曾经存在过跨地

---

① Diels, *Beiträge zur Zuckungsliteratur des Okzidents und Orients*, II, S. 115 Anm. 2.
② 有关通论性的论述,请参见 Walter Burkert, *The Orientalising revolution, Near eastern influence on the Greek culture in the early archaic age*(瓦尔特·薄克特:《近东影响下的早期希腊文化的东方化》),Cambridge University Press, 1992, chapter. 2; M. L. West, *The East face of Hellicon. West Asiatic elements in Greek poetry and myth*(马丁·韦斯特:《希腊的东方面貌:希腊诗歌与神话中的西亚元素》),Clarendon Press, 1997, pp. 33 ff. 'Religion'(宗教), 46ff. 'Divination'(占卜) and chapter 12 'The question of transmission'(传承问题)。

域文化流传、传播？若有,其时代、路线的线索在哪里呢？目前掌握的材料在地理上跨越亚、非、欧三洲,实际上是在旧大陆交通网络的框架之内。在年代学上,自然以两河文明的遗存文字为最早,其次印度、希腊,中国稍后,突厥的兴起则在 6 世纪中期,其文化的全面发达更晚,但因其主要生活的河西走廊至天山东段的绿洲地区,正是丝绸之路主干道中国段伸向中亚腹心地区的"文明的十字路口",所以突厥对吸收东西方的文化有得天独厚的条件。敦煌、吐鲁番出土的回鹘语占卜书呈现出多种文化的复合性特征,佛教、印度天文学、道教、汉文化民间宗教都对它发生过影响。松井太教授全面释读了一组回鹘语占卜书残卷,指出其与汉文《玉匣记》在内容和术法上有对应关系,甚至有线索表明具有熔佛教、道教于一炉的语言学表征。①

目前掌握的材料在地理上跨越亚、非、欧三洲,实际上是在旧大陆交通网络的框架之内。在年代学上,自然以两河文明的遗存文字为最早,其次希腊,中国稍后。体动占卜术是否曾经存在过跨地域文化的流传、传播？若有,其时代、路线的线索在哪里呢？

在汉文体占材料方面,正有一地理性的特点引人注意,那就是目前通过考古工作发现的体占文献与丝绸之路:居延、敦煌、武威,是汉代派兵防控匈奴的前线重镇,也是丝路的主要道路。汉代敦煌小学术数方技书之部文献含《苍颉》《急就》《力牧》、历谱、算术、阴阳、占术、相马经和兽医方,最后四种属于实用性知识②。居延遗址分布在今内蒙古自治区额济纳旗和甘肃省金塔县境内。1999 年至 2002 年间在额济纳汉代烽燧遗址发现木简,当中的数术文献已经学者检出③。内地流传的知识随官兵到达边塞,数术也不例外④。

---

① 松井太:《敦煌出土のウイグル語暦占文書——通書〈玉匣記〉との關連を中心に》,《人文社會論叢》第 26 集,2011,弘前大学人文学部,第 25—48 页。
② 罗振玉、王国维:《流沙坠简·术数》,中华书局,1993 年,第 82—95 页。
③ 刘乐贤:《额济纳汉简数术资料考》,《历史研究》2006 年第 2 期。
④ 刘昭瑞:《居延新出汉简所见方术考释》,《文史》第 43 辑,中华书局,1997 年,第 49—59 页;修订本《居延新出汉简所见数术考释》收入刘昭瑞:《考古发现与早期道教研究》,文物出版社,2007 年,第 386—398 页。

1959 年出土于甘肃武威县磨咀子 6 号汉墓的木简写本①中有"日忌杂占"部分,有"戊毋度海后必死亡"字眼,"度海"一语的指向颇值得注意。西北出土数术的地方恰恰在丝路孔道。探索须从微观开始。让我们看东西文化关涉的两个例子:

(一) 喷嚏占

在荷马史诗里,奥德赛远征特洛亚战争,离家二十载,忠贞的妻子佩涅洛佩一直等着生死未卜的他归来。为了拒绝那些求婚者,她施用了种种计策。一次,儿子特勒马科斯适逢其时地打了一个喷嚏,成为她避免他嫁的借口:

> 她这样说,特勒马科斯打了个喷嚏,整座宫宅回响,佩涅洛佩欣然微笑,对欧迈奥斯说出有翼飞翔的话语:"去吧,去请那个外乡人快来我这里。你没有听见在我说话时我儿打喷嚏?这意味着所有的求婚者必然遭祸殃,他们没有一个能逃脱毁灭和死亡。"②

一身乞丐打扮的"外乡人"正是奥德赛。所以这个喷嚏对佩涅洛佩是个预示着贵客将至的吉兆。③

敦煌写本 P.3685+ P.3281 有喷嚏吉凶宜忌的内容:

> [**庚子**]嚏者,有酒肉。**辛丑** 嚏者,吉。**壬寅** 嚏者,父母忧之。**癸卯** 嚏者,贵人说之。**乙巳** 嚏者,女子思之。**丙午** 嚏者,酒食事。**丁未** 嚏者,有呼召。**戊申** 咥(嚏)者,吉。**庚戌** 咥(嚏)者,吉。**辛亥** 咥(嚏)者,父母思之。**甲寅** 嚏者,父母忧之。**乙卯** 嚏者,贵人说之。**戊午** 嚏者,有酒食。**己未** 嚏者,人呼之。

六十甲子中至少有辛丑、戊申、庚戌日以喷嚏为吉兆。荷马没有

---

① 《武威汉简》,文物出版社,1964 年,第 136—139 页;陈梦家:《汉简缀述》,中华书局,1980 年,第 285—286 页。
② 王焕生译:《奥德赛》第 17 卷 541 行起,人民文学出版社,1997,第 331 页。
③ 有关希腊、罗马作家对喷嚏的征兆意义的资料爬梳与讨论,可参看 Arthur Stanley Pease,"The Omen of sneezing," *Classical Philology*(亚瑟·斯坦利·皮斯:《喷嚏兆占》,《古典语文杂志》)6 (1911): 429-443。

说,喷嚏兆占是否跟时日有关,但这未必意味着希腊人没有时日与吉凶关联性的信仰。这个问题已逸出本文范围,在此姑不缕述。

(二) 目瞤占

目瞤,俗言眼皮跳(eye twitching),希腊风俗以为右眼跳是吉兆,见于公元前3世纪希腊人忒奥克里托斯(Theokritus)的情诗①。仲密(周作人)的译文如下:

我的右眼跳了,可不是我将见伊的预兆么?我将在这里,靠着这株松树,唱起歌来,那伊或者会来理我,因为伊不是全是石头。②

古代印度戏剧《沙恭达罗》的第五幕记述了女主人公对右眼无端跳动的惶惑和不祥之感:③

沙恭达罗(作出一个不祥的朕兆) 妈呀!我的右眼跳起来了,这是什么意思呢?

乔答弥 孩子呀!不祥的事情会驱除掉的。愿你万事如意。

《沙恭达罗》的成书年代不确定,对其作者 Kālidāsa 生活年代的判定也有争议,早至公元前1世纪,晚者是推定到公元4世纪。

敦煌材料对应的内容如下:

[庚子] 目瞤 左君子思之,右女子思之。(P.3685)

辛丑 目瞤 左有喜事,右有人思之。癸卯 目瞤 左人说之,右人思之。乙巳 目瞤 左父母思之,右有人思之。(P.3281)

---

① 高安多英译: My right eye twitches; shall I see her? I will step aside under the pine here and sing, and maybe she will look on me, for her heart is not of adamant. *Theocritus*, Vol. 1, tr. Andrew Sydenham Farrar Gow, Cambridge University Press, 1952, p. 33。
② 古希腊台阿克利多思作《牧歌三篇》之一《情歌》,《晨报副镌》1921年11月27日,第2页。1925年周作人把带有吴语味道的译文改得更官白了一些:"我的右跟跳了。或者我可以看见她罢?我将靠着这棵松树唱起歌来,她或者会来理我,因为她到底不是铁石的人。"见周作人:《陀螺》,新潮社,1925年,第3—4页。
③ 《沙恭达罗》,季羡林译,人民文学出版社,1980,第67页。

寅时 眼瞤 左有奴婢事,右有喜事。**未时** 眼瞤 左有饮食,右有大吉事。**戌时** 目瞤 左有口舌事,右有喜庆事。(P.3398-2)

右眼跳预示随时日而不同,庚子日是恋情的预兆,癸卯、乙巳日则有记挂、思念,若以十二时辰看,则寅时、未时、戌时都是非吉则喜。

汉文目瞤文献有比敦煌写本更早的居延汉简(435.6A):"目疐,左目润,右目润"(图1),但残简过短,只有目润(瞤)的名目,其后有无占词不得而知。饶宗颐先生认为,那个未释字实际就是嚏,而"目",可能是"自","自"即古"鼻"字,整个词也就是"鼻嚏"。① 我个人的意见,这两个字是"目睫"。古代文献里有"目睫",如《后汉书·班彪传》下:"古人所以致论于目睫也。"《金楼子·立言下》:"夫水澄之半日,必见目睫。"北朝时期汉译佛典里也屡见这个词,姑不具引。目睫二字,在简上字号明显偏大,笔画粗重,似乎显示是一个标题,与下文讲左目、右目的瞤动意义相连,文从字顺。

图1
《居延汉简甲乙编》下册,中华书局,1980年,图版贰伍伍

第尔斯说,印度的体动占是其本土固有,后世对阿拉伯有影响。② 印度与希腊的关系如何,他未着一语。但是按照当时印度亚利安学的一般通识,从年代学看,希腊在文化上属于下游的接收方,印度应该是输出方。游方术士在传播上的作用,汉代有胡巫、越巫在中原活动的记录,见于史汉。③ 近东术士在希腊半岛的活动,带去

---

① 饶宗颐:《居延汉简数术耳鸣目瞤解》,《大陆杂志》第13卷(1956年),此据《饶宗颐二十世纪学术文集》卷三《简帛学·简帛文数》,第189页。
② Diels II, S. 115。
③ 王子今:《西汉长安的"胡巫"》,《民族研究》1997年第5期,第64—70页。吴荣曾:《〈后汉书〉中的越方》,《尽心集:张政烺先生八十庆寿论文集》,中国社会科学出版社,1996年,第312—325页。

了占卜、巫术的种种花样。①

印度、希腊、突厥回鹘的体占信仰与汉文材料跨越时空而有如此相似之处,不免引人遐思,但结构性的相似是作推论的必要条件。体占传统的渊源和流变之值得关注,不仅是因为这个宗教文化史题目本身。体占固然是人们根据身体的反常征象推测吉凶祸福的一种天真的尝试,但正如第尔斯、茨默都指出的,这种占卜背后也有一个医学史背景,体占是人类对身体状况认知的一个折射。②

---

① Walter Burkert, "Itinerant Diviners and Magicians: A Neglected Element in Cultural Contacts," In: R. Hägg (ed.), *The Greek Renaissance of the Eighth Century B.C.: Tradition and Innovation*. Aströms, 1983, pp. 115–119.
② 有关古希腊人与秦汉中国人的医学思想异同,有栗山茂久(Kuriyama, Shigeshi)的专著: *The Expressiveness of the Body and the Divergence of Greek and Chinese Medicine*. Zone Books, 1999。书名孙小淳译为《人体表象及希腊、中国医学之趋异》,《自然科学史研究》2001年第3期,第278—282页。另参祝平一, Shigehisa Kuriyama(栗山茂久), The Expressiveness of the Body and the Divergence of Greek and Chinese Medicine 读后,《新史学》第10卷4期,1999年,第145—158页。

挪亚的预言与美国奴隶制

高峰枫

摘　要：《创世记》第 9 章记述了挪亚对儿子闪（Shem）和雅弗（Japheth）的祝福以及对含（Ham）的诅咒。挪亚预言：含的后裔注定沦为他兄弟的奴仆。这一则故事在早期教会和中世纪的圣经解释中，逐渐形成一个传统：挪亚三子分别定居在亚、非、欧三大洲，而含被认为是非洲人的先祖。在 1830—1860 年间美国有关奴隶制的论战中，含被诅咒一事被用来当作维护奴隶制的强有力证据。文章追述这段故事的解释历史，并从美国 19 世纪拥护奴隶制的文献中，选取有代表性的著作，考察这种带有种族主义色彩的圣经解释如何参与和影响当时有关奴隶制的争论。

关键词：圣经解释；《创世记》；挪亚；美国奴隶制

作为基督教的经书，圣经不仅用来建立和阐发抽象的神学体系，更在后世被广泛运用于西方几乎所有政治和社会问题的讨论。在以基督教为主导思想的社会中，圣经作为道德和伦理的指南，提供了一整套话语和思路，规范着人们对社会生活的理解。本文主要讨论的是：美国内战之前，在关于奴隶制问题的激辩当中，引证圣经来拥护和反对奴隶制，是非常常见的现象。无论是废奴主义，还是为奴隶制辩护，很多参与论战的人都会对圣经进行仔细筛查，从旧约和新约中找到支持己方立场的段落。这样做的目的，当然是企图从圣经当中获取思想资源，以树立自己观点的权威。

关于美国奴隶制的争论，涉及政治、法律、经济、宗教等一系列复杂问题，而且各种意见往往交织在一起。本文关注的是从宗教立场，特别是从圣经立场展开的讨论，不妨称之为"圣经论证"（biblical argument 或者 scriptural argument）。这种论证方式，不仅仅基于各派对于基督教教义和精神的理解，而且牢牢固定在对特定圣经故事或段落的援引和利用。在纷繁复杂的圣经论证中，我选取的个案是《创世记》第 9 章 18—29 节，也就是挪亚对其三个儿子未来命运的预言。在这段故事中,由于挪亚诅咒了儿子含(Ham),预言含的子孙要世代为奴,所以这段故事经常简称为"挪亚的诅咒"(Noah's Curse)或者"对于含的诅咒"(the Curse of Ham)。在19世纪美国,凡是从圣经立场来讨论奴隶制问题的人,几乎都会提到这个预言,甚至有详细分析这则故事的专门著作。选取这则故事,可以让我们直接深入奴隶制圣经论证的内部,不仅可以对美国奴隶制争论的宗教背景有深入的了解,更可以从圣经解释史和接受史的角度,理解圣经对于西方文化的重大影响。

为了理解挪亚预言在美国奴隶制争论中所起到的作用,就必须了解这则圣经故事的解释历史。因为19世纪对挪亚预言的引用和讨论,或者延续了古代解经的线索,或者在新的历史情境下突破了古代解经的范围。所以,本文先简述这则故事的早期解释传统,进而讨论挪亚三子与三大洲的关系。在此基础上,再聚焦于1830—1860年间美国有关挪亚预言的文献,主要从拥奴派的立场,来考察这则圣经故事是如何被征引和利用的。

《创世记》第9章最后10余节,讲述的是挪亚在洪水退却之后,和家人走出方舟,重建人类文明。先引圣经和合本的译文如下:

> [18]出方舟挪亚的儿子就是闪(Shem)、含(Ham)、雅弗(Japhet)。含是迦南(Canaan)的父亲。[19]这是挪亚的三个儿子,他们的后裔分散在全地。[20]挪亚作起农夫来,栽了一个葡萄园。[21]他喝了园中的酒便醉了,在帐棚里赤着身子。[22]迦南的父亲含,看见他父亲赤身,就到外边告诉他两个弟兄。[23]于是闪和雅弗,拿件衣服搭在肩上,倒退着进去,给他父亲盖上。他们背着脸就看不见父亲的赤身。[24]挪亚醒了酒,知道小儿子向他所作的事,[25]就说:"迦南当受咒诅,必给他弟兄作奴仆的奴仆。"[26]又说:"耶和华闪的神,是应当称颂的,愿迦南作闪的奴仆。[27]愿神使雅弗扩张,使他住在闪的帐棚里,又愿迦南作他的奴仆。"[28]洪水以后,挪亚又活了三百五十年。[29]挪亚共活了九百五十岁就死了。

《创世记》第7—8章,记述上帝发洪水,毁灭地上的人类以及一切造物,只保留了挪亚一家八口和带进方舟的各种动物。上帝决意另起炉灶,重造一批新人,所以挪亚出方舟,实际上等于上帝第二次创世。根据第9章,挪亚是种植业和酿酒技术的发明者。挪亚醉酒,裸身熟睡,被儿子含看到。含没有立即采取行动,而是出去告诉他的兄弟,结果,闪和雅弗取了件衣服,为父亲遮体。挪亚酒醒之后,"知道小儿子向他做的事",便诅咒含的儿子迦南,"必给他弟兄作奴仆的奴仆"(9:25)。又进一步说,迦南作闪和雅弗的奴仆(9:26—27)。这段中出现的"奴仆",正是后来美国奴隶制争论焦点。

严格说,这段旧约故事的"本义",已很难追溯。根据18世纪以来的圣经学研究,摩西五经乃是由形成于不同时代的材料缀合而成的,因此,某个圣经片段在未被编辑、未被统合进现在的文本形式之前,其原义究竟为何,已很难考索。我们只能就事论事,看看这段故事在早期解释过程中是如何被解读和引申的,特别是直接影响后世奴隶制讨论的细节。

含 的 罪 过

首先,含所犯到底何罪?依照目前的文本,现代读者会觉得挪亚有些反应过度。含看到父亲的裸体,出门告诉其他兄弟,其罪过顶多是反应不够积极、迅速。但挪亚酒醒之后,大动肝火,反应异常激烈,两次诅咒含的后代。尤其"知道小儿子对他做的事"一句,这样的措辞,让人怀疑其中必有蹊跷。古代犹太解经中,就有人认为,含看到裸身的挪亚,表达的意思不止是大不敬,而是暗指含阉割其父。正如希腊神话中,宙斯的父亲克洛诺斯(Kronos)阉割了其父尤拉努斯(Uranus)一样。根据古代犹太传说,含的目的是为了防止挪亚在出方舟之后再生下其他儿女[①]。如果这段经文后面隐藏了伤残父亲的野蛮传说,那么含因为这样的凶残行为而受到诅咒,就容易

---

① 见 Louis Ginzberg, *The Legends of the Jews*, 2nd edition (Philadelphia: The Jewish Publication Society, 2003), Vol. 1, pp. 153–154 以及第 155 页注 60 所提及的材料。

理解了。另外,旧约学者指出,"看见他父亲赤身"(9:22),这个表述本身就包含性的含义。比如《利未记》20:17有如下说法:"人若娶他的姐妹,无论是异母同父的,是异父同母的,彼此见了下体,这是可耻的事,他们必在本民的眼前被剪除。"故而当代学者仍有人认为,目前的圣经文本故意以模糊的语言来掩盖原本更加令人发指的罪过①。

另一处容易引人质疑的地方,就是既然含犯了罪,挪亚为何要诅咒含的儿子迦南?这一问题和奴隶制的讨论很有关联,因为在美国19世纪的文献中,诅咒一律落在含的头上,迦南基本上从这一故事中被移除。而如果严守圣经的字句,迦南才是挪亚诅咒的直接对象。近代圣经学的研究,对于这个问题有版本学的解释。现代学者倾向认为,目前的版本乃是两个故事拼在一起。第一个故事中,挪亚三子的顺序为闪、含、雅弗;而第二个故事中,三子的顺序是闪、雅弗、迦南。当挪亚"知道小儿子所做的事",这个小儿子实际指的乃是迦南。之所以谴责迦南,乃是因为第二个故事中,迦南正是罪魁祸首。但由于《创世记》古代的编订者也要保存"闪—含—雅弗"这个序列,所以凡提到迦南时,都插入"含的儿子"这样的修饰语,结果就造成如今这个略显矛盾的合订版本。古代编者的目的,是让两个故事合二为一,结果,可能本来是迦南犯罪,迦南受诅咒,最后就变成含犯罪,而迦南受诅咒②。

上述意见,在于强调圣经文本编定时,仍残留局部的牴牾之处,文本中这些不协调处没有被彻底抹平。但还有另外一种角度来理解这样的矛盾。摩西五经虽取材于不同文献传统,但被编定为一部连贯、综合的长篇文本,则内部各细节自然会有前后呼应和相互映衬,安置在前面的细节是对后代历史的预言或者暗示。摩西带领以色列人出埃及,在旷野中漂泊了40年,最后进入迦南这块土地。迦南是上帝最初许诺给亚伯拉罕的所谓"应许之地",是所谓"流淌着

---

① Avigdor Shinan and Yair Zakovitch, *From Gods to God: How the Bible Debunked, Suppressed, or Changed Ancient Myths and Legends* (The Jewish Publication Society, 2012), p. 135.

② E. A. Speiser, *Genesis*, The Anchor Bible 1 (Doubleday, 1962), p. 62.

蜜与奶的土地"。摩西的接班人约书亚,带领以色列人,用武力击败迦南人,征服、夺取了这块土地。所以,诅咒迦南,可以解释为预先诅咒、抹黑以色列人的敌人迦南人,为《约书亚记》中所记录的征战来张本。比如,中世纪犹太解经家依本·埃兹拉(Ibn Ezra, 1092—1167),就认为挪亚的诅咒乃是针对所有迦南人:"此章用意,在于所有迦南人,无论男女,从挪亚时代开始,都被诅咒。"[1]这样的解释,也比较契合现代圣经学的研究思路[2]。

早期基督教对挪亚这则故事的解说,分为字面义和精神寓意两部分。若从字面来解释,解经家大都将含的罪过解释为对挪亚不恭敬,甚至加以嘲笑,损害父亲的尊严和权威。但在精神层面,又加入基督教自身独有的解读。早期基督教解经突出的特点,就是用新约来解释旧约,从旧约的人物和事件中读出与之对应的新约人物和事件来。旧约预示新约,因而是新约的预表、预鉴(typos)[3]。因此,挪亚的洪水正仿佛后世基督教所行的洗礼,而为挪亚遮风挡雨的方舟,则预示为后世基督徒抵御迫害、隔绝罪恶的教会。

与19世纪奴隶制相关的,是挪亚三子的身份以及他们在这一事件中所扮演的不同角色。早期基督教的解经传统,认为挪亚预示耶稣基督。挪亚醉酒后赤身裸体,正暗指耶稣受难时的赤身裸体。挪亚醉酒后的沉睡和醒来,则预示耶稣的受难和复活。依照这样与现代思维完全不同的解读模式,醉酒和诅咒,就不再是挪亚家族内部的矛盾,而演变成一场基督教事件。挪亚三子因对父亲持不同态度,便对应着对基督持不同态度的三类人。含对父亲的不敬,就被

---

[1] *Ibn Ezra's Commentary on the Pentateuch. Genesis (Bereshit).* Translated and annotated by H. Norman Strickman and Arthur M. Silver (Menorah Publishing Company, Inc., 1988), p. 126.

[2] 比如 Gerhard von Rad, *Genesis: A Commentary*, translated by John H. Marks (The Westminster Press, 1961), p. 133.

[3] 这种预表法的解释,已见新约本身。《彼得前书》里讲到挪亚洪水时,认为象征后世的洗礼:"这水所表明的洗礼,现在藉着耶稣基督复活也拯救你们。"(3:21)对挪亚洪水的预表法解释的总结,见 Jean Daniélou, *Sacramentum Futuri: Études sur les origines de la typologie biblique* (Beauchesne Éditions, 1950),第55—94页。

解读为犹太人对基督的不敬。4世纪拉丁教会的重要神学家普瓦提埃的主教希拉里(Hilary of Poitiers, 315—367),曾写有一部关于预表法解经的提纲挈领的著作《秘义篇》(*Tractatus Mysteriorum*),对此有如下的解释:"通过三个儿子,显示的乃是全人类:活在律法下的人(sub lege uiuentium)、在神恩之下称义的人(sub gratia iustificatorum)以及不信者(gentium)。三类人当中,不信者嘲笑主的死和神的裸身,而其他二人遮住裸体,则代表律法和神恩。"①在希拉里的划分中,含就是不信基督、嘲笑基督的"异教徒",闪乃是旧约中的犹太人,而雅弗则是信了基督的外邦人(非犹太人)。

稍晚于希拉里的奥古斯丁(Augustine, 356—430),对于三子的象征意义,讲述得更加清晰。他著有一部反摩尼教的长篇著作《破福斯图》(*Contra Faustum*),在该书第12卷中,奥古斯丁明确说,为挪亚遮体的闪和雅弗,是指蒙召的犹太人和外邦人(ipsis autem vocatis Iudaeis et gentibus, tamquam Sem et Iapheth),"而二子含,也就是犹太人……他目睹父亲赤身,因为他默许基督之死,并到帐外向他的兄弟传扬"②。由此可见,长子闪,代表犹太民族中信奉耶稣的犹太基督徒;含嘲笑裸身的挪亚,相当于嘲笑受难的基督,代表拒斥和迫害基督的犹太人;而雅弗是归信的外邦人,也就是非犹太人的基督徒。

由于挪亚的诅咒和祝福,不仅仅针对三子本身,更多针对三子的后代,也就是构成全人类的三个族群,因此解释到这里,就势必涉及三子后来居住和掌控的三块陆地。19世纪有关奴隶制的辩论,其基本前提就是含是非洲黑人的祖先。因此,有必要简单考察挪亚三子与三大洲的关系。

---

① Hilaire de Poitiers, *Traité des Mystères*, Sources Chrétiennes, ed. Jean-Paul Brisson (Paris: Les Éditions du Cerf, 2005), p. 104.这是该书的拉丁文—法文对照本,本句见第1章第15节。
② 奥古斯丁的两段引文,见《破福斯图》第12卷第22节。拉丁文版见《拉丁教会作家合集》第25卷上册(*Corpus Scriptorum Ecclesiasticorum Latinorum* 25.1, ed. Josephus Zycha, Vienna, 1891),第351页。

挪亚的预言与美国奴隶制

挪亚三子和三大洲

《创世记》第 10 章叙述了挪亚三子的后裔"各随他们的支派立国,洪水以后,在地上分为邦国"(10:32)。在后来的圣经希腊文、拉丁文译本中,都用了"流散""分散"的字样。这一章基于挪亚的预言,解释了洪水之后人类在大地上的流散,涉及古代犹太人视界之内各主要民族的起源和居住地。可以说,第 10 章记载了圣经对于人类各族谱系的立场。后代凡关注民族问题者,都对挪亚三子的下落以及后代的定居地非常关注。到了中世纪,挪亚一家分居各地,便演变成人类在上古的迁移史。

对于我们要讨论的美国奴隶制而言,这一问题尤其重要。19 世纪围绕奴隶制的"圣经论证"中,挪亚三子管辖三大洲,这乃是各方都接受的基本前提。具体来说,长子闪,是闪族的先祖,他的领地就是亚洲。三子雅弗,变成欧洲人的祖先,而含被分配到的就是非洲。不仅领地不同,三人的地位和司职也不同。闪擅长宗教祭祀,雅弗擅长政治管理,而含由于挪亚的诅咒,其后代便只能与人作奴隶。含的后裔不仅要世代为奴,更因为与非洲大陆的关系,所以就产生了后世的推论:非洲黑人注定要作奴隶,这是圣经的规定。所以,用挪亚的预言来支持奴隶制,首先需要确立被诅咒的含掌管非洲。

我们考察古代和中世纪对这个问题的讨论,会发现对于挪亚三子到底居于何地,并没有统一、固定的意见。《创世记》第 10 章,或者记录闪、含和雅弗的后代居某地,或者说他们乃是某国人、某族人的祖先。但古代以色列人所使用的地名到底能对应于现今何地,都有争议。而且像后世熟悉的亚洲、非洲和欧洲这些地理名词,本出自希腊传统,并不见于希伯来圣经。所以从圣经文本中,我们找不到三子直接对应三洲的表述。最早相对明确提及三人管辖范围的,是公元 1 世纪的犹太史学家约瑟福斯(Josephus,约 37—100)。在他所著的《犹太古史》第 1 卷中,详细讨论了挪亚后裔分别居住的地方。简单概括一下,约瑟福斯认为雅弗的后代,其领地主要在如今的欧洲和亚洲;含的子孙散居到如今的非洲和亚洲。只有长子闪,局限在一个地方,也就是我们所说的巴勒斯坦地区①。在稍后的犹太传统中,雅弗的子孙被安排在两河流域、色雷斯(Thrace)和非洲②。可见在古代,这一问题并没有定论。约瑟福斯的说法,被后来基督教解经家沿用。但是尚未形成简约、干净利落的划分方法,领地与大洲之间的界限是模糊的。根据美国学者本杰明·布劳德的研究,最先提到干净利落划分的是 8 世纪的阿尔昆(Alcuin,732—804)。阿尔昆来自不列颠,是查理曼大帝一朝最著名的学者。他曾著有《创世记问答》(*Interrogationes et Responsiones in Genesim*)一书,针对《创世记》全书提出各种问题,并简要作答。其中第 141 问是:"挪亚的儿子和后代是如何划分世界的?"阿尔昆对此的回答如下:"普遍以为,闪分得了亚细亚,含分得阿非利加,而雅弗分得欧罗巴。"③

但近来有学者发现,这一划分或可再上推一百年。最早将三子配三大洲的,有可能是尊者比德(the Venerable Bede,673—735),也就是《英吉利教会史》的作者。比德著有一部《创世记注》(*In Genesim*),汇集了拉丁教会各家的见解,特别依赖奥古斯丁。在解释挪亚故事时,比德基本沿袭奥古斯丁《破弗斯图》第 12 卷中的讲法。比如,挪亚对闪和雅弗的祝福、对含的诅咒,代表基督对不同人群的态度。在比德的经注中,含代表出言不逊、无信仰的犹太人,他的讪笑表示犹太人对基督受难的嘲笑。而对挪亚恭恭敬敬、替他遮体的闪和雅弗,则象征信奉基督的犹太人和外邦人。祝福雅弗的

---

① 见《犹太古史》卷 1,第 109—150 节。*Jewish Antiquities*, Books I - III, trans. by H. St. J. Thackeray (Harvard University Press, 1998), pp. 53 - 75.
② Benjamin Braude, "The Sons of Noah and the Construction of Ethnic and Geographical Identities in the Medieval and Early Modern Periods," *The William and Mary Quarterly*, Vol. 54, No. 1 (1997), p. 111.
③ 布劳德在其长文(见前注)第 112—113 页中,认为阿尔昆首次明确提出这样的三分法,而且后来被广为引用。阿尔昆这段话的原文是:"Sem, ut aestimatur, Asiam, Cham, Africam, et Japhet Europam sortitus est,"引自 Migne 编辑的《拉丁教父全集》(*Patrologiae Latinae*)第 100 册,第 532 栏。我的译文中用了"亚细亚""阿非利加"和"欧罗巴"等字,为的是强调中世纪意义上的 Asia、Africa 和 Europa 与现代地理概念有所不同。

挪亚的预言与美国奴隶制

"扩张",表示信基督的外邦人将布满全地。在《创世记注》第 3 卷开篇,比德明确提出:"头生子闪得到亚细亚,二子含得到阿非利加,而最后一个儿子雅弗得到欧罗巴。"①可知,比德相信,雅弗是所有欧洲人的祖先,而含自然就是非洲人的祖先。在新近出版的《创世记注》英译本中,译者坎德尔在前言指出,三子明确配三大洲的最早提法,并不如布劳德所说的来自阿尔昆,而是来自早于阿尔昆一百年的比德②。

随着研究的推进,我们可能会找到此种划分更早的起源③。但即使 8 世纪的神学家首次提到这一划分法,也并不能证明这种说法已经成为定论。举一个例子,在英国 15 世纪关于农奴的讨论中,朱丽安娜·伯诺斯(Juliana Berners,约生于 1388 年)提出,当亚当和夏娃被创造之时,并无自由人与农奴之分别。这种社会阶层的划分,始自挪亚三子地位的不同。在她的书中,朱丽安娜认为含的身份是农奴,被分到的地区是欧洲;雅弗是贵族,掌管西亚;而闪作为士绅,分到的是非洲④。犯了重罪、被诅咒的含,竟然得到欧洲,这与约瑟福斯、比德以及后来逐渐定型的解释,相差甚远。由此可见,即使晚至 15 世纪,对于挪亚三子领地的划分,仍有许多私人、灵活的解

---

① 拉丁原文如下:qui ita inter se orbem diuiserunt ut Sem primogenitus Asiam obtineret, Cham secundus Africam, Iafeth ultimus Europam …原文见 *Bedae Venerabilis Opera*, *Pars II*, *Opera Exegetica*, *1*,收在《基督教作家总集:拉丁系列》第 118A 册(*Corpus Christianorum*, *Series Latina* 118A; Turnholti: Brepols, 1967),第 142 页。

② Bede, *On Genesis*, translated with an introduction and notes by Calvin B. Kendall (Liverpool University Press, 2008), p. 24, n. 121.

③ Denys Hay 在 1957 年出版的《欧洲观念的兴起》(*Europe: The Emergence of An Idea*, The Edinburgh University Press, 1957;1966 年有 Harper Torchbook 平装本)第 13 页,曾指出里昂主教尤克尔(St. Eucher,卒于 450 年前后)在写给儿子的《问答书》(*Instructiones ad Salonium*)中,在解释《创世记》9:27 时,曾写道:"闪的后裔散到亚细亚,也就是东方;含的后裔散到阿非利加,也就是南方;而雅弗的后裔,与部分散到欧罗巴,也就是西方。"布劳德曾引用此书,但似乎没有注意到这个更早的提法。

④ David M. Whitford, *The Curse of Ham in the Early Modern Era: The Bible and the Justification for Slavery* (Ashgate, 2009), pp. 38–39. 朱丽安娜的书题为《圣阿尔班之书》(*Boke of Seynt Albans*),出版于 1486 年。

读,解释的流动性仍然很大。

即使非洲明确、完整地被划归给含,种族问题也不是这种划分首先考虑的问题。含掌管非洲、含的子孙居住在非洲,并不等于说含一定就是黑人、黑奴的祖先。种族问题和管辖哪个大洲,在早期基督教和中世纪大多情况下是脱钩的。尤其当欧洲人讨论欧洲内部的农奴问题时,种族问题并不是焦点。将种族和奴隶问题联系在一起来解释《创世记》第9章,这种作法到底起源于何时,西方学者仍有争论。比如,有人认为,这乃是9—10世纪穆斯林解经家的创造①。但学界大体确定,在西欧,大约在15世纪以后,人们才多以挪亚的诅咒来解释奴隶制起源、黑肤色的来历以及含子孙的流放。在此之前,含很少被种族化,解经家强调的是他对挪亚的顶撞和讥笑。在图像艺术中,将含直接描绘为黑人的作品,比例很小②。直到15世纪地理大发现之后,挪亚的诅咒才用来明确为带有种族主义倾向的奴隶制张目,才确立了"含＝非洲＝黑人＝黑奴"这样的解释模式。

从公元1世纪开始,就已经有三子所管辖地域的讨论。5世纪的尤克尔和8世纪上半叶的比德,已明确说明亚、非、欧三洲分属挪亚三子。15世纪之后,这种划分逐渐固定成型,而且对含的诅咒演变为对非洲奴隶的诅咒。所以,当19世纪美国人争论奴隶制问题时,他们所继承的观念,完整的表述应当是"由圣经所认可的诅咒、针对黑肤色非洲人的奴隶制"③。

美国奴隶制:上帝的安排

挪亚对含的诅咒,成为美国有关奴隶制辩论的关键圣经文本。

---

① Stephen R. Haynes, *Noah's Curse: The Biblical Justification of American Slavery* (Oxford University Press, 2002), p. 7.
② 见前面引用的Braude文章,第109页以及第123—125页上的图像。
③ David M. Goldenberg, *The Curse of Ham: Race and Slavery in Early Judaism, Christianity, and Islam* (Princeton University Press, 2003), p. 168: "the idea of a biblically mandated curse of slavery imposed on black Africans".

挪亚的预言与美国奴隶制

早在美国内战爆发之前的 160 多年,在美国最早的废奴文献中,就已经提到这段故事。马萨诸塞州法官塞缪尔·西沃(Samuel Sewall,1652—1730),早在 1700 年就发表一份 3 页的小册子,题为《约瑟被贩卖》①。在这篇短小的檄文中,作者驳斥的论调之一,就是非洲黑人乃是含的后裔,故而理当受此惩罚。由此可见,18 世纪初年,这段故事已经构成支持美国奴隶制的重要证据。而挪亚三子分别掌管三洲,在 19 世纪已成为根深蒂固的解释。凡是从宗教立场讨论奴隶制问题者,特别是为奴隶制辩护者,都会引述这个说法。我们来看一个表述最为简洁、明确的例子。在 1840 年出版的小册子《奴隶制符合基督教》中,利安德·凯尔(Leander Kerr)将人类按照肤色分成三种人:闪是红种人,含是黑人,而雅弗就是白人。凯尔明确说:"地球的三部分由挪亚三子平分:含分得了非洲,闪分得了亚洲,而雅弗分得了欧洲。直到今天,三种肤色的人类就出现在这三片土地之上,指示他们的起源。"②

挪亚的预言被拥奴派频繁利用,废奴派对此有很好的刻画。1837 年,废奴运动的先锋西奥多·维尔德(Theodore Dwight Weld,1803—1895)发表了著名的《圣经反对奴隶制》一书(*The Bible Against Slavery*),是废奴派从宗教角度抨击奴隶制的力作。在书中,维尔德对奴隶主依赖这一圣经故事,给予了狠狠的挖苦:

> 挪亚这一则预言是奴隶主随身携带的指南,他们外出时须臾不可离身。这预言是他们应急的法宝,是不断把玩的纪念品,是迷惑反对者的魔咒,是将"可憎与虚谎之事"【《启示录》21:27】都招致麇

---

① *The Selling of Joseph: A Memorial*. 收入企鹅版《废奴派读本》(*Against Slavery: An Abolitionist Reader*,ed. Mason Lowance,Penguin Books,2000),第 11—14 页。
② Leander Kerr, *Slavery Consistent with Christianity* (Baltimore: Sherwood & Co., 1840), p. 6:"The three quarters of the globe were divided among the three sons of Noah; to Ham was assigned Africa, to Shem Asia, and to Japheth Europe: and to this day, the three colors of our race are to be found in these three divisions, denoting the origin whence they came."

下的磁铁。但是,若以"迦南当受诅咒"一句入药,用来安抚悸动的良心,则药效未免太差;用来给辗转反侧、不能成寐者催眠,更是十足的玩笑。①

这一段描写颇传神,可说明至少截至1837年,挪亚诅咒迦南一事,是奴隶主最愿意引用的圣经段落,也是维护奴隶制最为方便趁手的工具。

既然这段故事如此为人看重,那么两部废奴文学的名著,都不约而同提到挪亚的诅咒,就绝不是偶然了。《弗里德里克·道格拉斯自述》(*Narrative of the Life of Frederick Douglass*)的作者,从出生就作奴隶。他于1838年从巴尔的摩逃走,来到波士顿,1845年发表这部自述,详述自己作为奴隶的种种遭遇。该书第1章,作者提到南方某位要人的担心:随着白人与黑人女奴生下的混血儿越来越多,奴隶人口的比例会发生改变。如果奴隶人群中出现大量混血儿,肤色不那么黝黑,也不能称为含的直系后代,那么这便与圣经上的论述发生矛盾。道格拉斯评论道:"上帝诅咒了含,所以美国奴隶制就是对的。若只有含的直系后代才如圣经所说应受奴役,那么南方奴隶制必定会变得不合圣经要求。因为每年有上千人被带入世界,他们就像我一样,生命是白人父亲给予的,而父亲经常也是他们的主人。"②道格拉斯并没有批驳这条圣经证据,而是转述了南方人的担忧。对于严格拘泥于圣经字面义的人来说,现实的变化没法用圣经讲得通。道格拉斯以归谬法,推出这条圣经论证难以在美国南方落实,等于从侧面来瓦解了挪亚预言的权威性。

在道格拉斯的自述之后,废奴派文学最著名、也是最为流行的作品,就是1852年出版的小说《汤姆叔叔的小屋》。在第12章中,一位牧师就引用挪亚的预言,来证明黑奴乃是上帝的安排:

"毫无疑问,非洲种族作奴仆,地位低下,乃是天意,"一位面容

---

① Theodore Weld, *The Bible Against Slavery*, 4th edition, enlarged (The American Anti-Slavery Society, 1838), p. 66.
② Frederick Douglass, *Narrative of the Life of Frederick Douglass*, edited by Deborah E. McDowell, Oxford, 1999, p. 17.

严肃的黑衣绅士说。他是一位牧师,坐在舱门边上。"'迦南当受诅咒,他将成为奴仆的奴仆',圣经上这样说的。"当船上其他人问到这句经文的本义是否果真如此,这位牧师回答道:"毫无疑问。由于某种神秘莫测的原因,天意如此安排,很久以前,就让这一种族注定要被奴役。我们切不可自作主张,违抗天意。"他又补充说:"对于上天的律令,我们必须顺从。黑人一定要被贩卖、运往各地,服从管辖,这就是他们的命……"①

迦南受诅咒,出现在流行小说中,足见的确是维护奴隶制者最经常启用、也是流传极广的圣经证据。斯托夫人笔下的这位牧师,实际上正是南方拥奴派人士的写照。下面我们从19世纪维护奴隶制的文献中,选取几部代表作,来观察美国宗教界对挪亚预言这一条圣经论证的运用。

斯特林费罗(Thornton Stringfellow, 1788—1869),是弗吉尼亚州浸信会的牧师。他于1841年发表一篇长文,从圣经立场全面阐述奴隶制问题。几年后,这篇文章以单册形式重印,题为《简述奴隶制的圣经依据》(*A Brief Examination of Scripture Testimony on the Institution of Slavery*),是从圣经立场为奴隶制进行系统而详尽辩护的早期重要文献,曾被收入19世纪和20世纪多种选集中,其重要性自不待言②。全文分为四部分,分别考察旧约、美国宪法、新约中对奴隶制的论述,最后一部分着重说明奴隶制并不残酷,完全可以是仁慈、人性化的制度。这篇文章摘出了圣经中几乎所有与奴隶制相关的文句,搜罗颇为完备,为的是要证明奴隶制乃是为圣经所认可的制度。

---

① *Harriet Beecher Stowe: Three Novels*. Ed. Kathryn Kish Sklar (The Library of America, 1982), p. 151.
② 这篇长文最早于1841年发表在弗吉尼亚州首府里士满的《宗教先驱报》(*Religious Herald*)。1842年出版单行本,后被收入1860年出版的拥奴派选集 *Cotton is King and Pro-Slavery Arguments* 一书中。作为拥奴派的重要文献,20世纪又被收入 Drew Gilpin Faust 编辑的 *The Ideology of Slavery: Proslavery Thought in the Antebellum South, 1830–1860* (Louisiana State University Press, 1981),第136—167页。下文中引用此文,使用的是1981年这一版的页码。

该文论旧约部分,有一段话解释了挪亚的预言。因挪亚诅咒含的子孙世代为奴,而挪亚的时代尚未建立奴隶制,所以斯特林费罗讲,未有奴隶制之前,圣经中的上帝已颁布建立奴隶制的敕令:"这难道不能证明,在奴隶制存在之前,上帝已规定此种制度吗?难道上帝没有通过充满特殊恩宠的预言,将奴隶制的存在与拥奴者和奴隶主联系在一起吗?"所以斯特林费罗明确说:"上帝确立了奴隶制"("God decrees slavery")①。而挪亚三子与三大洲的关系,此段中也表述得非常清楚:"只要闪和雅弗的后裔(也就是指犹太人、所有欧洲和美洲民族以及一大部分亚洲民族)还存留于世,只要含的后裔,也就是迦南人或者非洲人,也都在世,那么很有可能上帝的恩宠就被赋予了一类人,他们现在还在奴役另一类人。"②斯特林费罗在挪亚故事上着墨不多,但他借助挪亚的诅咒而提出"上帝确立了奴隶制"这一句,精炼地概括了拥奴派的主张。

马里兰州卫理会牧师麦凯恩(Alexander McCaine),在1842年的小册子中也有相同的提法,认为挪亚预言代表奴隶制为上帝规定和认可:"挪亚在预言中谴责了他家族三个支系中的一支,这是有史以来首次提到奴隶制,在人类历史开端说出的。挪亚说这番话,乃是受上天感召,是代天立言,他的话便是上帝自己的话,这番话使得奴隶制得以建立。"③

就目前所看到的材料,对挪亚预言讨论最详尽的是约塞亚·普里斯特(Josiah Priest,1788—1861)。他在1843年出版了《与黑人相关的奴隶制》一书,1852年的第5版题目改为《圣经对奴隶制

---

① Stringfellow, *A Brief Examination of Scripture Testimony*, 引自 Faust 编辑的 *The Ideology of Slavery*, 第140页。严格说,《创世记》中是挪亚在发话,并非上帝出面。但将挪亚口中的预言等同于上帝的命令,这种转换从古代解经家那里就已开始。
② Stringfellow, *A Brief Examination of Scripture Testimony*, 引自 Faust 编辑的 *The Ideology of Slavery*, 第140页。
③ Alexander McCaine, *Slavery Defended from Scripture, Against the Attacks of the Abolitionists, in A Speech Delivered Before the General Conference of the Methodist Protestant Church, in Baltimore, 1842* (WM. Woody, 1842), p. 5.

的辩护》①。和前面谈到的那些简短的布道词和小册子相比,普里斯特一书的篇幅庞大,用了 400 余页的篇幅解释挪亚诅咒的来龙去脉。这部书不是简单论证了奴隶制的建立乃出于上帝的安排,作者更构拟了上帝作出如此安排的用意和步骤。虽然书的内容庞杂,论述格外冗长,但不妨视作为了论证奴隶制合理性而将挪亚预言发挥到极致、充满奇思妙想的一次思想实验。

首先,普里斯特指出,含是非洲人的祖先,但他自己的肤色并不是在被诅咒之后才变黑的。含的黑肤色乃是与生俱有的,是上帝在含还在母胎之时,运用神力直接改变其肤色。如果承认亚当为人类共同的始祖,则难以解释为何后代各民族肤色的差异。所以,有人以为黑肤色乃是含所遭受的惩罚之一,也有人认为后世的非洲人因为气候、饮食,甚至皮肤病而造成皮肤后天变黑。但普里斯特为了彰显上帝的神威和专断的意志,直接将肤色的改变归结为上帝的施为:"黑人肤色的原因在于上帝的决断和智慧,而不是次要、无效的偶发原因。"(第 33 页)按照普里斯特的理解,从亚当到挪亚,人类的肤色始终都是古铜色。但上帝决意用洪水毁灭世界,同时也预见地球即将发生的灾变,所以预先造出黑人和白人,为的是让挪亚的子孙能适应洪水之后更加恶劣的生存环境(第 78—79 页)。也就是说,含生来就已经是黑人,已经是异类,但这乃是上帝的规划,是神恩的体现,是上帝预先设计的"灾后重建"计划的一部分。在洪水之前,上帝已经决定让含这一支生活在热带地区,所以先对含的体貌特征作了改变。这是普里斯特有别于其他人的一个关键之处。

但是这样的解释,似乎为含本人开脱了不少罪责。为了让受诅咒的含仍能保留传统的邪恶形象,普里斯特又不得不强调含本人性情暴躁,残忍好杀,欺骗成性,对挪亚的不敬和嘲笑正来自含本人卑劣的本性。而挪亚作为先知,早已知悉上帝的特殊安排,知道洪水

---

① 第 1 版原题为 *Slavery, as it relates to the Negro, or African Race, Examined in the Light of Circumstances, History, and the Holy Scriptures*。第 5 版标题为 *Bible Defence of Slavery; and Origin, Fortunes, and History of the Negro Race*, 5th ed. (published by Rev. W. S. Brown, 1852)。本文引用的乃是第 5 版,下面两段中的引文,直接在括号内注出该版页码。

之后需要不同性情、不同体质和不同肤色的人分别居住世界各地,所以当妻子生出怪胎后,也只有忍辱负重,帮助上帝贯彻洪水之后的拯救计划(第41页)。因此,含之所以受诅咒,不是单纯因为不给父亲遮体这一件事,而是与他性格、体质以及过往的全部生活相关的。黑人种族虽然也为上帝所造,但因为挪亚的诅咒,所以不能与白人享受平等的地位,更不可与白人混居。上帝事先定下两个种族的差异和等级,所以种族混居、混融就是违背上帝的意旨:"上帝既已决定分隔,人便不能相融相混,否则人就是秩序的破坏者。"(第270页)

至此,我们可以大致看出拥奴派对挪亚预言的两种处理。一种是简单、直截了当的解读:挪亚是上帝的传声筒,他诅咒含的后裔世代为奴,这证明上帝亲手建立了奴隶制,并认可奴隶制的合法性。废奴的主张挑战了上帝的权威,破坏了上帝在人间树立的秩序。而以普里斯特为代表的则是更为曲折、更富神学内涵的解读:上帝改造了含的体质和肤色,将含直接造为黑人,为的是让后来将进驻非洲的这一支适应热带气候。含的罪孽来自他本性的顽劣和卑鄙,冒犯挪亚不过是他本性的流露。这两种意见都建立在经过后代反复修正、最终在16世纪定型的圣经解释传统之上。

最后,我想提及废奴派对挪亚预言这一圣经论证的两点反驳。第一:挪亚的预言是否有时效?如果按照古代和现代都出现过的解释,认为挪亚的诅咒已经应在以色列人征服迦南人这件事上,则预言早在古代就已经实现了。西沃在1700年的小册子上就反对将这一预言盲目地运用于现代社会:"合格的解释者认为诅咒乃是加在迦南身上,而这个预言已经实现于消灭迦南人一事上了。"[①]第二,上帝的预言可能仅仅是客观描述,不必隐含上帝的态度和评判,更不代表上帝赋予了这则预言任何正当性。这涉及对圣经整部书的基本看法,维尔德对此论述最清楚。他认为,圣经的职能在于记录人

---

① Samuel Sewall, *The Selling of Joseph: a Memorial*, 见《废奴派读本》,第13页。

类的行为,而不是赋予道德评判。圣经作者的工作是秉笔直书,存而不论,不代表上帝默许这些行为的道德内涵:"圣经记录事件,并不是评论其道德特性。圣经记事,不记德。圣经记载了挪亚醉酒、罗得乱伦以及雅各和他母亲的谎言,但未加斥责。不仅仅记录单独的事件,还包括多妻制和纳妾这样的习俗,都是秉笔直书,不加申斥。无声的著录,难道就代表上帝的赞同吗?因为圣经将人类行为罗列出来,并没有在每一桩罪行上贴上名字和数目,也没有用'这是罪'来谴责,难道这就意味着能洗清罪恶,将其漂白成美德吗?"①按照维尔德的意见,圣经仅仅是对纷繁人事的记载,对于所记录之事是否符合道义,并不负责。善事也录,恶事也录,不可因为圣经中出现过某事,便认为上帝必然赞同、认可某事。这样一来,就将圣经的记录功能和其道德规范功能区分开来。挪亚的诅咒变成对过往一段史事的记录,不复有预言功能,更谈不上支持奴隶制了。查理斯·艾略特(Charles Eliot)在《圣经与奴隶制》一书中,将此点概括为:"对罪恶的预言,并不直接产生罪恶,也不能用来为罪恶辩护。"②也就是说,预言本身并不能为奴隶制开脱。

在早期教会和中世纪对挪亚预言的解释中,三子管辖三大洲,并不与民族的优劣直接相连。主流的解释传统更多关注基督教的核心问题:犹太教与外邦基督徒的关系、基督的降临将拯救扩大到全人类。所以,雅弗并不指狭义的欧洲人,而是更广泛,或者更模糊的非犹太基督徒。但后来,种族主义思想暗中侵入这个有关三个民族和三大洲的解释传统,造就了以种族来划分挪亚三子,而不再以信仰来划分。这也说明了英国学者基德(Colin Kidd)所提到的现象:基督教由于要强调人类有共同的起源、共同的始祖,所以理论上

---

① Weld, *The Bible Against Slavery*, p. 9.
② Charles Eliott, *The Bible and Slavery: in which the Abrahamic and Mosaic Discipline Is Considered in Connection with the Most Ancient Forms of Slavery; and the Pauline Code on Slavery as Related to Roman Slavery and the Discipline of the Apostolic Churches* (L. Swormstedt & A. Poe, 1859), p. 35.

是不鼓励以民族和种族来区分人群的①。但同样的故事,在一种新的世界格局之下,便朝着强调、凸显、夸大种族差异的方向开展,造成一种与基督教强调大同、齐一、融合的倾向相背离的"分裂"态势。在这样带有强烈种族主义色彩的解经中,三个种族在本质上就有了高下之分和主奴之别,而含所代表的非洲黑人也就只有接受圣经所规定的宿命——永受白人的奴役。勾勒挪亚预言的解经历程以及19世纪美国对这一故事所作的种族主义、拥奴派的解读,我们可以深入了解圣经解释在不同历史阶段所呈现的复杂形态,可以看到原本充满歧义、不确定的解释模式被美国的拥奴派固化为维护奴隶制的圣经论证。

---

① Colin Kidd, *The Forging of Races: Race and Scripture in the Protestant Atlantic World, 1600–2000* (Cambridge University Press, 2006), Chapter 3.

新教传教士与
19世纪汉语圣经诠释的开端

曹 坚

摘 要：西方新教传教士来华后，很快顺应19世纪科学时代背景下的基督教神学发展和中国汉语语境的要求，将圣经作为西学的基本的和有机的成分呈现给中国的读书人，融入西学东渐的潮流；同时，他们还与中国同工一道探索和更新，连续不断地将圣经翻译成深浅不同的文言甚至官话，以求达到最佳的可读性效果。在这些新教传教士所主导的最初的汉语圣经诠释活动中，来自旧约的素材原本属于希伯来文化，在基督教文化和儒家文化的限定和想象之下，在时局面临挑战的情况下，被诠释出的效果显示了一种类似全球化时代的对话关系。这种建立在差异基础上的对话关系产生的作用和反作用，尤其反映在对于古代以色列历史和民族"他者"形象的再造和叙述。这一"他者"的再造和叙述与19世纪末甚至20世纪中国人的历史和自我意识遥相呼应。

关键词：新教传教士；西学东渐；圣经翻译；旧约

前　言

"圣经在中国"不是陌生的研究领域，特别是在基督教和新约圣经方面；但旧约和与之密不可分的希伯来文化在其中扮演的角色，是我们对其获得完整、恰当之理解所不可忽略的。旧约在中西文化交流中开始成为启迪中国读者的一个源泉，无疑取决于旧约在汉语语境中开始译介和传播，取决于它不仅作为西方宗教，而且作为西方历史和文学经典开始被认可。这当中不免有被重新建构和想象的古代以色列历史、旧约乃至犹太人形象，也蕴含不同文化间在观念上的融合、冲突和启迪。本文拟从旧约的汉译和它在西学东渐中被当作西学的有机部分两个方面展现汉语旧约诠释的开端。文章将描述西方新教传教士在向19世纪的中国读者介绍旧约时遵行的指导思想和基本策略;回顾最初在汉语语境中诠释和转化旧约观念和人物形象的、由西方传教士与华人同工一道参与的、将旧约翻译为汉语的诸多努力。

一、19世纪西学东渐中的旧约

在与中国政府和社会的接触中,汉人的华夷思维给传教士留下了深刻印象①。19世纪上半叶,来华的西方新教传教士"主要是靠印刷品"进行传教②。他们先以印发宗教小册子为主,但很快就发现它们无力应对这里的民族中心主义环境。这些福音小册子在宗教内容上十分保守,难以引起中国读书人的兴趣,遑论得到他们的认同。传教士需要表明:西方具有与中国一样高度发达的文明;西方文明中的基督宗教传统值得尊敬和接纳;西方传教士类似中国传统里的学者兼导师③。因此,早期新教传教士对小册子的内容加以调整,重视世俗学问,同时把宗教观点融入更广阔的历史和文化类印刷品中,以供非教会场合使用和传播④。19世纪下半叶的情况更是如此。第二次鸦片战争及相关条约签署后,越来越多的商埠和都市对传教事工进行了解禁开放,促进了中国人与西方的读书人,特别是与传教士的交流。这种交流首先和更多地发生于对圣经的介绍和解读,并且这种介绍和解读不可避免地带有传教士所属差会、时代甚至国籍的强烈印记。

---

① John King Fairbank, Introduction: The Many Faces of Protestant Missions in China and the United States, John King Fairbank, ed., *The Missionary Enterprise in China and America*, Harvard University Press, 1974, p. 15.
② John King Fairbank, Introduction: The Place of Protestant Writings in China's Cultural History, Suzanne Wilson Barnett and John King Fairbank, eds., *Christianity in China: Early Protestant Missionary Writings*, Harvard University Press, 1985, p. 6.
③ Jane Kate Leonard, W. H. Medhurst: Rewriting the Missionary Message, Barnett and Fairbank, eds., *Christianity in China*, pp. 50 – 51 and 53; Fairbank, "Introduction: The Place," p. 13.
④ Leonard, W.H. Medhurst, pp. 47 – 48.

在西方，19世纪以其对自然世界认识的快速提升而被称为科学时代。由于意识到人类同样受自然世界的法则和变化过程的制约，关于宇宙的整个观念都发生了改变。观察、演绎、归纳和实验的科学方法不仅应用于纯科学学科，还应用于人类思想和活动的几乎所有领域①。此时，西方的世界观主要由牛顿关于宇宙和达尔文关于人类的理论构成②。牛顿提供了一幅人与世界的唯物主义图景，却没有否认上帝创造宇宙：自然是自行运转的力学系统，是人类认识上帝这位设计者的意志的主要来源③。也在此时，关于自然世界的知识和对于宇宙的认识主要由新教传教士译介到国门渐开的中国。美国监理会林乐知（Young John Allen，1836—1907）曾说：没有传教士的翻译作品，中国人可能对西学一无所知④。尽管忽略了中国译者的作用，他的话基本上还是对的。为了应对科学时代的挑战，19世纪的基督新教建立了所谓的自然神学。新教传教士们相信，传播科学的同时也传播了基督教的自然神学。

为了消除达尔文主义对基督教的威胁，并调和两者，传教士极力在基督教和进化论之间寻找契合点，以图建立进化的有神论。在根据现代科学发现阐述了地球的进化之后，英国伦敦会韦廉臣（Alexander Williamson，1829—1890）将这一进程归因于上帝的智慧，并将上帝比作一位园艺设计师⑤。美国公理会孺里（John Gulick，1832—1923）指出，与其他科学理论相比，进化论有助于表明人类的肉体和精神活动能很好地与自然界相适应，无论何地的生物，适应环境才能生存，因为上帝与此环境同在。因此，进化的证据

---

① William Damper, *A History of Science*, MacMillan, 1949, 4th rev. ed., p. 200.
② D.W.Y. Kwok, *Scientism in Chinese Thought 1900 – 1950*, Yale University Press, 1965, p. 28.
③ Fairbank, Introduction: The Many Faces, pp. 8 – 9.
④ William Damper, *A History of Science*, MacMillan, 1949, 4th rev. ed., p. 200.
⑤ 韦廉臣：《稽之地球可知上帝之主宰》，《万国公报》1881年5月7日，第339a页。

说明,有理性的人类需要在宗教上信仰上帝①。

通过将世俗知识与神圣信仰相结合,自然神学同时使世俗文明和基督教合理化,而且强调两者间的内在关系。首先,传教士高度赞扬宗教在现代科学发展中的作用,宣称不论在理论还是实践层面,现代基督教文明在根本上与科学进步密切相关;科学发轫于基督教,因而绝不可能将两者分离②。英国浸礼会李提摩太(Timothy Richard, 1845—1919)写道:

> 西方文明的改革是美妙和巨大的;但相对而言,这些只不过是枝节而已。基督教才是取得成就的最重要来源,因为它在人类生活的物质、思想、政治、社会、道德和精神等方面,都产生了非常积极的影响。真正的基督教是永不枯竭的,圣灵导向全部真理,使我们在爱中完善。③

其次,传教士认识到,科学和宗教是互利和互补的。科学为关于摩西的记录提供科学支持,而上帝的启示为科学提供道德生命力。他们相信,世俗知识与基督信仰相结合才使世界完美无缺④。他们意识到,用自然神学的论证可使基督教最有效地引起高度理性的中国人的兴趣⑤。

至于旧约,因其在世界历史、基督教和西方文明中的重要性而被视为西学的一部分。用美国浸礼会耶士摩(William Ashmore,

---

① John Gulick, The Theory of Evolution in Some of its Relations to Christian Theology, *The Chinese Recorder and Missionary Journal*(以下简称 *CR*), Vol. 16 (1885), pp. 295 – 297.
② Calvin W. Mateer, What is the Best Course of Study for a Mission School in China, *Records of the Second Triennial Meeting of the Educational Association of China held at Shanghai, May 6 – 9, 1896*, American Presbyterian Mission Press, 1896, p. 52.
③ Timothy Richard, The Historical Evidences of Christianity — Present Benefits, *CR*, Vol. 22 (November 1891), p. 498. 本文所引传教士言论皆为笔者自译,斜体为作者强调。
④ 佚名:《祥证天道启》,《万国公报》1882 年 9 月 16 日,第 50a 页。
⑤ 胡卫清:《近代来华传教士的科学观》,章开沅、马敏编:《基督教与中国文化丛刊》第 3 辑,湖北教育出版社,2000 年,第 248 页。

1824—1909)的话来说,人们应该学习旧约:

> 因为旧约是使人了解人类历史和探寻万国起源的钥匙,是开展任何人类研究的起点……因为历史根基对于一个教义信仰具有超越性的重要意义……因为对于理解荣耀的完整性,一个必不可少的前提就是透彻理解有关神在火焰中颁布律法的整个境况。虽然我们把它们称为犹太的和地区性的,但他们却为所有正义的法律制度奠定了基础;这样,人就能在神的荣耀来临之前认识正义。①

这段话涉及古代以色列历史记忆中神拯救他们脱离法老的奴役并为之立法的故事②。耶士摩明确将人类历史和社会发展中正义的终极标准与神的公正怜悯的本质属性,以及神的拯救大能和信实联系起来。在儒家传统中存在这样一个悖谬:正义之念源自人伦道义,而正义之举却又往往只能捐弃人伦。政治正确实际上是一整套国家话语,而各为其主的忠诚又难以排除在国家话语之外,这当中几乎没有个人选择的余地③。像耶士摩这样的传教士,其悖谬恰好凸显旧约里包含神拯救事件的"历史根基对于一个教义信仰具有超越性的重要意义",只有这种超越性才能使神的律法为"所有正义的法律制度奠定了基础"。

旧约与西学的关系也反映在旧约研究中所运用的新视角和新方法,以及把旧约研究当作学术或科学研究门类的趋势上。这包括:将考古或地质发现,以及索引、历法、地图和图表制作等科学辅助手段用于圣经地理研究④;用生物学研究法考察圣经中

---

① William Ashmore, Why We Should Study the Old Testament, *CR*, Vol. 23 (June 1892), pp. 249-255.
② 参《旧约·出埃及记三·二十三章》。
③ 李庆西:《魏延之叛》,《读书》2016年第4期,第122页。
④ 相关例子可参 George Owen, "The Mosaic Account of the Creation Geologically Considered," *CR*, Vol. 13 (January-February 1882), pp. 1-17; Jasper S. McIlvaine, "The Garden of Eden," *CR*, Vol. 6 (September-October 1875), pp. 344-362;无名氏《犹太地理择要》英文书评,*CR*, Vol. 14 (March-April 1883), pp. 152-162。

的动植物①;研究旧约历史②,同时将它与世界古代史研究相联系③;努力消解现代科学和旧约之间的矛盾④;用比较神话学方法研究创世记⑤;对圣经文本进行高等批判(Higher Criticism)研究等⑥。

  对于达尔文主义和科学勃兴带来的人和人类世界的新观念,神学的回应是自由主义。自由主义神学决定了传教士传教的对象和策略,也决定了最可能接触到自由主义神学并受其影响的阶层和读者。信奉自由主义神学的传教士自认为是现代派,相信使宗教适应当代文化的发展不仅是大势所趋,而且是正当的⑦。来华新教传教士传教的主要对象集中于尊奉儒家经典、对历史和文学推崇备至且相信文以载道的中国读书人。对于传教士而言,圣经理所当然才是真理的来源和检验真理的试金石。在美国公理会裨治文(Elijah C. Bridgman, 1801—1861)看来,挪亚的儿子来到中国时带来了宗教的真理,但后来的摩尼教大纷争使各种邪恶势力横行,千百年来侵蚀中国,导致宗教真理在这里丧失殆尽。他解释道,只有将中国

---

① 这类专题研究可参 R.H. Graves 的一系列文章: *CR*, Vol. 10 (March-April 1879), pp. 124–128; Vol. 14 (November-December 1883), pp. 479–485; Vol. 22 (April 1891), pp. 157–161; Vol. 22 (June 1891), pp. 253–255; and Vol. 23 (April 1892), pp. 158–162。
② 参《圣史记》的英文书评,"Our Book Table," *CR*, Vol. 18 (July 1887), p. 287; 花之安(Ernest Faber)对《玩索圣史》的英文书评,"Our Book Table," *CR*, Vol. 24 (February 1893), pp. 90–91。
③ 参 Canon T. McClatchie, The Jewish Nation, *CR*, Vol. 9 (March-April 1878), pp. 81–85。
④ 参法国国立图书馆考古学家 Francois Lenormant 所撰 *The Beginnings of History According to the Bible and the Traditions of Oriental Peoples from the Creation of Man to the Deluge* 一书的英文书评, *CR*, Vol. 14 (March-April 1883), pp. 152–162; *The Scriptures in the Light of Modern Discovery and Knowledge* 一书的英文书评,"Notices of Recent Publications," *CR*, Vol. 13 (March-April 1882), pp. 158–160; *The Harmony of the Bible with Science* 一书的英文书评, *CR*, Vol. 14 (May-June 1883), p. 245。
⑤ 参佚名:"Noah-Nüwa(女娲), Are They Identical?" *CR*, Vol. 36 (June 1905), p. 297。
⑥ 参佚名:《圣书旧约疑证——摘录圣学指要》,《万国公报》卷 12,1880 年 1 月 24 日,第 210b—211b 页。
⑦ Fairbank, Introduction: The Many Faces, pp. 8–9.

经典文献中蕴藏的古代宗教真理与现代圣经的真理有机相连,中国的异教信仰才有可能得到根除①。许多传教士采取比较的方法,以求中国读者认识这种联系和西方文明的存在②。

英国伦敦会麦都思(Walter H. Medhurst,1796—1857)和德国路德会郭实腊(Karl Friedrich A. Gützlaff,1803—1851)主编的传教士杂志《东西洋考每月统记传》,充分意识到了中国人对历史的尊重。该杂志在1833年7月到1834年6月的每一期中辟出好几页的篇幅,说明古代西方与古代中国有同等悠久的历史;并将中国和西方历史纪年进行比较:中国历史从盘古到宋朝,西方历史则从亚当到罗马帝国,最后到大英帝国③。同样,旧约故事被用以解释中国的起源,而古代汉语也与巴别塔以及语言变乱的创世记故事相连④。对于郭实腊,西方文明的意义应从整体上把握;换言之,历史是上帝意志的运作和道德指导的一种方式,伦理与政治交织其中,知识和神学都是基督教的使女⑤。所谓的"自然法"乃出于上帝对自然的设计⑥。这家杂志使用文言文,大部分文章极力模仿汉语文体的形式和风格,这或许得益于郭实腊雇用的多位中国助手,他们当中不仅有皈依基督教的,也有教外的,甚至包

---

① Fred W. Drake, Protestant Geography in China: E.C. Bridgman's Portrayal of the West, Barnett and Fairbank, eds., *Christianity in China*, p. 93.
② 参 J.S. McIlvaine, "Cushite Ethnology," *CR*, Vol. 6 (September-October 1875), pp. 344–362; "Noah in China," *CR*, Vol. 11 (July-August 1880), pp. 251–259; and T.P. Crawford, "The Ancient Dynasties of Berosus and China Compared with Those of Genesis," *CR*, Vol. 11 (November-December 1880), pp. 411–429。在这些文章中,作者试图证明旧约记载和现存中国文献记载的一致性。
③ 麦都思:《东西史记和合》,《东西洋考每月统记传》1833年7月至1834年6月各期。
④ 《东西洋考每月统记传》卷1,1837年,第4a—b页。纪年比较的方法也为同时期和后来的不少中国作者采纳。
⑤ Gützlaff, Remarks on the History of China, *Chinese Repository*, Vol. 2 (July 1833), pp. 119 and 127; Gützlaff, Literary Notice, ibid., Vol. 2 (August 1833), pp. 186–187.
⑥ 参郭实腊:《贸易》,《东西洋考每月统记传》卷1,1838年,第8—11页。

括佛教徒①。

在文学方面,郭实腊早在19世纪30年代就编写和出版了以色列先祖和摩西的传记文章,即《摩西言行全传》和《圣书列祖全传》。前者是关于摩西作为伟大立法者的传略,开篇为摩西的谱系和出生,接着详细列举了他一生中与其直接或间接有关的重大事件、十诫和法律制度;后者是关于亚伯拉罕、以撒和雅各的历史②。郭实腊自然是基于上帝的主权来重述这些旧约人物的生平故事的。以摩西为例,他是上帝设立的圣人,被上帝赋予了勇气、能力和智慧。然而,郭实腊笔下的以色列先祖和摩西的形象塑造显然受到儒家圣人概念的影响。摩西与上帝的特殊关系使他具备儒家成圣所需的所有道德品质,因而同时成为本民族的领袖和导师。由于领受了天命,摩西得以通过律法在天下传扬大道③。来自德国的郭实腊身处19世纪的中国,通过对古代以色列和后来不同语文的记录,乃至以这些或详或略的记录为依据形成的第二手著述进行考察、梳理、分析和想象,写出以旧约人物为历史题材的传记,是必须在写作过程中密切结合叙事技巧和对历史的兴趣的。

这样,旧约在塑造人物和讲述故事方面的叙事艺术自然而然地受到关注。旧约叙事的一个重要原则是:"在圣经里,上帝既没有向我们提供每一事实……也没有揭示所发生的一切。在圣经中,我们寻找到的,只是圣经提供给我们的意图背后的最基本的东西。"④对于为何我们应该从文学角度学习旧约,耶士摩的解释是:

---

① 参郭实腊1828年7月14日的信件,收于Jacob Tomlin, *Missionary Journals and Letters: Written During Eleven Years' Residence and Travels Amongst the Chinese, Siamese, Javanese, Khassias, and other Eastern Nations*, London: James Nisbet and Co., 1844, pp. 149-150, 188-189, 218-219, and 329。

② 爱汉者(郭实腊笔名):《摩西言行全传》,坚夏书院,1836年;郭实腊:《圣书列祖全传》,坚夏书院,1838年。关于此后传教士对旧约叙事的关注的例子,可参无名氏对于 *The Representative Men of the Bible* 一书的英文书评,Our Book Table, *CR*, Vol. 37 (September 1906), pp. 513-514。

③ 爱汉者:《摩西言行全传》卷1,第1、8页;卷5,第48—49页;卷7,第63页。

④ W. H. Collins, On Some Early Scriptural Traditions, *CR*, Vol. 9 (March-April 1878), p. 101.

因为旧约的类型和象征意义没有不是一成不变的。随着时代的变迁,它们得到更为深入和广泛的应用……因为旧约包含了新约中神学词汇的具体描绘和实际定义……因为旧约通过细微有力的人性刻画使人性在人生不同的道德层面丰富而真实地呈现出来,一切都毫无瑕疵地得到准确的体现。(在旧约中)人物的这些刻画和描绘成百上千,因此若想了解人性,旧约的价值强过一百部莎士比亚(的作品)……因为在旧约中,我们清楚看到神和人在日常生活诸多事务中呈现出的合作方式……在新约中,天使只是被视为不言而喻的,而在旧约中,则被具体描绘出来;天使沿着通向天堂的梯子上下只是众多异象之一……因为旧约是……一个画廊,其中有众多英雄人物值得我们效仿。①

其实,随着时间的推移,越来越多的传教士开始意识到文学对于传播福音的重要性。林乐知甚至警告,如果传教士无视世俗文学,可能出现另一个黑暗的中世纪②。传教士中的旧约释经家更倾向于强调旧约的字面意义,而非"劝诫或说教"意义③。他们通常特意就各种旧约译本和旧约研究的工具书的语言和风格加以评论,通俗简单的语言风格则受到称赞。以《旧约课略》为例,该书译自一本盛行英国的旧约历史教材,作者是格雷兹布鲁克(Michael George Glazebrook,1853—1926)。译者顺应当时中国社会对官话作品的需求,在译文中涉及圣经经文的地方选用了美国圣公会施约瑟(Samuel I.J. Schereschewsky,1831—1906)的旧约官话译本。若按严复所倡信达雅的翻译标准,该译本在这几方面均属上乘④。在译本的引言中,美国公理会主教伯驾(John S. Burdon,1826—1907)写道:"旧约原文的生动、简明和优美是无与伦比的,哪怕在翻译成其

---

① Ashmore, Why We Should Study the Old Testament, pp. 252‑254.
② *Records of the General Conference of the Protestant Missionaries of China held at Shanghai*, American Presbyterian Press, 1877, pp. 239‑240. 另参林乐知:《文学兴国策序》,《万国公报》,1896 年 5 月,第 3b—6a 页。
③ 佚名对《诗篇释义》一书的英文书评,Our Book Table, CR, Vol. 33 (July 1902), p. 361。
④ 关于该译本的风格,参 Cao Jian, The Chinese Mandarin Bible: Exegesis and Bible Translating, in *The Bible Translator*, Vol. 57, No. 3 (July 2006), pp. 122‑138。

他语言之后。我们希望让中国基督徒们熟悉圣经讲述故事的方式。"①的确,在介绍圣经时,与天主教传教士不同,新教传教士更多地引用故事,而非教义;更注重圣经叙事,而非信经的诠释系统②。毕竟,圣经故事揭示了圣经记录历史事件的特性:圣经更大程度上是被叙述的历史。

二、19世纪的新教圣经汉译

如同佛教的中国化,西方宗教的处境化调适也始于翻译活动,始于选用特定的、具有可塑性外延意义的字词来传达异文化观念。这样,在华传教士就与周围远非被动的环境开始了相互作用的关系。③ 与在华天主教传教士直至1953年才出版完整的中文圣经不同④,新教传教士从19世纪初来到中国的那一刻起就极为重视圣经的翻译和发行。这原本就是他们传教事功的内在要求,何况此时此地遭遇的中华文明高度发达并赋予书面文字极高的地位。同时,传教士意识到,仅仅通过说教,基督的信息无法以文字的形式保留下来,因而尚嫌不足;必须通过书面文本巩固基督的信息⑤。结果到了19世纪末,

---

① 伯驾所论转引自《旧约课略》的英文书评,参 Our Book Table, *CR*, Vol. 24 (March 1893), p. 140。
② Martin E. Marty, Protestantism, in Mircea Eliade, ed., *Encyclopedia of Religions*, Macmillan Publishing Company, 1987, p. 28.
③ Fairbank, Introduction: The Many Faces, p. 10.
④ 究其原因,参 Nicholas Standaert, The Bible in Seventeenth Century China,《世界汉学》卷3,2005年4月,第64—86页。关于天主教的圣经节译,详见 Albert J. Garnier, *Chinese Versions of the Bible*, Shanghai: Christian Literature Society, 1934, pp. 2 – 14; Jost Oliver Zetzsche, *The Bible in China: The History of the Union Version or The Culmination of Protestant Missionary Bible Translation in China*, Sankt Augustin: Institut Monumenta Serica, 1999, pp. 25 – 31 and 418 – 422; Arnulf Camps, "Father Gabriele M. Allegra, O.F.M. (1907 – 1976) and the *Studium Biblicum Franciscanum*: The First Complete Chinese Catholic Translation of the Bible," Irene Eber et al., eds., *Bible in Modern China: The Literary and Intellectual Impact*, Sankt Augustin: Institut Monumenta Serica, 1999, pp. 55 – 76。
⑤ Eber, Introduction, Eber et al., eds., *Bible in Modern China*, p. 14.

他们已完成多达七部新旧约全书的中文译本和数量繁多的选译本①。

第一部完整的中文圣经是由两位浸礼会传教士,即英国的马殊曼(Joshua Marshman, 1768—1837)和助手拉沙尔(Joannes Lassar, 1781—?),于1822年在印度塞兰坡(Serampore)完成的。在翻译的最初几年里,他们手头没有任何中文资料,且因华人顾问的语文水平欠佳,马殊曼译本文字生硬,词语贫乏,语法不规范,风格也粗糙②。加之翻译和出版发行工作都是在境外进行的,马殊曼译本的影响非常有限。

第二部完整的中文圣经,同时也是中国境内的第一部,由伦敦布道会马礼逊(Robert Morrison, 1782—1834)和米怜(William Milne, 1785—1822)完成,1823年出版。这部译本的情况比马殊曼译本也好不了多少。尽管它在英国获得好评,但美国人却对它多有诟病,并且因为语言上的欠缺也没有赢得中国人的青睐。主要翻译者马礼逊是第一位来华新教传教士。他住在广州,所接触的粤语与许多汉方言,包括官话,有很大区别。尽管相信中文圣经必须遵循汉语的写作风格,他也没能及时意识到汉语存在风格上的不同③。加之马礼逊和米怜都没能充分利用中国顾问,译本出版仓促,此译本对于许多传教士和读者来说仍不理想④。

出于对马殊曼和马礼逊译本的不满,麦都思、郭实腊、裨治文和马礼逊之子马儒翰(John Robert Morrison, 1814—1844),在1830年

---

① 译本目录可参: *A Catalogue of Scriptures in the Languages of China and the Republic of China* provided by Hubert W. Spillett, comp., London: British and Foreign Bible Society, 1975; *Catalogue of the Chinese International Exhibition* by Alexander Wylie, Philadelphia, 1876; and *Catalogue of Publications by Protestant Missionaries in China* by A. Wylie, Shanghai: Statistical Department of the Inspectorate General of Customs, 1876. 至于用方言、少数民族语和拉丁字母拼音所做的翻译,由于它们在使用和发行方面多受限制,不在本文讨论范围。
② John Wherry, Historical Summary of the Different Versions of the Scriptures, *Records of the General Conference of the Protestant Missionaries of China, Held at Shanghai, May 7 – 20, 1890*, Shanghai: American Presbyterian Press, 1890, p. 45.
③ Zetzsche, *The Bible in China*, p. 20.
④ 关于马礼逊的说明,参 Zetzsche, *The Bible in China*, p. 64。

代末完成了第三部中文圣经全译本。这个译本为1840年代在华使用的主要汉译本。麦都思提倡,圣经翻译不应局限于原文语意,而应重视它在非基督教文化中的表达①。然而,新约部分因语言不够通俗招致英国人的批评;同时,以郭实腊为主翻译的旧约部分,也被认为缺乏细心和准确的推敲②。

第一次鸦片战争及相关条约签署(1839—1942)后,传教士和所属差会抓紧了在圣经翻译方面的协商合作,并于1843年在香港召开了第一届传教士大会。会议决定,中文圣经应该"在汉语习惯用法允许的范围内,使意思、风格和手法忠实于希伯来和希腊原文"③。有关如何统一翻译诸如"God""gods"和"Spirit"这类词汇的问题,首次被提出并加以讨论,但意见分歧很大。还出于不同差会的差异,大会代表后来分裂为两派。第一派当中同属伦敦会的麦都思、米怜、施敦力(John Stronach, 1810—1888)和理雅各(James Legge, 1815—1897)于1854年翻译了旧约④。它与两年前麦都思、裨治文和米怜为主完成的新约翻译合并,称为委办译本(the *Delegates Version*),成为第四部中文圣经全译本。在语言风格上,委办译本大大优于之前的译本,并广泛使用多年。然而,由于它主要针对的是受教育程度较高的中文读者,许多评论认为它的文言程度过高。并且一些人认为,它对原文不够忠实,所采用的许多词汇更适于表述中国的哲学⑤。相比之下,第二派当中美国公理会裨治文和美国北长老会克陛存(Michael S. Culbertson, 1819—1862)完成的译本(1859年的新约和1862年的旧约)则更忠实于原文,对神学生和牧师更有价值。然而,这第五部中文圣经全译本的语言风格含糊而粗糙,远不及委办译本雅致⑥。它最终只被美国圣经公会选定,主要为

---

① 关于麦都思的说明,参Zetzsche, *The Bible in China*, p. 20。
② 相关评论,参麦都思于1849年6月30日和10月8日致伦敦传教会的信,Zetzsche, *The Bible in China*, pp. 70 - 71。
③ Zetzsche, *The Bible in China*, p. 79,并参与会代表所作的其他决定。
④ 即伦敦会旧约译本(the *London Mission Version OT*)。
⑤ Zetzsche, *The Bible in China*, p. 103.
⑥ Zetzsche, *The Bible in China*, pp. 106 - 107.

美国传教士所用。

由于不愿意就"baptism"一词的翻译作出让步,浸礼会传教士最终于1868年退出传教士大会,并由高德(Josiah Goddard,1813—1854)、怜为仁(William Dean,1807—1895)和罗梯尔(Edward C. Lord,1817—1887)完成了浸礼会自己的全译本,成为第六部中文圣经译本。因为该译本不是新教的主流译本,故不为大部分传教士所知,且几乎不为后来的圣经译者参考①。

在19世纪,旧约翻译多用"浅文理"(即浅近文言),以图在赢得儒士们的尊重的同时,又不至于使阅读过于艰涩,从而拥有更多的读者。但考虑到《旧约诗篇》和《旧约箴言》的原文为诗歌体,故译文采纳"深文理",而它的书评这样评价了文言的优势:

> 至少对于受过教育的中国人,他们的整个思维程序都是基于文言这一广受推崇的更高雅的书面风格或由其形成。中国学者醉心于这种风格,几乎无法忍受任何其他的风格……它优美、精炼、表达力强,聪明的读者不喜欢长篇累牍,而这种风格恰恰能以寥寥数语替代之。②

可见,传教士译者一方面会根据原文的体裁,另一方面也会根据读者的阅读能力决定译文的语言风格。

然而,传教对口语风格的译本的需求日益增长。英国海外圣经公会所属的上海通讯委员会建议用官话翻译圣经;应此建议,在施约瑟的发动下,北京翻译委员会于1864年成立③。该委员会由美国圣公会白汉理(Henry Blodget,1825—1903)、英国圣公会包尔滕(J.S. Burdon)、英国伦敦会艾约瑟(Joseph Edkins,1823—1905)、美国长老会丁韪良(W.A.P. Martin,1827—1916)和施约瑟组成。与之前的各翻译团队相比,他们彼此合作更为宽容密切。委员会还聘请了学问良好的中国学者,以图通过他们的合作,用既不过于书面

---

① Zetzsche, *The Bible in China*, p. 120.
② 文见于 Our Book Table, *CR*, Vol. 29 (June 1898), p. 301.
③ Irene Eber, *The Jewish Bishop and the Chinese Bible: S.I.J. Schereschewsky (1831–1906)*, Brill, 1999, p. 146.

化也不过于口语化的中文习语进行翻译①。十年后的 1874 年,完整的官话圣经一经面世便大获成功,并在此后的四十多年里(其间于 1899 年修订),这第七部全译本成为在中国使用最多最广的中文圣经。

  从以上回顾可知,新教传教士对圣经的反复翻译使其越来越具有可读性。做到这一点并非易事。在教会期刊 *Chinese Repository* 的一篇文章中,一位未署名的作者先谈到圣经译者应"对圣经的原文、经书的形式和结构、古代犹太人的风俗习惯、圣地的地理以及圣经批评等都有非同寻常的了解",然后讨论将圣经这一外民族的古籍译成中文这一新习得的、完全不同的另一外民族语言时所面临的各种艰巨困难,并承认外国人绝难成就优雅的译文②。据费正清 (John King Fairbank)描述,不仅习得汉语离不开中国老师,而且在没有图书馆和辞典的情况下,当一位传教士掌握了宗教词汇,"他更须始终警惕因用词不当造成的含糊……以免贻笑大方,使作者的意图大打折扣。这样一来,他的老师兼同工就成为不可替代的了"③。事实上,所有的译本在不同程度上都不得不是传教士和他们的中国顾问合作的成果④。除了语言的润饰,中国顾问也常参与术语的讨

---

① Irene Eber, *The Jewish Bishop and the Chinese Bible: S.I.J. Schereschewsky (1831‑1906)*, pp. 109‑110.关于委员会的更多详情,参 Eber, The Peking Translation Committee, *The Jewish Bishop and the Chinese Bible: S. I. J. Schereschewsky (1831‑1906)*, pp. 107‑123。
② 佚名: The Bible: Its Adaptation to the Moral Condition of Man; with Remarks on the Qualifications of Translators and the Style Most Proper for a Version of the Scriptures in Chinese, *Chinese Repository*, No. 7 (November 1835), pp. 299‑304.
③ Fairbank, Introduction: The Place, p. 7.
④ 早在 18 世纪,耶稣会士霍雷蒂(Carlo Horatii, 1673—1759)就已反对天主教传教士独自翻译圣经,而坚持认为汉译圣经应在欧洲传教士的辅助下,主要由中国同工承担,以使翻译做到"信实、优雅和庄严"。Bernward Willeke, Das Werden der chinesischen katholischen Bibel, *Neue Zeitschrift für Missionswissenschaft XIV* (1960), p. 285。Willeke 是在麦传世(Francesco Jovino, 1677—1737)于 1726 年 2 月 13 日写给霍雷蒂的信中发现霍雷蒂这一立场的。费正清也相信,中国人的参与和中文术语的应用是新教基督教中国化过程中的必要步骤。Fairbank, Introduction: The Place, p. 9。

论,有传教士提倡:

> 在这一以及其他许多方面我们都应当乐于学习和接受这些中国学者的观点。我们可以就这些词汇与之商榷,如天使、使徒、洗礼、教会、良心、皈依、约、罪、神圣、拣选、传道人、上帝、地狱、圣洁、心、怜悯、使者、弥赛亚、理智、神秘、献祭、祷告、祭司、先知、讲道、悔改、安息日、牺牲、圣徒、灵魂,等等。①

而中国顾问在考虑选择某个词的翻译时,依据的是《佩文韵府》一类的权威②。让我们通过马礼逊自己的汇报来了解这一合作过程:

> 接着,我与不谙英文的中国助手把它重新看一遍。他针对语言提出必要的意见。译文据此修改并整理出清稿……然后,我独自读它……先在稿纸上标记每一处改动,以及每一处与原文看上去不一致的地方,然后同时咨询拉沙尔先生和中国助手,与他们一同讨论直至消除每一个疑点并调整每一处脱节。此后,整理出另一份清稿。读过之后,我交由犬子约翰检查,因为他对汉语惯用法的掌握比我好。他认可后,整理出一式两份清稿,一份给我的中国助手,一份给拉沙尔先生,以便指出他们认为不妥的地方……接着,我在另一份清稿上,让我的中国助手根据他所理解的意思添加标点;我予以检查,若他的标点与我的理解相符,就将稿子交给出版方。排版后的清样先送交中国助手,看是否有误,然后交给拉沙尔先生,再由我自己读过之后,最后令其出版……前前后后的改校离不开四个人:拉沙尔先生、中国助手、我们父子;每人独自鉴定,不受另外三人的干扰。③

---

① 佚名: Chinese Version of the Holy Scriptures: Need Revision; List of Words Claiming Particular Attention; Proposed Meetings of Delegates, *Chinese Repository*, Vol. 15, No. 2 (February 1846), p. 109.
② 佚名: Revision of the Chinese Version of the Bible; Remarks on the Words for God, Father, Son, Spirit, Soul, Prophet, Baptism and Sabbath, *Chinese Repository*, Vol. 15, No. 4 (April 1846), p. 163.
③ 佚名: Chinese Version of the Bible: the Manuscript in the British Museum; One Version Undertaken in Bengel, and Another in China; with Brief Notices of the Means and Measures Employed to Publish the Scriptures in Chinese Previous to A.D. 1830, *Chinese Repository*, Vol. 4, No. 6 (October 1835), p. 254.

咨询中国顾问的传教士不仅有圣经译者,还有相关评论人。英国慕雅德(Arthur E. Moule,1836—1918)主教声明,在他评议施约瑟译本的语言风格时曾咨询中国学者的感受①。而《约伯释义》的书评赞扬该书的语言风格在顺应中国读者的思维方式的同时,还能采用他们的语言表达方式,效仿汉语典籍,以传输神对人的启示②。

众多中文圣经译本无一为真正的直译,而均为不同程度的转换。从上述史料可以看出,将圣经译成中文和中国同工的参与颇具意义。首先,对圣经的理解和诠释是由传教士和中国同工共同完成的。其次,翻译的过程充分说明在理解和诠释当中顾及语境的必要性。诚如费正清所言:"中国人的参与是新教中国化的第一步,而中文词汇的恰当使用是第二步。"③再次,提高了圣经汉译的可读性,使之更易于接近中国读者,继而使他们展开讨论,推广汉语圣经诠释活动。汉译旧约的接受和应用的一个主要前提就是可读性④,其效果已为19至20世纪中国读者日益广泛和深入诠释、利用圣经的事实所见证。这也说明,汉语圣经的译介成为汉语圣经诠释活动的开展和传统的形成的良好榜样与开端。

结　　语

旧约进入中国文化环境,首先表现在它的引介和翻译。这些诠释活动显示,不同文化传统的兼容性为跨文化交流提供了肥沃的土壤,因为处境化过程中的选择、接纳和整合要求是多元化的,且跨文化思维意味着挣脱各种一元解释的桎梏。然而,在意义架构中,中国思想传统和基督新教的神学传统既推动,又在不同程度上限定了

---

① Bishop Moule, On Certain Characteristics of Three Versions of Holy Scripture Published by the British and Foreign Bible Society, *CR*, Vol. 14 (September-October 1883), p. 412.
② 佚名: Our Book Table-Book of Job, *CR*, Vol. 25 (March 1894), pp. 92–93.
③ Fairbank, "Introduction: The Place," p. 9.
④ 可读性不仅指语言明晰,让读者懂得经文所表达的意思,还指能引起读者反应,特别是独立的创造性的文字活动。参 Irene Eber, Introduction, *Bible in Modern China*, pp. 13–26。

汉语旧约诠释者对希伯来圣经经文、古代以色列历史和民族的理解。虽然援引中国传统词语系统,西方传教士只是为了在保持传统基督教神学和圣经诠释的前提下提高中文旧约的可读性、赢得中国读者对基督宗教及圣经的尊重。

这样,诠释者的意识形态、立场和方法也就不容忽视。将旧约的汉语诠释文本放回其原初的历史和语境中,对它们作出与其本来语境最切合的理解和解释,是必不可少的。这正是本文的任务,即从诠释性文本的起源和它被接受(认知)的情况两个层面探寻文本的意义。可以说,传教士的圣经诠释性文本,以古代以色列历史和人物为例,不论是介绍还是翻译,实际上都是严格按照基督教史观,并参考儒家史观而设计、书写的准历史著作。这样构建出的古代以色列历史叙事和创造出的古代以色列历史传统,对希伯来圣经的原始面貌充满了想象和误解,却被当成了历史真实,并在时局的激荡之下直接促成了19至20世纪中国读者心中犹太这一典型性"他者"的生成。

丝路景教与汪古渊流

——从呼和浩特白塔回鹘文题记 Text Q 谈起

白玉冬

摘　要：呼和浩特白塔回鹘文题记 Text Q 反映了蒙元时期曾有突厥语族景教徒在丰州地区活动。上述 Text Q 题记,出自当地的景教徒汪古人之手的可能性最大。汪古人属于回鹘文字文化圈,汪古部五大代表性集团渊流均与西域有关。10 至 11 世纪,包括景教徒在内的西州回鹘辖下粟特系回鹘商人,足迹遍及河西、陇西、漠北、契丹、宋朝内地等。景教在汪古部中的流传,与西州回鹘辖下景教徒商人的活动和景教教团势力的向东发展有着密切关系。汪古部中虽包括部分沙陀突厥人与回鹘人之后裔,但将其统治阶层视作出自西域的景教贵族,不悖于理。汪古名称可能源自回鹘语 öng"东方、前方"。

关键词：汪古部;景教;回鹘文题记;叙利亚文

金元之世,以阴山南北为中心,活跃着一个名族大姓——汪古部,又称白达靼。考古学、历史学、宗教学等领域研究表明,汪古人操突厥语,笃信景教,即基督教聂斯托利派。辽末耶律大石西行,获白达靼首领床古儿接济。在金代,汪古部为女真统治者驻守阴山北麓的界壕。13 世纪初蒙古崛起,汪古部首领阿剌兀思惕吉忽里审时度势,投身蒙古。本文结合笔者对呼和浩特市东郊万部华严经塔(通称白塔)回鹘文题记所做的调查研究成果[①],理清汪古部五大代表性集团的源流,进而对景教在汪古部内的流传问题略抒拙见,并求教于方家。

一　呼和浩特白塔回鹘文题记 Text Q 释读

建于辽代的呼和浩特白塔,位于辽金元三代丰州城址,七层八

---

① 调查日期为 2014 年 4 月 27 日,2015 年 4 月 5—6 日、8 月 19 日、12 月 5—6 日。白塔文管所杜建中所长对笔者调查给予大力关照,特此致谢。

面。塔内至今仍保留有包括汉文、叙利亚文、回鹘文、蒙古文、八思巴文等在内的一批金元明等代游人题记。关于这些题记，李逸友、曹永年二位就汉文部分进行了介绍与研究①。牛汝极则对两条叙利亚文突厥语题记进行了解读②。P. G. Borbone 除对牛汝极研究进行补充外③，还通过对 9 条叙利亚文题记的释读，对汪古部的景教信仰和见于题记的人物名 Särgis"习里吉思"进行了探讨④。茨默（P. Zieme）则解读了与 Särgis 相关的另一条叙利亚文突厥语题记⑤。笔者与松井太就回鹘文题记进行了释读⑥。另外，松井太在考察蒙元时期景教徒编织的网络时，转引了部分上述回鹘文题记⑦。

下面，笔者依据与松井太的合作研究成果，给出题记 Text Q

---

① 李逸友：《呼和浩特市万部华严经塔的金元明各代题记》，《文物》1977 年第 5 期，第 57—64 页；李逸友：《呼和浩特市万部华严经塔的金代碑铭》，《考古》1979 年第 4 期，第 365—374 页；曹永年：《从白塔题记看明初丰州地区的行政建置——呼和浩特市万部华严经塔明代题记探讨之三》，《内蒙古师大学报（哲学社会科学版）》1992 年第 3 期，第 91—99 页；曹永年：《呼和浩特万部华严经塔明代题记探讨》，《内蒙古大学学报（哲学社会科学版）》1981 年增刊，第 11—27 页。
② 牛汝极："Nestorian Inscriptions from China（13th‑14th Centueies）"，《文化的绿洲——丝路语言与西域文明》，新疆人民出版社，2006 年，第 321—323 页。
③ P. G. Borbone, "Syroturcica 2: The Priest Särgis in the White Pagoda," *Monumenta Serica*, Vol. 56, 2008, pp. 487‑503.
④ P. G. Borbone, "More on the Priest Särgis in the White Pagoda: The Syro-Turkic Inscriptions of the White Pagoda, Hohhot," in: Li Tang & D. W. Winkler (eds.), *From the Oxus River to the Chinese Shores: Studies on East Syriac Christianity in China and Central Asia*, Lit Verlag, 2013, pp. 51‑65.
⑤ P. Zieme, *Altuigurische Texte der Kirche des Ostens aus Zentralasien / Old Uigur Texts of the Church of the East from Central Asia* (Gorgias Eastern Christian Studies, Vol. 41), Gorgias Press, 2015, pp. 175‑176.
⑥ 白玉冬、松井太：《フフホト白塔のウイグル語題記銘文》，《内陸アジア言語の研究》第 31 辑，2016 年，第 29—77 页。
⑦ 松井太著，白玉冬译：《蒙元时代回鹘佛教徒和景教徒的网络》，徐忠文、荣新江主编：《马可·波罗 扬州丝绸之路》，北京大学出版社，2016 年，第 283—293 页。

的图版、转写（Transcription）、现代汉语译文及简单词注，再作讨论①。

转写中，·为原文中的停顿符号，[ ]文字为见到残余笔画文字或推测复原文字，下方加1点文字表示需要改读文字。译文中，( )内为补充说明，[ ]相当于见到残余笔画文字或推定复原文字，* 相当于未能判读或释清的破损文字。另，第5—6行为叙利亚文，其中的[…]表示未能释读的欠损文字。

题记 Text Q 位于第 7 层藏经阁廊道内壁西南面，西南楼梯右上方，为中段左起第 3 题记。草书体，书写工整，近半楷书体，文字漫漶。共 6 行，第 5—6 行为叙利亚文，其下部可见似为"申"的汉字，但与本铭文无关。

图 1　呼和浩特白塔回鹘文题记 Text Q
（白玉冬摄于 2015 年 4 月 6 日）

转写：

1. küsgü yïl toquzunč ay yiti ot[uz]qa
2. [bi]z pilipoẓ · yošïmut · qïraqïz? y-a-čï b[ačaγ?]
3. [mon]gol-ṭay? munčaγu bu soburγan-nï körgäli
4. [kälü?]　täginip bitiyü tägintimiz čin ol
5. [⋯]yn w[⋯]lš[⋯] ʿbdkpyl(ypws)
6. 　　　　　　P[..]V?

现代语译：

¹鼠年九月二十七日。²⁻⁴[我们]菲利浦思（Pilipoẓ）、药失谋

---

① 白玉冬、松井太：《フフホト白塔のウイグル語題記銘文》，第 42—44 页。有关该题记的详细词注，另请参见上述笔者与松井太的研究成果。

(yošimut)、吉刺吉思(Qïraqïz)?、雅赤(y-a-čï)、[八察](Bačaγ)?、[蒙]古台(Mongol-ṭay)?,这些人来看此塔谨书。是真的。⁵(叙利亚文)****您的仆人菲利浦思(?)⁶*****

词注:

2. pilipoẓ:打头的P重复书写,疑为笔误或强调。基督教徒常用人名,现代英语作Philip"菲利普"。粟特文作pylypws,出现于吐鲁番出土粟特文基督教文献第5号教规文书第56叶背面第7行①,E29但以理传说文书第7叶背面②。景教墓碑中,多以"马其顿城菲利普汗王之子亚历山大纪年"的形式出现③。

2. yošimut:基督教徒人名。据塞尔特卡亚(O. F. Sertkaya)介绍④,来自伊朗语 ywṣmbd"每周第一日(即礼拜日)"。基督教徒书信文书中,U5293 作 YWSWMWD > yošumud,U5963 作 YWSWMWT > yošumuṭ。yošimut 应为 yošumud/yošumuṭ 的变体。元代汉文史料记作"要束谋""药束谋"等⑤。马晓林在张佳佳研究基础上,依据济宁出土元代按檀不花家族碑刻材料,指出赤峰松州城遗址出土的叙利

---

① N. Sims-Williams, *The Christian Sogdian Manuscript C 2* (Berliner Turfantexte, 12), Akademie-Verlag, 1985, p. 105.

② N. Sims-Williams, *Biblical and other Christian Sogdian Texts from the Turfan Collection* (Berliner Turfantexte, 32), Brepols, 2014, pp. 92–93, 105.

③ 主要参见牛汝极:《十字莲花——中国元代叙利亚文景教碑铭文献研究》,上海古籍出版社,2008年,第129页第5行、第135页第5行、140页第4行、第148—149页第4行; S. N. C. Lieu, L. Eccles, M. Franzmann, I. Gardner & K. Parry (eds.), *Medieval Christian and Manichaean Remains from Quanzhou (Zayton)*, Corpus Fontium Manichaeorum, Series Archaeologica et Iconographica, Brepols, 2012, p. 162, *l.* 6, p. 164, *l.* 1, p. 168, *l.* 2, p. 196, *l.* 5, p. 205, *l.* 4, p. 211, *l.* 6.

④ O. F. Sertkaya, "Zu den Namen türkischer Christen in verlorengegangenen altuigurischen Urkunden," in: T. Pang, Simone-Christiane Raschmann & G. Winkelhane (eds.), *Unknown Treasures of the Altaic World in Libraries, Archives and Museums: 53rd Annual Meeting of the Permanent International Altaistic Conference, Institute of Oriental Manuscripts*, Klaus Schwarz, 2013, pp. 385, 388–389.

⑤ P. Zieme, *Altuigurische Texte der Kirche des Ostens aus Zentralasien*, pp. 188–189.

亚文、回鹘文双语瓷质景教碑主人为中亚阿力麻里出身的岳难（Yoxnan）①。岳难家族后移居济宁，其第 4 代有名为岳出谋（Yočumud）者,此岳出谋即源自 Yošumud②。此处,不能完全排除 yoṣimut 存在上述岳出谋之可能。

2. qïraqïz：可能是基督教徒名 Qïryaquẓ（＜Sogd. qwryqws ＜ Syr. qûryâqûs）的变体③。

上引 Text Q 题记以景教教会用文字叙利亚文结尾,作者一行中包括基督教徒。虽有部分人名尚难以断定,但上述基督教徒人名的释读确切无误。其中,第 5 行叙利亚文叙利亚语的解读,承蒙东京大学高桥英海教授赐教。高桥教授还指出,虽然'bdk（'abdāk）"您（神）的奴仆"之前的文字不清楚,但依据［…］yn w［…］可复原出（'m）yn w（ḥyl）"阿门! 并且给予我力量",故该句意思或可推定为"阿门! 并且给予您(神)的奴仆菲利浦思……力量"。近似的表达方式还见于榆林窟第 16 窟前室甬道南壁的叙利亚文突厥语题记中。据松井太解读,该题记共 7 行,是瓜州人伯彦铁木尔（buyan temür）、nātnī'ēl、约翰（yōḥannān）三人来到榆林窟敬拜时所书。其中,第 6 行末尾至第 7 行为 amin abamuɣa tegi amin"阿门! 愿到永远! 阿门!"④。就能够复原出基督教徒祈祷用语 'myn"阿门!",且从参拜者中出现常见于基督教徒之名的 pilipoẓ、yoṣimut 而言,上述 Text Q 题记具有基督教背景。可以肯定,Text Q 题记现有信息,足以让我们了解到书写上述铭文的人物确实在使用回鹘文。

白塔回鹘文题记,多以蒙元时期常见的草书体回鹘文写成。其

---

① 张佳佳：《元济宁路景教世家考论——以按檀不花家族碑刻材料为中心》,《历史研究》2010 年第 5 期,第 42—46 页；马晓林：《元代景教人名学初探——以迁居济宁的阿力麻里景教家族为中心》,《北京大学学报》2016 年第 1 期,第 136—137 页。
② 马晓林：《元代景教人名学初探——以迁居济宁的阿力麻里景教家族为中心》,第 139 页。
③ 松井太著,白玉冬译：《蒙元时代回鹘佛教徒和景教徒的网络》,第 289 页。
④ 松井太、荒川慎太郎编：《敦煌石窟多言語資料集成》,東京外国語大学アジア・アフリカ言語文化研究所,2017 年,第 100—101 页。

书写者,包括来自今新疆哈密、昌吉、托克逊等地的畏兀人①。而上引题记以 Z 代写 S(pilipoẓ),喻示该题记应属于晚期(大体与蒙元时期接近)。据松井太考证,蒙元时期,包括畏兀人在内的突厥人景教徒编织的网络,自东部天山地区直至甘肃、内蒙古,甚至泉州②。另,如前介绍,赤峰松州城遗址出土的叙利亚文、回鹘文双语景教碑主人为中亚阿力麻里出身的岳难,其后代移居济宁。如是,上述 Text Q 题记作者,存在来自原西州回鹘之地或上述其他地区之可能。不过,白塔所在丰州天德城一带是汪古部的核心之地。据马可·波罗记载,汪古部所在的天德省存在大量景教徒③。而且,汪古部核心城市敖伦苏木故城,以及四子王旗王墓梁陵园等地曾出土大量元代叙利亚文突厥语墓碑铭文等④。其中,牛汝极甄别出敖伦苏木故城出土的阿兀剌编帖木剌思墓碑使用文字除汉文、叙利亚文外,

---

① 如 Text E 与 Text J 为哈密人所写,Text K 与 Text L 出自托克逊人之手,Text T 为彰八里人所留。详见白玉冬、松井太:《フフホト白塔のウイグル語題記銘文》,第 37、39、40、45 页。
② 松井太、白玉冬:《蒙元时代回鹘佛教徒和景教徒的网络》,第 287—290 页。
③ 主要参见冯承钧译:《马可波罗行纪》,上海书店出版社,1999 年,第 164—165 页;A.C. Moule & P. Pelliot, *Marco Polo: The Description of the World*, New York: Ams Press, 1976, Vol. 1, pp. 181-183.
④ 主要参见佐伯好郎:《内蒙百靈廟付近に於ける景教徒の墓石》,氏著《支那基督教の研究》第 2 卷,春秋社,1943 年,第 414—473 页;江上波夫:《オロン・スム遺跡調査日記》,山川出版社,2005 年;盖山林:《阴山汪古》,内蒙古人民出版社,1991 年,第 191—199、270—288 页;牛汝极:《十字莲花——中国元代叙利亚文景教碑铭文献研究》,第 21、67—102 页;Tjalling H. F. Halbertsma, "Nestorian Grave Sites and Grave Material from Inner Mongolia," "Characteristics of Nestorian Grave Material from Inner Mongolia," in *Early Christian Remains of Inner Mongolia: Discovery, Reconstructionand Appropriation*, Leiden; Boston: Brill, 2008, pp. 159-213, 219-345; Li Tang, "NestorianRelics in InnerMongolia," in: *East Syriac Christianity in Mongol-Yuan China*, Wiesbaden: Otto Harrassowitz Verlag, 2011, pp. 76-80. 对唐莉论著的书评,见马晓林:《评〈蒙元时代中国的东方叙利亚基督教〉》,《国际汉学研究通讯》第 9 期,2014 年,第 466—477 页。

还有回鹘文①。据13世纪叙利亚学者把·赫卜烈思(Barhebraeus)著《马·雅巴拉哈三世与拉班·扫马传》②，元代自大都前往巴格达拜会景教大主教的景教师扫马(Savma)和马古斯(Marqus)中，马古斯出自汪古部辖下东胜。把·赫卜烈思认为马古斯是"回鹘人"。二人在西行途中，在天德城内外的景教寺院得到景教徒的热烈欢迎，并得到爱不花、君不花二位汪古部王子的挽留与接济。另，据P. G. Borbone 介绍，梵蒂冈图书馆藏有以叙利亚文突厥语写成的、汪古部高唐王阔里吉思之妹萨拉公主于1298年为基督教东方教会所写的福音书。③ 这也就是说，笃信景教的汪古人不仅使用景教教会用叙利亚文字，而且还使用回鹘文字。鉴于汪古人的上述文化特点，笔者以为，以草书体回鹘文写成，同时出现基督教人名，且以景教教会文字叙利亚文结尾的上述Text Q题记，出自丰州天德城一带的景教徒汪古人之手的可能性最大。

综上，Text Q题记现有的信息，尚不足以断定其题写者一行之所属。不过，结合白塔保留的众多叙利亚文突厥语题记，可以说丰州城内的白塔，不仅是佛教徒，而且还是景教徒的崇

---

① 牛汝极：《十字莲花——中国元代叙利亚文景教碑铭文献研究》，第67—72页，"Nestorian Inscription from China (13th‐14th Centueies)," pp. 311‐316. 盖山林、唐莉、魏坚与张晓玮认为该墓碑使用文字除汉文、叙利亚文外，第三种文字为蒙古文。见盖山林：《元代汪古部地区的景教遗迹与景教在东西文化交流中的作用》，《中国蒙古史学会论文选集》，内蒙古人民出版社，1981年，第86页；Li Tang, "Nestorian Relics in Inner Mongolia," p. 77；魏坚、张晓玮：《阴山汪古与景教遗存的考古学观察》，《边疆考古研究》第14辑，2013年，第193—194页。笔者确认牛汝极给出的图版，当以牛先生之观点为正。
② 主要参见佐伯好郎：《元主忽必烈が欧洲に派遣したる景教僧の旅行誌》，春秋社，1943年，第216—219页；罗香林：《唐元二代之景教》，中国学社，1966年，第232—233页；P. G. Borbone, "Some Aspects of Turco-Mongol Christianity in the Light of Literary and Epigraphic Syriac Sources," *Journal of Assyrian Academic Studies*, Vol. 19, No. 2, 2005, pp. 12‐14.
③ P. G. Borbone, "I Vangeli per la Principessa Sara, Un Manoscritto Siriaco Crisografato, Gli Öngut Cristani e Il Principe Giorgio," *Egitto e Vicino Oriente*, Vol. 26, 2003, pp. 63‐82; "Some Aspects of Turco-Mongol Christianity in the Light of Literary and Epigraphic Syriac Sources," p. 18.

礼之地。总之,该题记准确无误地告诉我们——作为景教徒,题写者一行通回鹘文。结合敖伦苏木故城阿兀剌编帖木剌思墓碑与赤峰松州城出土的叙利亚文、回鹘文双语景教碑以及泉州等地出土的景教徒墓碑等①,我们可以确信,蒙元时期活动在中国境内的景教徒在使用叙利亚文字的同时,确实也在使用回鹘文字。

诚然,五代宋元时期,回鹘文字通行于中亚、西北多地。即便是景教徒,仅依据使用回鹘文字,仍无法判断其族属。但前面介绍的关于汪古部的信息足以表明,金元时期构成景教社会重要一员的汪古人,同时属于回鹘文字文化圈②。而地处丝路要冲的包括原西州回鹘(高昌回鹘)之地在内的西域地区,不仅是回鹘文字文化最繁盛之地,更是景教向东发展的一大基地。看来,在探讨汪古部景教渊流时,有必要把目光投向西域。

二 汪古部五大代表性集团渊流

关于汪古族源,以往有王国维、白鸟库吉的达靼—蒙古说,箭内亘、樱井益雄所持的突厥说,小野川秀美的羌族说等③。系统研究汪古历史的周清澍的结论是,汪古同克烈、乃蛮是族属接近的突厥语族集团,是由残留在阴山一带的漠北回鹘汗国余部、沙陀人、金初释

---

① 泉州地区的景教墓碑等,主要参见 S. N. C. Lieu, L. Eccles, M. Franzmann, I. Gardner & K. Parry (eds.), *Medieval Christian and Manichaean Remains from Quanzhou* (*Zayton*);牛汝极:《福建泉州景教碑铭的发现及其研究》,《海交史研究》2007 年第 2 期,第 1—48 页。
② 不否认部分回鹘人或汪古人还具备汉语、契丹语、女真语、蒙古语等其他语言文字的能力。如白塔 Text N 回鹘文题记在正文 taqïyu yïl törtünč *ay* nïng biš y[a]ngïqa *tonga* ạrs[la]*n bitidi*m"我,同娥阿萨兰,写于鸡儿年四月五日"后,写有汉字"戏笔"。见白玉冬、松井太:《フフホト白塔のウイグル語題記銘文》,第 9 页。
③ 相关归纳与介绍,主要参见周清澍:《汪古的族源——汪古部事辑之二》,《文史》第 10 辑,1980 年,第 101、116 页注释 2—5;盖山林:《阴山汪古》,第 3—5 页;魏坚、张晓玮:《阴山汪古与景教遗存的考古学观察》,第 193—194 页。兹不赘述。

放的回鹘俘虏及其他民族成分组成,但以回鹘可汗统治下的操突厥语部落遗裔占主要地位①。盖山林最初通过对汪古领地与新疆等地的景教铭文遗迹的对比,推定汪古部主要是辽金以来来自新疆的回鹘人②,惜未提供确凿证据及相关考证。后来,他对史料记录的汪古部四大部落来源逐一进行了分析,强调阴山南北的汪古人有可能"系出沙陀",同时认为原住于阴山南的突厥和沙陀与唐末由漠北而来的回鹘人,共同组成了汪古部③。唐莉(Li Tang)、M. Paolillo以及魏坚与张晓玮的研究亦注意到了上述周先生提出的汪古与回鹘之间的关系,其中 M. Paolillo 还推定沙陀突厥中的景教徒粟特人与汪古人之间存在渊源关系④。

诚如前文介绍,笃信景教的汪古人使用回鹘文字与叙利亚文字。虽然不敢肯定使用回鹘文字者定为回鹘人,但汪古部的主体为突厥语族景教徒则是无疑的。是故,关于汪古渊源的上述学界主流观点,笔者大体表示赞同。然相关细节仍有探讨余地。此处,笔者按金元时期史料记录的汪古部五大代表性集团,分类稍加讨论。

1. 黑水汪古:即以阴山南北的天德军丰州城、敖伦苏木故城为主要活动中心的汪古本部。其代表家族是阿剌兀思剔吉忽里家族,也即汪古部统治家族⑤。元成宗大德九年(1305)阎复作《驸马高唐忠献王碑》言:"谨按家传,系出沙陀雁门节度之后。始祖卜国,汪古

---

① 周清澍:《汪古的族源——汪古部事辑之二》,第108—116页。
② 盖山林:《元代汪古部地区的景教遗迹与景教在东西文化交流中的作用》,第87—89页。
③ 盖山林:《阴山汪古》,第4—20页。
④ Li Tang, "The Turkic-Speaking Ongut Area," in: *East Syriac Christianity in Mongol-Yuan China*, pp. 98-105; M. Paolillo, "White Tatars: The Problem of the Origin of the Öngüt Conversion to Jingjiao and the Uighur Connection," in: *From the Oxus River to the Chinese Shores: Studies on East Syriac Christianity in China and Central Asia*, pp. 240-249;魏坚、张晓玮:《阴山汪古与景教遗存的考古学观察》,第194—196页。
⑤ 关于汪古部政治中心变迁之研究,参见石坚军、张晓非:《元初汪古部政治中心变迁考》,《中国历史地理论丛》2014年第3期,第112—122页。

部人,世为部长。"①高唐忠献王即阔里吉思,是阿剌兀思剔吉忽里曾孙,"沙陀雁门节度"是指沙陀突厥首领李克用。上文所言"家传",是否包括文字资料,不得而知。在探讨汪古部与沙陀突厥间关系时,建于至正十五年(1355)的山西代县《柏林寺晋王影堂碑》,可给予我们更多启发。该碑文谈到汪古首领奉李克用为远祖,并对晋王陵与晋王影堂加以维护。在介绍完李克用父子功绩,及李克用葬于该地后言:"皇元启祚朔庭,太祖皇帝天兵南征,王□□阿剌忽思惕吉忽里主□□□□□□,敬阅谱谍,知王□□□祖,遂□□祭祀,□□□功德主焉。"②《元史·阿剌兀思剔吉忽里传》言:"既平乃蛮,从下中原,复为向导,南出界垣。"对比上引二文,不难发现,前者"敬阅谱谍"当是阿剌兀思"从下中原,复为向导"之结果。其敬阅的谱谍,只能是记录李克用家族世系的材料,应包括在中原流传的关于李克用出自沙陀突厥的相关资料。看来,在"从下中原"之前,阿剌兀思并不了解沙陀与汪古之关系,其手上并无有关李克用后人流入阴山并发展壮大的相关记录。《元史·阿剌兀思剔吉忽里传》明记其从征南下、归镇本部后,"为其部众昔之异议者所杀,长子不颜昔班并死之"。可见,在"从下中原"前后,阿剌兀思在汪古部内的统治难言安稳。鉴于此点,属于孤证的"系出沙陀雁门节度之后"亦存在是"从下中原""敬阅谱谍"之后的阿剌兀思,为提高其在汪古部中的统治优势而夸大其词的可能性。或许,诚如 M. Paolillo 所推测,笃信景教的汪古人与沙陀突厥中的景教徒粟特人之间存在某种渊源。

  显然,周先生意识到上述"系出沙陀雁门节度之后"存在疑点,故对"始祖卜国"格外关注,并将其视作回鹘祖源传说中的卜古可汗,进而将汪古与南迁回鹘后裔联系在一起。不过,以西州回鹘祖源传说最具代表性的卜古可汗传说,很难肯定在漠北回鹘汗国时期

---

① 《元人文集珍本丛刊》第 2 卷,新文丰出版公司,1985 年,第 546—547 页。又见《元史》卷一一八《阿剌兀思剔吉忽里传》,中华书局,1974 年,第 2923 页。
② (光绪)《代州志》卷六,第 19 叶。感谢北京大学历史系曹金成博士专为查找核对。又胡聘之:《山右石刻丛编》卷 39,山西人民出版社,1988 年,第 5—6 叶内容大同小异。录文又见周清澍:《汪古的族源——汪古部事辑之二》,第 101—102 页。引文中,□表示能够确定个数的缺损文字。

既已经开始流传①。笔者并非断然否定汪古人与南迁回鹘部落之间的潜在关系。笔者的看法是,以西州回鹘为主要流传地的卜古可汗传说渗透到汪古部内,其背景是西州回鹘与汪古部内占据统治地位的阿剌兀思剔吉忽里家族之间有着密切关系。

2. 东胜汪古:元东胜州故城位于今呼和浩特南托克托县。如前所述,朝圣巴格达的景教僧马古斯为东胜人,同时他还被记录做"回鹘人"。马古斯西行时,曾受汪古部首领君不花和爱不花接见。看来,东胜汪古与黑水汪古保持有密切联系,至少有部分东胜汪古人肯定属于突厥语族。

3. 耶律氏汪古:20世纪20年代末,西北科学考察团曾对四子王旗王墓梁陵园景教古墓群进行调查,并在此地发现元代耶律公神道碑。此碑现存内蒙古博物院,共28行,字迹漫漶,幸有盖先生整理。现转录第6至11行如下②。录文中,[ ]与□分别表示个数不能确定与能够确定的缺损文字。

⁶耶律[ ]之祖□尉公讳保,[ ]西域帖里薛人[ ],当辽圣宗朝,授官不拜[ ]加太尉开府仪同三司,改姓曳剌氏[ ]。⁷壳□居则以[ ]耶律氏附[ ]⁸□既得彼国之[ ]中[ ]可遂盛[ ]进封[ ]正隆间生孙子春子成[ ]⁹国朝阿□□延□□咸[ ]中[ ]尽拔之,遂以[ ],太¹⁰祖诏复耶律氏,[ ]公主闻其贤[ ]遣使召至位下,授以官,辞不就,□。¹¹年七十二无病而卒,生平[ ]月二十三日之[ ]人当[ ]公讳子成[ ]

从上文可知,墓主为耶律子成,其祖先为西域帖里薛人,即迭屑,亦即基督教徒③。在辽圣宗朝(983—1031)到契丹,并被赐契丹

---

① 白玉冬:《契丹祖源传说的产生及其与回鹘之关系考辨》,*Journal of Sino-Western Communications*, Vol. 5, 2013, pp. 28 - 30.
② 盖山林:《元"耶律公神道之碑"考》,《内蒙古社会科学》1981年第1期,第78—80页。
③ 迭屑指基督教徒,主要参见伯希和著,冯承钧译:《唐元时代中亚及东亚之基督教徒》,冯承钧:《西域南海史地考证译丛一编》,商务印书馆,1962年,第62页;Li Tang, "The Term 'Diexie' (Persian: Tarsā; 迭屑)," in: *East Syriac Christianity in Mongol-Yuan China*, pp. 52 - 53.

国姓曳剌(耶律)。王墓梁陵园景教古墓所见叙利亚文又多见于中亚七河流域与阿力麻里①。耶律子成祖先故里,自然让我们联想起中亚的七河流域与阿力麻里。

4. 马氏汪古:金元之际,净州(静州,遗址在今内蒙古四子王旗乌兰花镇)天山县出身马庆祥家族信奉景教,经伯希和、陈垣等学者详考②,已成学界定论。金末至大蒙古国时期的元好问撰《恒州刺史马君神道碑》载:"君讳庆祥,字瑞宁,姓马氏,以小字习里吉思行。出于花门贵种,宣政之季,与种人居临洮之狄道,盖已莫知所从来矣。金兵略地陕右,尽室迁辽东……又迁净州之天山。"③上文中,"出于花门贵种"的花门视作回鹘,不悖于理④。元人黄溍《马氏世谱》云:"马氏之先,出西域聂思脱里贵族。始来中国者和录罙思……辽主道宗咸雍(1065—1074)间,奉大珠九以进。道宗欲官之,辞不就,但请临洮之地以畜牧。许之。遂家临洮之狄道,和录罙思生帖木尔越歌,以军功累官马步军指挥使。为政廉平而有威望,人不敢斥其名,惟称之曰马元帅,因以为氏。帖穆尔越歌生伯索麻也里束,年十四而辽亡,失父母所在,为金兵所掠,迁之辽东,久乃放还,居静州之天山"云云⑤。

据上引黄溍文,可知马氏祖先为西域景教贵族出身。结合元好问所言"出于花门贵种"之花门可理解作回鹘,则马氏祖先视作西州

---

① 关于中亚地区景教墓碑的介绍,主要参见牛汝极:《中亚七河地区突厥语部族的景教信仰》,《中国社会科学》2012年第7期,第163—181页;科科夫措夫著,陈开科译:《阿力麻里出土的叙利亚基督教徒墓碑碑文考释》,《西域文史》第2辑,2007年,第245—254页;牛汝极:《新疆阿力麻里古城发现的叙利亚文景教碑铭研究》,《西域研究》2007年第1期,第74—80页;牛汝极:《十字莲花——中国元代叙利亚文景教碑铭文献研究》,第57—66页;刘迎胜:《蒙元时代中亚的聂思脱里教分布》,《元史及北方民族史研究集刊》第7期,1983年,第67页。

② 伯希和著,冯承钧译:《唐元时代中亚及东亚之基督教徒》,第55—56页;陈垣:《元西域人华化考》,上海古籍出版社,2000年,第18—23页。

③ 《遗山先生文集》卷二七,《四部丛刊初编缩本》,台湾商务印书馆,1965年,第272—273页。相关描述亦见于《金史》卷一二四《马庆祥传》,中华书局,1975年,第2695页。

④ 殷小平:《元代也里可温考述》,兰州大学出版社,2012年,第162页。

⑤ 《金华黄先生文集(元刻本)》卷四三《世谱》,台湾商务印书馆,1965年,第1—2叶。

回鹘属下景教贵族最合文义。陈垣先生以为"曰'出于花门贵种'是误以聂斯脱利为回鹘"①,或是未注意到西州回鹘辖下景教徒的存在。而关于其马姓,盖先生主张来自帖木尔越歌官职马步军指挥使,窃以为应来自叙利亚语 Mar"主教"②。结合元好问与黄溍之文,可知马氏祖先是在 11 世纪中后期移居到临洮一带,宋徽宗政和(1111—1118)、宣和(1119—1125)年间,与同部落人住临洮,后被金人迁往辽东,最后放归在四子王旗一带。

临洮自古为西北名邑,陇右重镇,北连兰州,西通西宁(时称青唐城),进而经丝路南线河南路西入今新疆,或北上入河西走廊。可推定为出自西域景教贵族的马氏先人与同部落人入居临洮,应与西州回鹘等西域地区居民利用河南路前往内地有关。

5. 巩昌汪古：金设巩州置(治所在今甘肃陇西县),其辖境内亦有汪古人。《元史》卷 155《汪世显传》载："巩昌盐川人,系出汪古族。仕金,屡立战功,官至镇运军节度使,巩昌便宜总帅。金平……始率众降。"③盐川,即今甘肃漳县盐川镇。元姚燧为汪世显子汪忠臣所撰《便宜副总帅汪公神道碑》云："公王姓,由大父彦忠世汪骨族,故汪姓。"④至元初王鹗为汪世显次子汪德臣所撰《汪忠烈公神道碑》言："汪本姬姓,宋末金初,世掌盐川之一隅汪古族,因氏焉",末尾铭文又云"西州著姓,因官氏汪"⑤。此处,姚燧与王鹗虽云汪姓之本姓为王姓或姬姓,但两者均把汪姓视作汪古之汪,不谋而合。虽然汪彦忠上世情况不详⑥,但至少其本人在金初即为巩昌汪古部

---

① 陈垣：《元西域人华化考》,第 20 页。
② 佐伯好郎：《支那基督教の研究》第 2 卷,第 150 页；殷小平：《元代也里可温考述》,第 182—185 页。
③ 《元史》,中华书局,1976 年,第 3649 页。
④ 《元文类》下册,第 62 卷,商务印书馆,1958 年,第 898 页。
⑤ 《陇右金石录(十卷附校补一卷)》卷五,甘肃省文献征集委员会,1943 年,第 601、603 页。
⑥ 有学者认为汪氏非汪古族。相关介绍及批判见汪楷：《元朝巩昌汪氏的族属探秘》,《内蒙古社会科学》2000 年第 5 期,第 47—52 页；汪受宽、汪小红：《可信与不可信——对漳县〈汪氏族谱〉的剖析》,《天水师范学院学报》第 28 卷第 6 期,2008 年,第 42—48 页；汪受宽：《巩昌汪氏的族属及其与徽州汪氏的通谱》,《民族研究》2006 年第 2 期,第 72—77 页。

族之首领,即巩昌一带当存在汪古人,此点无疑。而巩昌与众所周知的阴山地区的汪古部之间,五代宋辽时期间隔有党项与吐蕃残部。若西夏时期曾被移民另当别论,否则,巩昌汪古人出自阴山地区的可能性似乎不大。

对比发现,巩昌汪古人所在地与前面介绍的马氏汪古原居地临洮同属洮河流域,两者紧邻。汪世显父汪彦忠系宋末金初之人,与马庆祥祖父迭不儿越哥系同时代人。而迭不儿越哥"以军功累官马步军指挥使"。或许,正是迭不儿越哥在金初的战乱中战败,家族被遣散之后,汪彦忠才崭露头角,一跃而成金代巩昌汪古部族之首领。至于其家族"西州著姓"的"西州"虽存在代指陇西的可能,但也不能完全排除代指唐代以来的西州,即西州回鹘之西州的可能。如是,即便汪世显家族原本不是汪古人,但其属下的汪古人,与其视作出自党项与吐蕃残部以北的阴山一带的汪古部,毋宁视作与马氏汪古先人同出自西域,似乎更合情理。

以上,笔者对黑水汪古、东胜汪古、耶律氏汪古、马氏汪古与巩昌汪古的来源进行了分析。其中,黑水汪古,虽然其"系出沙陀雁门节度之后"的"家传"存在夸大之嫌,但其家族流传的始祖卜国即是以西州回鹘祖源传说为最具代表性的卜古可汗传说之卜古。而东胜汪古看起来属黑水汪古统辖。耶律氏汪古与马氏汪古的族源,如史料所述,来自西域。至于巩昌地区的汪古人,相比阴山地区的汪古本部而言,与其近邻临洮马氏汪古部落同出自西域的可能性更大。

总之,笔者对汪古五大代表性集团渊流的分析,或多或少都反映他们与包括今新疆在内的西域地区有着联系。这与第一节得出的结论——探讨汪古人景教渊流时有必要把目光转向西方,殊途同归。那么,金元之前,汪古先人有无从西域迁入内地的可能?

三 宋辽之际西域景教的向东发展

西域(此处指以今新疆、中亚为主的狭义上的西域)地处丝路要冲。与历史上的佛教、摩尼教、祆教等相同,景教在唐元时期前后二度传入中原之前,首先是在西域扎根发芽。关于包括景教在内的基督教向东方的传播,伯希和早年进行了系统介绍①。明甘那(A. Mingana)依据东方教会相关叙利亚文材料,最早给出了基督教在内亚突厥人中传播的大致情景。② Erica C. D. Hunter,以及 Maria Adelaide 和 Lala Comneno 则进行了补充③。而且,据《伊朗学百科辞典》以及刘迎胜等学者的研究,我们已经充分了解到蒙元及其之前景教在中亚与新疆、河西地区、宁夏以及中国北方草原地区的流传及其分布情况④,即关于景教在中国北方草原地区的传播,我们已经知其然。在此基础上,透过表面现象,尽可能达到知其所以然,这是当前景教传播问题研究的关键所在。就此点而言,笔者以为,汪古部的景教信仰是一极佳的例子。

作为宋辽之际西域新疆的主体民族,回鹘西迁后,其王室初期仍信奉漠北以来的国教摩尼教。不过,在与新疆当地的佛教、祆教等的同生共处之中,10 世纪以后,回鹘王室逐渐改信佛教。西州回鹘景教,正是在上述多元宗教的漩涡之中得以生存发展。

关于西州回鹘的景教教团及其宗教礼仪,与东西方景教徒之间

---

① 伯希和:《唐元时代中亚和东亚之基督教徒》,冯承钧译:《西域南海史地考证译丛一编》,商务印书馆,1962 年,第 49—70 页(原载 *T'oung Pao*, Vol. 28, 1914, pp. 623-644.)

② A. Mingana, "The Early Spread of Christianity in Central Asia and the Far East: A New Document," reprinted from *The Bulletin of the John Rylands Library*, Vol. 9, No. 2, 1925, pp. 297-371. 中译文见牛汝极、王红梅、王菲合译:《基督教在中亚和远东的早期传播》,收入牛汝极:《十字莲花——中国元代叙利亚文景教碑铭文献研究》,第 163—211 页。

③ Erica C. D. Hunter, "The Church of the East in Central Asia," *Bulletin of the John Rylands University*, pp. 138-140; Maria Adelaide & Lala Comneno, "Nestorianism in Central Asia during the First Millennium: Archaeological Evidence," *Journal of the Assyrian Academic Society*, 2011, pp. 20-53.

④ "Christianity iii. In Central Asia and Chinese Turkestan," *Encyclopædia Iranica*, pp. 531-534;刘迎胜:《蒙元时代中亚的聂思脱里教分布》,《元史及北方民族史研究集刊》第 7 期,1983 年,第 66—73 页;盖山林:《元代汪古部地区的景教遗迹与景教在东西文化交流中的作用》,第 689—698 页;陈玮:《公元 7—14 世纪景教在宁夏区域发展史研究》,《敦煌研究》2014 年第 1 期,第 109—114 页;李荣辉、袁刚:《9—14 世纪北方草原地区基督教初探》,《宗教学研究》2016 年第 3 期,第 230—235 页。

的联系,以及敦煌吐鲁番出土基督教文献等,陈怀宇做了详细考察①,荣新江则就相关文献进行了补述②。而西姆斯·威廉姆斯(N. Sims-Williams)在对敦煌吐鲁番出土相关基督教文献进行考察后指出,当时可能存在使用粟特语与突厥(回鹘)语双语的基督教(景教)教团,当时的粟特人基督教徒正处于突厥化之中③。总之,不论粟特人也好,突厥回鹘人也罢,当时西域的景教徒,在政治上大多隶属西州回鹘王国。在探讨汪古部景教源流时,我们应该考虑到出自西域景教核心地区的西州回鹘景教徒的向东发展。

五代宋辽时期,中国政权分立,但丝路贸易依然延续着之前的辉煌。这一时期,往返于西北地区与契丹或中原天朝之间的商人、般次,往往与其所隶属的政治集团的使次并行④。《宋会要辑稿》载太平兴国元年(976)五月,西州龟兹遣使易难,与婆罗门、波斯外道来贺⑤。宋太平兴国九年(984)五月,"西州回鹘与波斯外道来贡"⑥。上文

---

① 陈怀宇:《高昌回鹘景教研究》,载作者著《景风梵声——中古宗教之诸相》,宗教文化出版社,2012年,第58—103页;初刊《敦煌吐鲁番研究》第4卷,1999年。
② 荣新江:《9、10世纪西域北道的粟特人》,载作者著《中古中国与粟特文明》,生活·读书·新知三联书店,2014年,第139—142页;初刊吐鲁番学研究院编《第三届吐鲁番学暨欧亚游牧民族的起源与迁徙国际学术研讨会论文集》,上海古籍出版社,2010年。
③ 西姆斯-威廉姆斯著,陈怀宇译:《从敦煌吐鲁番出土写本看操粟特语和突厥语的基督教徒》,《敦煌学辑刊》1997年第2期,第138—142页;王菲译:《敦煌吐鲁番文献所记突厥和粟特基督徒》,载牛汝极:《十字莲花:中国元代叙利亚文景教碑铭文献研究》,第212—220页。
④ 张广达:《唐末五代宋初西北地区的般次和使次》,氏著《西域史地丛稿初编》,上海古籍出版社,1995年,第335—340页;初刊《季羡林教授八十华诞纪念论文集》下,江西人民出版社,1991年。
⑤ 《宋会要辑稿》蕃夷四《龟兹》,中华书局,1957年,第7720页;郭声波点校:《宋会要辑稿·蕃夷道释》,四川大学出版社,2010年,第131页。部分学者认为龟兹回鹘有别于西州回鹘,如钱伯泉:《龟兹回鹘国始末》,《新疆社会科学》1987年第2期,第100—110页。然引文之前,《宋会要辑稿》言"或称西州回鹘,或称西州龟兹,又称龟兹回鹘,其实一也",这是时人的理解。关于龟兹回鹘隶属西州回鹘的考证,主要参见田卫疆:《北宋时期西州回鹘相关史实考述》,《西域研究》2003年第1期,第8—15页。
⑥ 《宋史》卷四《太宗纪四》,中华书局,1985年,第72页。

的"波斯外道",实为隶属西州回鹘的景教徒①。敦煌出土回鹘语文书 P.2988+P.2909 号,是 10 世纪曹氏归义军时期出使敦煌的西州回鹘使臣书写的发愿文。其第 7—8 行言 tängri tavɣač qan tängri u(y)ɣur qan yarlïɣïnga"奉神圣的桃花石汗与神圣的回鹘汗之圣旨",之后列举使节姓名。其中,与 Yaramiš Ïnanč 都督、Maukä 地略、Uluɣ 将军、Mayaq 啜等并列,出现 Yoxnan 特勤、Yoxnan Maxu 啜、Yoxnan Birgä、Yoxnan Manyaq 啜等人名②。这里的 Yoxnan 即约翰,来自叙利亚语 Yoḥanān,是景教徒常用名③。景教徒出现在西州回鹘对外使团,不足为奇。因为在西州回鹘境内,景教生存于受王室尊崇的摩尼教或佛教的阴影之下。不论从景教的弘扬,抑或从景教徒在王国内地位的提高而言,充当信使出使他国,均是一个良好的润滑剂。

这一时期,活跃于内亚广袤地域的粟特系商人还从事非官方贸易,其足迹遍及漠北与契丹④。作为记录丝路商人鲜活贸易画面的资料,敦煌出土文献中包括一批回鹘文与粟特文的书信、账本、笔记等。关于这批文献,森安孝夫与吉田丰二位最早向学界进行了介绍⑤。翌年,哈密屯(J. Hamilton)著《敦煌出土九至十世纪回鹘语文书》及其与西姆斯-威廉姆斯的合著《敦煌出土九至十世纪突厥粟特

---

① 陈怀宇:《高昌回鹘景教研究》,第 89 页;王媛媛:《五代宋初西州回鹘"波斯外道"辨释》,《中国史研究》2014 年第 2 期,第 75—86 页。
② J. Hamilton, *Manuscrits Ouïgours du IXe-Xe siècle de Touen-Houang*, textes établis, traduits, Peeters, 1986, pp. 109–110.
③ O. F. Sertkaya, "Zu den Namen türkischer Christen in verlorengegangenen altuigurischen Urkunden," pp. 385, 392–393; P. Zieme, *Altuigurische Texte der Kirche des Ostens aus Zentralasien*, p. 187.
④ 森安孝夫:《シルクロードのウイグル商人—ソグド商人とオルトク商人の間—》,樺山紘一等编:《中央ユーラシアの統合》(岩波講座世界歴史 11),岩波书店,1997 年,第 110—111 页;荣新江:《9、10 世纪西域北道的粟特人》,第 132—135 页。
⑤ 森安孝夫:《ウイグル語文獻》,山口瑞鳳编:《講座敦煌 6》(敦煌胡語文獻),大东出版社,1985 年,第 1—98 页;吉田丰:《ソグド語文獻》,山口瑞鳳编:《講座敦煌 6》(敦煌胡語文獻),第 187—204 页。

语文书》正式出版①。前者共收入回鹘文书信、账单等 36 篇,后者共收入包括两篇基督教徒手稿(P.28 文书与 P.3134 背面文书)在内的粟特文书信等 8 篇。现介绍转引部分文书。

前者《敦煌出土九至十世纪回鹘语文书》所收第 20 号文书,即伯希和藏第 15 号回鹘文书,是 10 世纪回鹘商人从外地寄往沙州,或从沙州寄往外地的信函手稿②。该封信是希力克(Silig)以希力克、葛啜(Q̈ar Čor)、瓦兹(Vaẓïr)三人名义写给其嫂子阿勒屯(Ältun)的。此前,希力克、葛啜,可能还包括其死去的哥哥一起到达了都斤(Ötkän,即 Ötükän)地方。之后,瓦兹也赶到于都斤地方与他们会合。接下来,希力克、葛啜要前往沙州西南的仲云(Čungul,即 Čüngül),之后从仲云赶往甘州(Q̈amčiu)。就该封信出自敦煌而言,最大可能是希力克一行从于都斤前往仲云时途径沙州,并在沙州写下了这封信。而于都斤(Ötükän>Ötkän)是指漠北杭爱山一带。前辈学者早已指出,于都斤山在 10 世纪时期应在九姓达靼居地范围内③。

另,哈密顿编号为 23 的回鹘文书,是 Bäg Yegän "匐易言"与 Bay Totoq "巴依都督"写给他岳父 Soγdu Bäg "粟特匐"及其家人的。其中提到 baban čor elitmiš tavar üčün baban čor qïtayqa barïr ärmiš "巴班啜由于带来的财物,巴班啜去了契丹"。这说明,巴班啜前往契丹是为了销售其带来的财物。

---

① J. Hamilton, *Manuscrits Ouïgours du IXe-Xe siècle de Touen-Houang*; N. Sims-Williams & J. Hamilton, *Documents Turco-Sogdiens du IXe-Xe siècle de Touen-Houang*, School of Oriental and African Studies, 1990.

② 相关释读参见 J. Hamilton, *Manuscrits Ouïgours du IXe-Xe siècle de Touen-Houang*, pp. 109–110;牛汝极、杨富学:《敦煌出土早期回鹘语世俗文献译释》,《敦煌研究》1994 年第 4 期,第 17—19 页。笔者对上述释读,大体表示赞同。个别细微差异,容另文详述,兹不赘述。

③ 前田直典:《十世紀時代の九族達靼—蒙古人の蒙古地方の成立—》,氏著《元朝史の研究》,东京大学出版会,1973 年,第 239 页;初刊《东洋学报》第 32 卷第 1 号,1948 年;陈得芝:《十三世纪以前的克烈王国》,氏著《蒙元史研究丛稿》,人民出版社,2005,第 215—218 页;初刊《元史论丛》第 3 期,1986 年。

后者《敦煌出土九至十世纪突厥粟特语文书》所收 P.28 粟特语文书,是从外地送达敦煌或从敦煌送往外地的书信之一部分。其第 1—10 行大意如下①:

¹……并且进入了这个王国。至于衣物(?)【 }² 因某种原因【 】-cykw,我获得了五份债务(即负债了)。[由于?]此五份债务,³我被痛苦折磨(?)。这个王国的人们,[进入了(?)]诅咒的浅滩(?)里。⁴不知信仰与神!我对突尊将军负债了(?)。[中略]⁷⁻⁸现在突尊将军去外面(即外国)了。因此,他的所作所为,你以自身明了(即你是其证人)。我把我的五份债务,均等地送出去了。⁹我因如下理由,没能送出那个物品。雄骆驼在达靼(在达靼国)跑掉,并[离开了?]商队。¹⁰一边说,一边在祈祷,希望它(即雄骆驼)能够出现在 nym'ynck'n 的王国!……

据"不知信仰与神!"($δynβγy\ L'\text{-}r(β)yny$)这一表达方式,可知上引 P.28 书信作者是基督教聂斯脱里派(即景教)教徒。关于他在文书第 9 行中提到的雄骆驼逃掉一事,原著法译文作"向达靼"。笔者专此讨教吉田丰教授。据其介绍,按粟特语原文之意,应译作"在达靼"更为正确。换言之,该书信的作者曾去过达靼之地。关于文中提到的达靼,《突厥粟特语文书》著者在其词注中指出②,其所指乃是沿甘肃省北部沙漠地区的、被达靼人控制之地,并引用敦煌出土于阗语 P.2741 文书,介绍甘州、肃州之间曾存在达靼人。不过,考虑到前面介绍的伯希和藏第 15 号回鹘文书记录 10 世纪时期回鹘商人前往漠北达靼之地于都斤,且很难认为 10 世纪时期曾存在"河西达靼国"③。

---

① N.Sims-Williams & J.Hamilton, *Documents Turco-Sogdiens du IXe-Xe siècle de Touen-Houang*, p. 41.译文中,…表示无法认读的残存文字,【 】为文书残损部分,( )与[ ]内文字分别为原著者的补充说明与推测复原。
② N. Sims-Williams & J. Hamilton, *Documents Turco-Sogdiens du IXe-Xe siècle de Touen-Houang*, p. 45.
③ 相关论述,参见白玉冬:《于阗文 P.2741 文书所见达靼驻地 Buhäthum 考》,《西域文史》第 2 辑,2007 年,第 235—238 页;白玉冬:《十至十一世纪漠北游牧政权的出现——叶尼塞碑铭记录的九姓达靼王国》,《民族研究》2013 年第 1 期,第 83—84 页。

笔者以为,将上引 P.28 粟特语文书记录的回鹘商人去过的达靼视作漠北的达靼部落于理不悖。

P.3134 背面粟特语文书是有关粟特语称为 raγzi,突厥语称为 qars,汉语称为褐子的毛织品账本①。据其第 7 行"以神的名义"(r βγ'yn'mδ'βrw),文书作者被认为是景教徒②。文书中作者所接触的交易对象,除带有突厥语名称的人物之外,还包括汉人以及来自达靼的押牙、焉耆的粟特人和于阗都督等。其中,来自达靼的押牙在第 22 行以回鹘文回鹘语记做 tatardïn kälmiš amγa dasäki zqars alt [ïm]"从来自达靼的押牙处,[我]获得了 8 个(红色?)毛织品"。张广达先生指出,唐末至宋初西北地区的般次贸易,其重要的从事者一般为官员或使节③。上述达靼押牙极可能是代表达靼国从事公务贸易的使节。重要的是,我们在这里能够确认到,粟特系景教徒商人确切在与当时的草原游牧民之代表达靼人进行着交易。

综上所述,笔者介绍的文书,虽然只是敦煌出土粟特文与回鹘文贸易相关文书的一小部分,但这并不妨碍我们通过这些文书了解到 10 世纪时期,包括景教徒粟特系回鹘人在内的回鹘商人,与达靼和契丹保持着联系。《辽史》记录不带有所属地的单独的回鹘频繁入贡。这些回鹘,应视作从事官私朝贡贸易的丝路贸易回鹘商人④。把·赫卜烈思著《教会编年史》(*Gregori i Barhebraei Chronicon Ecclesiasticum*),记录漠北的克烈国王在 11 世纪初带领部众改信景教⑤。笔者的看法是——对克烈部改信基督教而言,如上述粟特文 P.28 文书与 P.3134 背面文书所反映,西州回鹘出身的景教徒回鹘商

---

① N. Sims-Williams & J. Hamilton, *Documents Turco-Sogdiens du IXe-Xe siècle de Touen-Houang*, pp. 23 – 25.
② N. Sims-Williams & J. Hamilton, *Documents Turco-Sogdiens du IXe-Xe siècle de Touen-Houang*, p. 23.
③ 张广达:《唐末五代宋初西北地区的般次和使次》,第 335—340 页。
④ 代田贵文:《カラハン朝の東方発展》,《中央大学大学院研究年報》第 5 辑,1976 年,第 257 页,第 268—269 页尾注 6。
⑤ 有关改宗,主要参见 D. M. Dunlop, "The Karaits of Eastern Asia," *BSOAS*, Vol. 11, No. 2, 1944, pp. 277 – 278;罗香林:《唐元二代之景教》,第 156—157 页。

人所起的作用更大。反观阴山地区的汪古部,诚然有部分出自之前已在当地留存的突厥和回鹘残众,但其中的耶律汪古,无疑是辽代来自西域的景教徒后裔。至于汪古本部阿剌兀思剔吉忽里家族以及东胜汪古,据前面介绍的相关出身背景之分析,他们或多或少与包括今新疆在内的西州回鹘有关。而上引敦煌出土粟特文、回鹘文文书表明——以西州回鹘出身者为代表的、活跃在内亚丝路贸易舞台的粟特系回鹘商人确切在包括达靼之地、契丹等在内的广袤地区从事着丝路贸易。而且,阴山一带的汪古人行回鹘文,同时通叙利亚文。参此而言,上述前往东方的粟特系回鹘商人最终落脚在阴山一带,不无可能。

不过,关于西州回鹘景教势力的向东发展,还没有资料证明这一行动是在王国统治阶层的推动下完成的——如同安史之乱后摩尼教在中国内地的扩张。虽然如此,就元代畏兀人中存在不少景教徒而言,景教在西州回鹘境内并未受到限制,相反,还获得过某些支持。看来,西州回鹘景教教团的活动,与西州回鹘部众的向东发展,难言不无关系。

关于西州回鹘(史料又称为龟兹回鹘)使团利用河南道,即柴达木盆地东经青唐(今西宁)、秦州(今天水)通使中原,甚至入居的史料,主要见于《续资治通鉴长编》卷八〇真宗大中祥符六年(1013)六月条,卷一二六仁宗康定元年(1040)三月条,卷一二七仁宗康定元年(1040)四月丁亥条,卷一二八仁宗康定元年(1040)八月癸卯条,卷一三一仁宗庆历元年(1041)四月壬午条、甲申条,卷一三五仁宗庆历二年(1042)二月庚辰条,以及《宋会要辑稿》蕃夷四《龟兹》。西州回鹘的上述活动,与宋朝、吐蕃唃厮啰政权、西夏三者间错综复杂的相互关系密切相关。同时,亦与沙州回鹘集团的出现干系极大。关于该问题的讨论有偏离本文主旨之嫌,笔者只能割爱,此处仅给出笔者的看法。洪皓《松漠纪闻》云:"回鹘自唐末浸微,本朝盛时,有入居秦川为熟户者。女真破陕,悉徙之燕山。"[1]这是对以西州

---

[1] 《松漠纪闻》卷一,清嘉庆十年照旷阁本,第5叶;文渊阁四库全书本,第407册,第696—697页。

回鹘为主的西域移民主要利用河南道迁入宋朝内地的高度概括。当然,上述迁移应与宋朝针对西北各部族所采取的招诱等政治军事政策密切相关。就前面介绍的马氏汪古是在 11 世纪时期移入临洮而言,自包括西州回鹘在内的西域抵达河湟地区甚至内地的这些回鹘移民中,当包括马氏汪古、巩昌汪古等部分景教人物。而马氏汪古先祖在辽道宗朝进贡辽朝,应当与当时契丹向河湟地区的势力渗透有关①。至于其被女真迁往辽东,亦与洪皓所述相符。

综上,10 至 11 世纪,包括景教徒在内的西州回鹘辖下粟特系回鹘商人,积极参与到丝路官私贸易中,其足迹遍及河西、漠北、契丹、陇西、宋朝内地等。景教在汪古部中的流传,与西州回鹘辖下景教徒商人的活动和景教教团势力的向东发展,应有密切关系。笔者以为,就渊源而言,汪古部中虽包括部分突厥人与回鹘人之后裔,但其统治阶层视作出自西域的景教贵族,似乎更合情理。

余　　论

关于汪古之名,有意见认为出自蒙古人对金界壕的称呼 Ongou,或蒙古语神之意的 Ongon"翁衮"②。不过,距离黑水汪古相当遥远的陇右的巩昌汪古,亦被称为汪古。显然,巩昌汪古之汪古,难以用上述蒙古语 Ongou 或 Ongon 来解释。而且,马可波罗记录天德州的人们自称 Ung,叙利亚语文献记录汪古人为 'wyngy' = Öngāyē,其中的 -āyē 为复数词缀③。

笔者认为,汪古统治阶层可视作留居在东方的、出自包括西州

---

① 相关讨论参见长泽和俊:《辽代吐蕃遣使考》,氏著《シルクロード史研究》,国书刊行会,1979 年,第 340—346 页。
② 相关介绍,见盖山林:《阴山汪古》,第 1—2 页;魏坚、张晓玮:《阴山汪古与景教遗存的考古学观察》,第 193—194 页。
③ P. G. Borbone, "I Vangeli per la Principessa Sara. Un Manoscritto Siriaco Crisografato, Gli Öngut Cristani e Il Principe Giorgio," p. 75; " Some Aspects of Turco-Mongol Christianity in the Light of Literary and Epigraphic Syriac Sources," p. 18;伯希和:《唐元时代中亚和东亚之基督教徒》,第 62—63 页。

回鹘在内的西域景教贵族。而且,如周清澍先生所考证,汪古部中当包括时属东部突厥语族的沙陀突厥与回鹘之后裔。尤其是相对西州回鹘等西面的突厥语族集团而言,阴山地区与陇右同属于东方。笔者推测,汪古名称或源自回鹘语 öng "东方、前方",巩昌汪古"因官氏汪"的"汪",或出自此 öng。如此,则笼罩在巩昌汪古与黑水汪古之间的地理空间上的龃龉,也便迎刃而解。

关于五代宋辽金时期丝路沿线内亚不同地域间的宗教文字文化的交流本相,因史料欠缺,难言得到了充分研究。本文旨在抛砖引玉,谨望学界同仁不吝赐教,推陈出新。

金元汪古马氏的景教因素新探

——显灵故事与人名还原

马晓林

提　要：汪古马氏是中国历史上最有名的景教家族之一，但相关史料中的景教因素仍有深入挖掘的必要。这一问题可以从两个方面进行考察。马氏先祖事迹中涉及金太宗遇基督神显而崇教的故事，可与阿拉伯语、叙利亚语史料进行对照，可知是马氏家族将景教徒中流行的传说进行改造，以强化其族群认同。人名是景教因素的重要证据。通过对马氏家族九代人的景教人名逐一的叙利亚语还原，考证教名、汉名双名并用的实例，马氏家族的文化倾向得以显现，借此可知其演变并非单向的"华化"，景教因素有其持久的一面。

关键词：景教；基督教；回鹘；汪古

汪古是金元时期的重要部族，其主要特点是操突厥语、信仰景教①。汪古马氏家族是金元时期一个著名的景教家族。正是在记录这个家族世系的《马氏世谱》中出现了"聂思脱里"②（该词义为景教徒，语源为创教人的名字 Nestorius）一词，这也是这个词在汉文史料中得到的唯一的一次著录。马氏家族资料较丰富，保存了关于11—14世纪景教徒迁徙、认同、文化倾向变迁的珍贵信息，因此较早受到学术界关注。20世纪初伯希和考察中国古代基督教时，因见不到足够的汉文史料，对马氏家族的研究仅寥寥数语③。中国学者的

---

① 周清澍：《汪古的族源——汪古部事辑之二》，《文史》第10辑，中华书局，1980年；收入《元蒙史札》，内蒙古大学出版社，2001年，第90—119页。
② 黄溍：《马氏世谱》，《金华黄先生文集》卷四三，《四部丛刊》本，第1a—5a叶。
③ Paul Pelliot, "Chrétiens d'Asie Centrale et d'Extrême-Orient," *T'oung Pao*, 15‑5, 1914: 623‑644. 冯承钧译：《唐元时代中亚及东亚之基督教徒》，《西域南海史地考证译丛》第1卷第1编，中华书局，1962年，第55—56页。

研究始于陈垣《元西域人华化考》,晚近又有不少研究,皆延续了"华化"范式①。因此,关于马氏家族景教信仰的考察很不充分。本文拟揭出汉文史料中关于显灵故事、人名两方面的资料,与阿拉伯语、叙利亚语传世文献以及出土材料相比勘,以期深入认识马氏家族中的景教因素。

一　显　灵　故　事

马氏先祖"出于花门贵种"②。花门一般指代回鹘。学者以出土材料和传世文献为依据,论证了9至10世纪高昌回鹘乃至河西回鹘中景教的存在③。11世纪,西夏崛起,攻灭河西回鹘势力,一些回鹘残部东迁河湟、秦陇一带④。马氏家族就是回鹘残部中的一支,11世纪后期至12世纪初期居于北宋统治下的临洮。金朝灭北宋,1130年取临洮,这支回鹘部落被掳至辽东,其中包括马氏祖先把骚马也里黜。1249年,元好问为把骚马也里黜之子习里吉斯(汉名马庆祥,1178—1223)撰写《恒州刺史马君神道碑》,记载把骚马也里黜被掳至辽东后的一桩故事:

---

① 殷小平:《马氏汪古由景入儒的转变历程》,林中泽编:《华夏文明与西方世界》,博士苑出版社,2003年,第95—110页。殷小平:《从姓氏看汪古马氏的华化》,饶宗颐主编:《华学》第7辑,中山大学出版社,2004年,第234—241页。王颋:《桐繁异乡——元净州马氏九世谱系考辨》,《西域南海史地考论》,上海人民出版社,2008年,第218—238页。张沛之:《元代色目人家族及其文化倾向研究》第5章《汪古马氏家族考察》,天津古籍出版社,2009年,第194—273页。殷小平:《元代也里可温考述》第5章《也里可温之华化——以马氏汪古为例》,兰州大学出版社,2012年,第145—179页。
② 元好问:《恒州刺史马君神道碑》,狄宝心校注:《元好问文编年校注》卷五,中华书局,2012年,第1033—1046页。
③ 陈怀宇:《高昌回鹘景教研究》,《敦煌吐鲁番研究》第4卷,北京大学出版社,1999年,第165—214页。
④ 参程溯洛:《甘州回鹘始末与撒里畏兀儿的迁徙及其下落》,《西北史地》1988年第1期;收入《唐宋回鹘史论集》,人民出版社,1990年,第150—165页。

太宗尝出猎,恍惚间见金人挟日而行,心悸不定,莫敢仰视,因罢猎而还。敕以所见者物色访求。或言上所见殆佛陀变现,而辽东无塔、庙,尊像不可得,唯回鹘人梵呗之所有之。因取画像进之,真与上所见者合。上欢喜赞叹,为作福田以应之。凡种人之在臧获者,贳为平民,赐钱币,纵遣之。①

太宗指金太宗,1123—1135 年在位。"佛陀变现"实际上指的是景教神显,"回鹘人梵呗之所"当指教堂,周清澍先生皆已揭櫫②。借用佛教词汇,是基督教初传中国常用的做法。这个故事在汪古部族的形成史上很重要。按这种说法,金太宗遇景教灵应而释放辽东回鹘景教徒,他们遂迁至净州之天山(今内蒙古四子王旗),成为汪古人。最重要的是,我们在同时代的阿拉伯语、叙利亚语史料可以找到一个极为类似的故事。

10 世纪中期至 11 世纪成书的阿拉伯语景教百科全书式著作《塔之书》(*Kitāb al-Majdal*)③记载:

木鹿(Merv)主教阿卜迪朔('Abdišō')④来函称,突厥人的一位王接受了基督信仰,他的臣民中有二十万人接踵其后。原因是有一天他打猎时,迷失路途,不辨方向。这时他遇见一人,遂于彼困境之中获救。求问姓名时,那人答道:"我是马薛里吉思(Mar Sargīs)。"并命他作基督徒。然后那人告诉他闭上眼睛。他睁开双眼之时,便发现自己已经回到了正确的路上。他为此异事所震惊,便咨访基督教,询问其祈祷词和戒律书。他学会了[祈祷词]"我们在天上的父""宇宙的主""神圣的上帝"。主教还说,这位王给他写了一封邀请

---

① 元好问:《恒州刺史马君神道碑》,第 1038 页。
② 周清澍:《汪古的族源——汪古部事辑之二》,《元蒙史札》,第 115 页。
③ 此书概况,参看 Mark N. Swanson, "Kitāb al-Majdal," in D. Thomas and A. Mallett (eds.), *Christian-Muslim Relations: A Bibliographical History*, Vol. 2 (900–1050), Brill, 2010, pp. 627–632.
④ 阿拉伯语人名'Abdišō',义为"夷数奴"。有关 išō' 及相关汉文"夷数"等转写形式,参看 Wang Ding, "Remnants of Christianity from Chinese Central Asia in medieval ages," in Roman Malek (ed.), *Jingjiao. The Church of the East in China and Central Asia*, Sankt Augustin: Institut Monumenta Serica, 2006, pp. 149–162.

函,告诉他那些突厥人只以肉和乳为食。王设一桌为祭坛,上置十字架与福音书,奉献给马薛里吉思。①

《塔之书》明言显灵者名为马薛里吉思。马(Mar)是对圣徒的尊称。薛里吉思(叙利亚语 Sargīs)是公元4世纪初罗马帝国的一位殉教圣徒,在景教徒中备受崇拜。② 基督徒惯常以其崇拜的圣人之名为洗名,把骚马也里黜之子习里吉斯便是此名的突厥语音变形式。因此我们有理由认为汉文史料所谓"佛陀变现"指的就是马薛里吉思显灵。

《塔之书》所记之事,又见载于13世纪叙利亚东方正统派主教巴尔·希伯来(Bar Hebraeus,1225/1226—1286)的叙利亚语著作《教会编年史》,但叙述顺序和细节却有差异:

> 彼时(1007年或1009年③),呼罗珊木鹿城主教阿卜迪朔告知宗主教如下:"住在东方和西方之间的突厥人——克烈人(Keraith = Kereid)的王,在其国中的一座大山上打猎时,迷失了路途方向,为可怕的暴风雪所困。他已经放弃了生还的希望,这时他见到一位圣人的形象,对他说:'如果你相信基督,我便带你出去,你便不会死于此地。'王许诺将成为基督的羊栏中的羔羊,于是圣人引导他出去,带他到一条安全的路上。王平安地回到他的营帐之后,召见住在那里的基督徒商人,向他们询问信仰。他们告诉他如果不受洗便不完

---

① 阿拉伯语原文及拉丁译文: Josephus Simonius Assemanus, *Bibliotheca Orientalis Clementino-Vaticana* III: 2, De Syris Nestorianis, Romae, 1728, pp. 484 - 485. 英译文: Pier Giorgio Borbone, "Some Aspects of Turco-Mongol Christianity in the Light of Literary and Epigraphic Syriac Sources," *Journal of Assyrian Academic Studies*, Vol. 19, No. 2, 2005: 5 - 20 (esp. 9). 笔者汉译。

② Elizabeth Key Fowden, *The Barbarian Plain: Saint Sergius between Rome and Iran*, University of California Press, 1999.

③ 系年参考巴尔·希伯来的另一部著作《叙利亚编年史》。叙利亚语文本: P. Bedian (ed.), *Gregorii Barhebraei Chronicon Syriacum*, Paris, 1890, pp. 279 - 282. 英译本: E. A. W. Budge, *Chronography of Gregory Abu'l Faraj, the son of Aaron, the Hebrew physician commonly known as Bar Hebraeus being the first part of his political history of the wolrd*, 2 Vols, Oxford University Press, 1932.

满。他向他们要了一本福音书,每日景仰,现在还派信使邀请我亲自去见他或者派一位牧师去给他施洗……他还说,皈依基督教的人数达二十万。"①

《塔之书》所记的突厥王,在《教会编年史》中成为克烈王。克烈(又译客列、怯烈)是辽金时期蒙古高原中部的强大突厥部族,后为成吉思汗所灭。《塔之书》乃至巴尔·希伯来早年著作《圣殿之烛》(*Menarat Kudshe*)②记述同一事件时均未记克烈之名。因此,伯希和、让·理查德都对晚出文献中新增的克烈部名提出了质疑③。亨特分析了13世纪克烈人在伊利汗国的地位,认为巴尔·希伯来主教故意窜入部名克烈,是为了建构克烈基督教王国250年的王统,有现实政治目的④。总之,11世纪初皈依的突厥部族不能勘定为克烈。艾骛德认为,鉴于元好问《恒州刺史马君神道碑》记载了类似的故事,则11世纪初皈依景教的应是汪古部祖先⑤。但是,元好问所记的故事发生于12世纪上半叶,故事的主人公是金太宗,无法证明11世纪初的突厥皈依者为谁。重要的是,三个版本的故事主线是一致的,即王者出猎遇神显,归而访教崇教。可以认为,这是在11至13世纪东方景教徒之中流行的一个故事母题,故事主人公和相关细节

---

① 叙利亚语原文:J. B. Abbeloos & T. J. Lamy (eds.), *Gregorii Barhebraei Chronicon ecclesiasticum* I–III, Lovanii, 1872–1877, II, pp. 279–282. 英译文:Pier Giorgio Borbone, "Some Aspects of Turco-Mongol Christianity in the Light of Literary and Epigraphic Syriac Sources," *Journal of Assyrian Academic Studies*, Vol. 19, No. 2, 2005: 5–20(8). 笔者汉译。
② 叙利亚语本:Gregory Bar Hebraeus, *The Lamp of the Sanctuary*, Gorgias Press, 2010.
③ Paul Pelliot, *La Haute Asie*, Paris: L'Édition Artistique, 1932, p. 627. 伯希和著,耿世民译:《高地亚洲》,收入《中亚简史(外一种)》,中华书局,2005年,第192页。Jean Richard, "Le Christianisme dans l'Asie Centrale," *Journal of Asian History* 16 (1982), p. 104, n. 4.
④ Erica C.D. Hunter, "The conversion of the Kerait to Christianity in A.D. 1007," *Zentralasiatische Studien* 22 (1989/91): 142–163.
⑤ Christopher P. Atwood, "Historiography and transformation of ethnic identity in the Mongol Empire: the Öng'üt case," *Asian Ethnicity*, 15–4, 2014: 514–534 (esp. 517).

衍生出多个版本。

这一景教显灵故事在汉文史料中出现，是汪古马氏景教信仰的力证，也反映了回鹘景教徒的迁徙史。在元好问《恒州刺史马君神道碑》中，故事主人公从11世纪初的突厥王变成了12世纪上半叶的金太宗。金太宗对景教的尊崇，别无其他史料可证，大概主要出自景教徒的美好想象。当然这种想象并非空穴来风，而是根据一定的史实背景敷衍而来。20世纪，辽上京遗址（内蒙古巴林左旗）出土景教十字链饰，学者认为是回鹘人携来之物①。金初辽东应该安置了不少回鹘人，其中包括把骚马也里黜及其部族。金太宗遇神显而崇景教的故事，是以金初辽东景教为背景，依托当时景教徒中流行的故事母题演绎而成。在《恒州刺史马君神道碑》中，马氏家族以此故事解释其族人由臧获（奴隶）而获自由的原因，并宣示后来习里吉斯忠金死节的正当性。景教信仰与效忠金朝纠缠在一起，反映了13世纪汪古马氏的政治与文化认同。

二 景教人名还原

人名能够鲜明地反映出历史背景和文化倾向，有很高的学术价值。基督教徒受洗而有教名，多取圣经人名或圣徒人名，较易辨识。不过，动辄妄取欧洲语言与元代汉译名对音，则每每谬之千里。须要明确的是，景教用叙利亚语传教，而汪古人操突厥语②，因此汪古人名主要来自这两种语言，叙利亚语为教名，突厥语可以称之为俗名。进入汉地之后，又出现了汉姓汉名。下面全面考察马氏家族的命名习俗，兼对其家族史作出补证。

---

① 鸟居龙藏：《景教に関する畫像石》，《考古学雑誌》第27卷第2期，1937年，第39—46页。杨富学：《回鹘与辽上京》，《首届辽上京契丹·辽文化学术研讨会论文集》，内蒙古文化出版社，2009年，第128—139页。
② 关于汪古人使用叙利亚语的情况，参看 Pier Giorgio Borbone, "Syroturcica 1. The Önggüds and the Syriac Language," in G. A. Kiraz (ed.), *Malphono w-Rabo d-Malphone: Studies in Honor of Sebastian P. Brock*, Piscataway, Gorgias Press, 2008, pp. 1-17.

（一）前五代人名

汪古马氏家族最初尚无姓氏，第一代名为和禄罙思。其人载于 14 世纪中期的《马氏世谱》①，事迹带有传说色彩，但人名当有一定的来源。和禄罙思，佐伯好郎还原为 Wargis②，张星烺还原为 Horam Mishech③，音义皆较为勉强。笔者认为此名来自叙利亚语 Hormīzd，译音时略去了末尾辅音-d。其词源 Xormzt 是古伊朗语中最高神之名，进入粟特语作 Ormzt/Ormozt，唐代译唱没斯，为脱落尾音-t 之例证④。后来进入回鹘—蒙古文中形式为 *Xormuzta/Qormusta*，仍表示天神。叙利亚基督徒亦以之为名。7 世纪有位僧侣列班·霍尔米兹德（Rabban Hormīzd），在叙利亚创建了景教历史上最重要的修道院之一⑤。和禄罙思大概直接取自此名。

第二代迭木儿越哥（又译帖穆尔越歌、帖木尔越哥）⑥，可还原为突厥语 Temür üge。其中 temür 义为铁，üge 为智者、长者的一种称号⑦。这一称号表明他是临洮回鹘人中的一位领袖人物。

第三代把骚马也里黜（又译伯索麻也里束、把造马野礼属、把扫马野礼属）⑧，来自叙利亚语 Bar Ṣaumā Elīšaʻ。Bar 义为某某之

---

① 黄溍：《马氏世谱》，《金华黄先生文集》卷四三，第 1a 叶。
② 佐伯好郎：《支那基督教の研究》第 2 册，春秋社，1943 年，第 472 页。
③ 张星烺编注，朱杰勤校订：《中西交通史料汇编》第 2 册，中华书局，2003 年，第 393 页。
④ 艾骛德教授（Christopher Atwood）在 2015 年 1 月 22 日与我的电子邮件中最先提出了 Xormzt 这一还原并揭出唱没斯的译例。谨致谢忱！
⑤ E. A. Wallis Budge, *The histories of rabban Hôrmîzd the Persian and rabban Bar-'Idtâ*, London: Luzac and Co., 1902.
⑥ 元好问：《恒州刺史马君神道碑》，第 1038 页。黄溍：《马氏世谱》，《金华黄先生文集》卷四三，第 1a 叶。《元史》卷一三四《月合乃传》，中华书局，1976 年，第 3244 页。
⑦ Volker Rybatzki, *Die Personennamen und Titel der mittelmongolischen Dokumente: eine lexikalische Untersuchung*, Helsinki, 2006, pp. 66–68.
⑧ 元好问：《恒州刺史马君神道碑》，第 1038 页。黄溍：《马氏世谱》，《金华黄先生文集》卷 43，第 1a 叶。马祖常：《礼部尚书马公神道碑》，《石田集》卷一三，中州古籍出版社，1991 年，第 236 页。《元史》卷一三四《月合乃传》，第 3244 页。

子,相当于阿拉伯语中的 ibn。Ṣaumā 本义为斋戒,与 Elīšaʻ 皆为圣徒名。

第四代习里吉斯(又译习礼吉思、锡礼吉思、昔里吉思)①,来自叙利亚语 Sargīs 的突厥形式 Särgis>Sirgis。习里吉斯入仕金朝,取汉姓马,名庆祥,字瑞宁。汉文材料解释马姓来自官名"马步军指挥使""兵马判官"②。诚如学者所论,以官为氏是迎合汉文化传统的附会之说,马姓实际上得自景教徒对长者的尊称 Mar③。习礼吉思取汉姓汉名,与金代崇尚汉文化的社会风尚有关,以致元初有"金以儒亡"之说④。马庆祥虽有汉姓汉名,但实际上是"以小字习里吉斯行"⑤。汉名、基督教名双名的习惯,自此开始,一直维持至元末。

第五代最知名者为月合乃(又译月忽乃、月忽难)⑥,来自叙利亚语 Yōḥnān,即约翰。《马氏世谱》称其"一名贞,字正臣"⑦。《元史·月合乃传》未记汉名贞,仅记"字正卿"⑧。月合乃七岁至十七岁居于金都汴梁十年,汉名当取于其时。金亡,月合乃北上入仕蒙古,交际圈以蒙古上层为主,故不以汉名行。月合乃同代人名尚有三达、铎剌、福海、天民。三达、福海、天民人名待考。铎剌(Dawlat)见于中亚七河地区蒙元时代景教徒墓铭,源自波斯语,义为财

---

① 元好问:《恒州刺史马君神道碑》,第 1038 页。《金史》卷一二四《忠义传·马庆祥传》,中华书局,1976 年,第 2695—2696 页。黄溍:《马氏世谱》,《金华黄先生文集》卷四三,第 1a 叶。马祖常:《礼部尚书马公神道碑》,《石田集》卷一三,第 236 页。《元史》卷一三四《月合乃传》,第 3244 页。
② 黄溍:《马氏世谱》,《金华黄先生文集》卷四三,第 1a 叶。《元史》卷一三四《月合乃传》,第 3244 页;卷一四三《马祖常传》,第 3411 页。
③ 殷小平:《从姓氏看汪古马氏的华化》,饶宗颐主编:《华学》第 7 辑,第 234—241 页。
④ 《元史》卷一六三《张德辉传》,第 3824 页。
⑤ 元好问:《恒州刺史马君神道碑》,第 1033 页。
⑥ 《元史》卷一三四《月合乃传》,第 3244 页。马祖常:《礼部尚书马公神道碑》,《石田集》卷一三,第 236 页。黄溍:《马氏世谱》,《金华黄先生文集》卷四三,第 1a 叶。
⑦ 黄溍:《马氏世谱》,《金华黄先生文集》卷四三,第 3a 叶。
⑧ 《元史》卷一三四《月合乃传》,第 3245 页。

富、官府①。

(二) 第六代人名

三达三子：天下间大概源于汉名；灭都失剌词源不明；约实谋是景教名，叙利亚语写形 Yošmūd 见于中亚七河地区景教墓铭②。天民二子，皆为基督教名：奥刺罕（叙利亚语 Abraham 的突厥形式 Abraqam/Auraqam，今译亚伯拉罕）、保禄赐（叙利亚语 Pawlōs，基督教最早的传教使徒，今译保禄、保罗）。

月合乃的后代较为复杂。最详尽的两件材料是马祖常《礼部尚书马公神道碑》（下简称《碑》）③、黄溍《马氏世谱》（下简称《谱》）。前者是马祖常为其曾祖马月合乃撰写的神道碑，后者是黄溍为马氏家族撰写的家谱，两者的消息来源都是家族成员的自述，可靠性都很高。但是两者所记的谱系人名却有一些差异。以往学界对马氏世系的研究，以前引王颋、张沛之考证最详。但是《碑》《谱》的很多相异之处仍未得到解释。

《碑》《谱》皆记月合乃有子11人。《碑》记载的是：世忠、世昌、世显、世荣、世靖、世禄、世吉、审温，余三人早卒不仕。《谱》记载的是：世忠、世昌、世敬、斡沙纳、世靖、世禄、失吉、世荣、世臣，余三人皆早卒。

首先可以发现，《谱》记载了9个人名，加上3个没记名字的，总数是12，与11人不符。因此有可能斡沙纳就是世敬或世靖的教名。

---

① Daniil Chwolson, *Syrische Grabinschriften aus Semirjetschie*, *Nebst einer Beilage*, St. Peterburg, 1890, No. 49. Daniil Chwolson, *Syrisch-nestorianische Grabinschriften aus Semirjetschie*, *neue Folge*, St. Peterburg, 1897, No. 229. Mark Dickens, "Syriac Gravestones in Tashkent Museum," in W. Winkler Dietmar & Li Tang (eds.), *Hidden Treasures and Intercultural Encounters: Studies on East Syriac Christianity in China and Central Asia*, Wien: LIT Verlag, 2009, pp. 13 - 49 (No. 2).

② Wassilios Klein, *Das nestorianische Christentum an den Handelswegen durch Kyrgyzstan bis zum 14. Jh.*, Turnhout: Brepols, 2000, Grabstein 27, p. 417.

③ 马祖常：《礼部尚书马公神道碑》，《石田集》卷一三，《元人文集珍本丛刊》本，第259—261页；苏天爵编：《元文类》卷六七，《四部丛刊初编》本，第11b—15a叶。

其次,这些人名中大多数是汉名,以"世"字为辈,但也有三个非汉名:审温,来自叙利亚语 Šemʻōn(源于古希伯来文,耶稣十二门徒之一,今译西满、西蒙);翰沙纳,来自叙利亚语 Ōšaʻnā(源于古希伯来文,义为呼喊),此名亦见于同时代的中亚七河景教墓铭①;失吉,来自突厥—蒙古语 Sigi,义为小、小拇指。最后,《碑》与《谱》所记的人名不尽相同。笔者认为,差异的原因在于月合乃之子都有双名,有的以汉名行,有的以非汉名行,后来追溯时有的被混淆了。

我们可以注意到,《谱》的失吉、《碑》的世吉皆为绛州判官,显然是一人。失吉(Sigi)与世吉音近,因此他以汉名抑或非汉名行的结果差不多,都不会被混淆。他的兄弟就没有那么幸运了。《碑》的审温为"嘉议大夫,历台州、淮安、瑞州路总管"。《谱》的世荣为"瑞州路总管"。审温、世荣都担任过瑞州路总管,似有勘同的可能。但《碑》又记了一位世荣,蚤卒无子。《谱》记瑞州路总管世荣有二子,言之凿凿,似更可信。笔者认为,也许世荣、审温是同一人的汉、教双名,《碑》错将其记为二人。翻检方志,我们可以找到关于审温的材料。弘治《赤城新志》有"台州路总管马沈欢",至元二十二年以朝列大夫至,二十六年为廉恪所代②。正德《瑞州府志》载有瑞州路总管马沈欢,"嘉议大夫,大德七年任"③。马沈欢与《碑》所记审温的散官、职官皆相合。可知,马沈欢即马审温。按照方志,他至元二十二年至二十六年任台州路总管,大德七年任瑞州路总管。那么他任淮安路总管应该是在至元二十六年至大德七年之间。沈(同沉)、审同音,八思巴字皆作 shim,欢字八思巴字作 hon,温字八思巴字作 ʻun④。沈欢(*Šimqon)、审温(*Šimʻun),是叙利亚语 Šemʻōn 进入突

---

① Daniil Chwolson, *Syrische Grabinschriften aus Semirjetschie*, *Nebst einer Beilage*, No. 32. Daniil Chwolson, *Syrisch-nestorianische Grabinschriften aus Semirjetschie*, neue Folge, pp. 173, 207, 276, 323. 佐伯好郎:《支那基督教の研究》第 1 册,第 411 号,第 581 页。
② 弘治《赤城新志》卷一三,《四库全书存目丛书》史部第 177 册,齐鲁书社,1996 年,第 3b 叶。
③ 正德《瑞州府志》卷五,《天一阁藏明代方志选刊续编》本,第 13b 叶。
④ W. South Coblin, *A Handbook of ʼPhags-pa Chinese*, University of Hawaiʼi Press, 2007, pp. 167, 145, 140.

厥—蒙古语后读音细微差别的异译而已。总之,他的汉名是世荣,教名是审温(又译沈欢)。方志中记为马沈欢,证明他以基督教名行,以马为姓,反映出家族这一代人汉、景交融的文化特点。

(三) 第七代人名

奥剌罕之子阙里奚思,是叙利亚语 Gīwārgīs(3 世纪末 4 世纪初罗马帝国殉教圣徒,今译乔治)的突厥形式 Kürkis,元代更常见的形式是阔里吉思(Körgis)。

月合乃的孙辈,《碑》云有 20 人,并记下了其中 15 人之名。《谱》只记了 12 人。这一代人中,一些是纯粹的汉名如润、节、礼、渊、开、遗、道、遵、通、迪,另一些则是纯粹的教名,如保六赐(Pawlōs,《谱》未记此人,今译保禄、保罗)、岳难(Yawnān,早期以色列先知,今译乔纳)、失里哈(Šeliḥā,义为使徒、信使)、也里哈(Eliḥā,早期犹太先知,亦为基督教所尊崇)、雅古(Yaʻqōb,耶稣十二门徒之一,今译雅各布)、必吉南(一作必胡南,Behnam,4 世纪圣徒)、祝饶(Zayʻā,4 世纪末 5 世纪初中东圣徒)。

可惜的是,这一代人的事迹罕见于其他文献。比较特殊的是《碑》的必吉南,《谱》作必胡南,其官职,《碑》记为奉议大夫同知兴国路事,《谱》记为同知兴国路总管府事,可知确是同一人。吉、胡二字读音相差很大,是否有两者一讹误呢? 笔者以为两者都没有讹误。此名来自 Behnam(词源是伊朗语),叙利亚语进入突厥语,形式当为 *Biqnam。辅音 q 之后本无元音,汉译时加-i 则为必吉南,加-u 则为必胡南。万历《金华府志》有金华县达鲁花赤马必吉男,①弘治《赤城新志》有至大二年至皇庆元年临海县达鲁花赤马必吉男②,应该就是此人。必吉南、必吉男、必胡南译名用字不统一,表明他以教名行世。

(四) 第八、九代人名

月合乃的曾孙辈,出现了马祖常(1279—1338)这样的名儒。

---

① 万历《金华府志》卷一二,《中国方志丛书》影印万历刻本,第 3a 叶。
② 弘治《赤城新志》卷一五,第 4a 叶。

祖常、祖孝兄弟同登进士,元史上实属罕有。通观马祖常一生著述,几无一字关系景教,甚至鼓吹其曾祖月合乃"世非出于中国,而学问文献过于邹鲁之士……俾其子孙百年之间革其旧俗"①。同时,马祖常的景教出身也为时人所知,杨维桢编《西湖竹枝集》附马祖常小传云:"马雍古祖常,字伯庸,俊(浚)仪可温氏"②。浚仪,为开封汴梁的别称,是马祖常曾祖月合乃曾居之地。可温,是也里可温之省称。

马祖常倾心汉文化的一面,继承自其父辈,表现在人名上是这一代人多数取汉名,大体以"祖"字为辈。同时,教名也仍然存在。《谱》记录了16个人名,其中14个为带祖字的汉名,1个为汉名叔清,1个为教名苏剌哈(Sulāqā,义为升天)③。《碑》写作年代稍早,只记已入仕者之名9个,其中6个带祖字,另3个为教名:天合(Denḥā,当今东方教会1975—2015年在任的领袖宗主教玛·丁哈四世即以此为名)、易朔(Īšōʻ,今译耶稣)、卤合(Lūqā,今译路加)。《谱》写作年代较晚,所记人名较多,不记这3个人是不太合理的。实际上,《谱》中所记马祖常叔父礼之子祖中,就是《碑》中的天合。《碑》记其官职为监杭州盐仓。陈垣先生揭出的元人王逢《题怀静轩诗序》一文,记载马氏后人马季子之父为浙西监仓使马祖中④。王颋先生已指出浙西监仓使与监杭州盐仓实为一职,祖中、天合当为一人⑤。《碑》所记的长幼顺序也与之相符。可知此人取汉、教双名。

另一个例证是马祖常叔父渊之子祖元,《碑》记为信州路教授,《谱》记为乡贡进士、市舶某提举。《至正四明续志》有"庆元路总管府知事马也里牙祖元",且注曰:"至治三年乡贡进士登仕郎。至元

---

① 马祖常:《礼部尚书马公神道碑》,《石田集》卷13,第259—261页。
② 杨维桢:《西湖竹枝集》,《丛书集成续编》第154册,上海书店出版社,1994年,第3a叶。
③ 同名者有著名的爱薛之婿中顺大夫同知崇福司事速剌哈。程钜夫:《拂林忠献王神道碑》,《雪楼集》卷五,元代珍本文集汇刊本,第243—348页。
④ 王逢:《题马季子怀静轩》,《梧溪集》卷四,《北京图书馆古籍珍本丛刊》第95册,第506页上。
⑤ 王颋:《桐繁异乡——元净州马氏九世谱系考辨》,第218—238页。

五年三月初十日之任。"①可知是同一人无疑。也里牙来自叙利亚语 Ēlīyā,为早期犹太先知名,是常见的教名。马也里牙祖元是教名、汉名连用。也里牙(祖中)、天合(祖元)的双名习俗大概仅仅是马氏家族第八代中双名习俗的冰山一角。

马氏第九代资料匮乏,留下名字仅有9个,其中5个是马润之孙,都是汉名。马礼之孙季子为汉名,帖木尔(Temür)、明安沓尔(Ming'andar)则是突厥—蒙古名。马天民后人伯嘉讷是借自汉语"百家奴"的突厥—蒙古语人名。

综观马氏家族九代人名,景教名、突厥名代表其本俗,而汉姓汉名出现于第四代。居汉地日久,汉名似乎越来越重要。但教名汉名双名并用之俗应引起充分重视。在元朝统治之下,汉文化并非处于独尊地位,这决定了马氏家族很多成员尽管有汉名但仍以教名行世。鉴于汉文世系文献不会双名皆录,我们应该考虑两种世系之间的很多差异是双名只记其一造成的。

结　　论

元好问《恒州刺史马君神道碑》所记辽东景教显灵故事,与阿拉伯语《塔之书》、叙利亚语《教会编年史》源自同一故事母题。这一故事母题在11—13世纪景教徒中流行,从中东、中亚传至中国,故事主人公从突厥王变为金太宗,故事时间、地点也相应发生了变化。这些新增和改动的细节,一方面,反映了12世纪初回鹘景教徒迁徙的情况,提供了关于汪古族群形成过程的珍贵记载;另一方面,将宗教信仰与政治忠诚合二为一,反映了金代马氏家族的政治与文化认同。

到元代,汪古马氏家族受汉文化影响很深,但诚如萧启庆先生所云,蒙古、色目士人未必愿意扬弃其政治特权之下的族群认同②。

---

① 《至正四明续志》卷一,《宋元方志丛刊》本,第6454页。"马君祖元",见《慈溪县儒学重修记》,《至正四明续志》卷七,第33a叶。罗依果、楼占梅:《元朝人名录》,南天书局,1988年,第1456页。
② 萧启庆:《九州四海风雅同:元代多族士人圈的形成与发展》,联经出版事业公司,2012年,第386页。

汪古人的文化,体现在语言文字上,是作为宗教语言的叙利亚语,以及作为世俗语言的突厥语。虽然我们只有汉文文献可资利用,但仍能勘定、还原出马氏家族景教人名20个。显然马氏家族中应该还有很多教名未被记录下来。从人名来观察马氏家族文化倾向,可以发现久居汉地的马氏家族似在自身文化与汉文化之间寻找某种调和或平衡。比如以马(Mar)为姓,取世吉(Sigi)这样双语同音之名,便是兼顾两种文化的睿智之选,元代另一个著名的回鹘移民家族高昌偰氏也有类似的现象[1]。马氏家族也存在教名、汉名双名的现象,这也体现出其文化上的双重面相。马氏家族取教名的习惯,直至元末仍然存在,体现出景教信仰文化对其影响之持久。

如同元代多数外来族群一样,汪古马氏家族的相关史料基本上都是汉文的。汉文文献本身就带有天然的文化倾向,对外来的景教因素易为忽略、回避。若以汉文文献来考察"华化",在研究范式上存在缺陷,容易轻视了外来族群自身的文化能动性。对于汪古人而言,景教是其族群认同中最重要的因素之一。叙利亚语、突厥语所承载的信仰和文化,有其持久的一面。我们从先祖事迹、人名之中得见的是吉光片羽。史料虽有局限,但不应局限住我们的视野。

---

[1] Dai Matsui, "Book Review: Michael C. Brose, *Subjects and Masters: Uyghurs in the Mongol Empire*, Western Washington 2005," *International Journal of Asian Studies* 6-2, 2009, pp. 247-249.

中亚语言与文字中的摩尼教文献①

宗德曼

尤小羽 译

摘 要：摩尼教素有"世界的宗教"之名，历来重视传播，在摩尼创教之初就为了在与已有琐罗亚斯德教、基督教、佛教的竞争中脱颖而出积极传教，其主要传播方式之一就是主动组织多语言文本的翻译，有关翻译的策略也是多方，如向已有佛教立足的中原汉文化传教之时译述的摩尼教根本经典《二宗经》（应属 Šābuhragān《沙溥罗御览》系统）便借用佛教论部体式，参以大量释氏名相。借 20 世纪初西方国家进行的西域考古，中亚摩尼教史料获得巨大发现，使得摩尼教东传历程研究的深化成为可能。研究发现，吐鲁番、敦煌发现的涉及摩尼教教史文献的西亚、中亚、东亚语言文字有阿拉美、中古波斯、帕提亚、粟特、图木舒克、突厥回鹘和汉语言文字等。伊朗语系的摩尼教文献是教会权威文献，帕提亚语是官方仪式语，这一点即使在离开波斯语文化区之后，在中亚乃至中原东南陲的福建地区经历了华化、地方化后的明教教团中仍然得到保持。这不能不归功于摩尼教自身教义系统的种种优点和对不同文化的体察与适应能力。对其译经活动进行语言学、文献学、宗教史学的研究，仍是丝绸之路文明史的一个持久重要课题。

关键词：摩尼教；中亚语言与文字；中亚宗教史；写本；经典翻译

---

① 本文原刊：Werner Sundermann, "The Manichaean Texts in Languages and Scripts of Central Asia," in: Shirin Akiner & Nicholas Sims-Williams (eds.), *Languages and Scripts of Central Asia*（阿齐纳、辛姆斯－威廉姆斯主编《中亚的语言与文字》）, School of Oriental & African Studies, University of London, 1997, pp. 39–45. 本文根据作者校订本翻译，并补充了文中提及的 5 幅写本图版。中译文的发表得到原编者 Nicholas Sims-Williams 教授的支持，谨表谢意。摩尼教文献术语素称艰深难译，本文对学界现有的好译名接受沿用，也尝试做一点新的译名建议，原则之一是尽可能减少不必要的音译，如摩尼教书名 Šābuhragān，即据中古波斯语概念的理解。

对多民族文化交融地区的多语共存文化和圣典的多语种文本的研究而言，在新疆吐鲁番盆地出土发现的宗教社团圣书文献是一个引发人探究兴味的对象。正如佛教、摩尼教和基督教聂斯托利派在中亚地区所经历过的那样，宗教团体想要卓有成效地传播其教义信仰，都不可避免地要面对一个左右为难的问题：一方面，为了吸引非信徒并在他们中吸收教徒，他们需要译经；另一方面，他们又不能无视他们教派原汁原味、正宗本真的福音其实仅存在于一种语言一种文字的事实。一方面需要发展出一套翻译转写的技巧来，另一方面又必须确保正典文献在翻译之后仍不走样，足以保障传教、举行法事，对芸芸众生皈依信从施加影响。

但凡一个宗教教团立意传教，都必须找到应对这种两难处境的办法。当然，办法有种种，即便是同一宗教，针对不同情势，应该采取的方式、作出的选择也应不同。在下文里，我将以摩尼教的文献为例做一点说明。我将解释本人在研究几组多语种文献时的一项发现，即一种特定文献是否得到翻译。这也许对解决文献史上的一个问题不无启发。

创立了摩尼教的摩尼（Māni，216/7—277年），他对用自己的言语记录下他的福音是很上心在意的。由最近刊布的都柏林本科普特语摩尼教经典《师尊篇章》（Kephalaia）残篇我们得知，摩尼手下有一班书手，他口授，书手笔录其言[①]。不过摩尼同时也要设法让他的教义翻译成其他语言。因为他本人懂中古波斯语，他就用这种语言写了一部解说他的教义的书，题名 Šābuhragān（《沙薄罗御览》），献给波斯君主沙薄罗一世[②]。在翻译事业上，摩尼也努力保证原文与

---

① A. Böhlig, "Neue Initiativen zur Erschließung der koptisch-manichäischen Bibliothek von Medinet Madi," *Zeitschrift für die Neutestamentliche Wissenschaft und die Kunde der Älteren Kirche*, 80, 1989, 251（贝理希：《Medinet Madi 藏经室所出科普特语摩尼教文献整理的新倡议》，《新约学与古代教会研究杂志》总第80集，1989年，第251页）。

② W. Sundermann, "Namen von Göttern, Dämonen und Menschen in iranischen Versionen des manichäischen Mythos," *AoF* 6, 1979, S. 106, 109 - 112（宗德曼：《伊朗语本摩尼教神话中所见的神名、鬼名与人名》，《古代东方研究》第6卷，1979年，第106、109—112页）。

译本之间的完美一致。他自己使用了两种语言——阿拉美语和中古波斯语撰写原典。他的示范鼓励了弟子们效仿老师所为,将他的更多作品译成帕提亚语、希腊语及科普特语,这显然为摩尼所嘉许。众所周知,摩尼直传弟子末冒(Mār Ammō)是帕提亚语本摩尼教文献的开山人①。我们还可推测,另一位摩尼弟子末阿驮(Mār Addā)将摩尼教文献译成了希腊语,他曾作为摩尼的使徒西行传教,行至远届埃及的亚历山大城②。

摩尼将阿拉美字母用于记录中古波斯语,这一事实本身并不意味着他认为后来被学术界称为"摩尼文字"的记录系统具有独尊的神圣性。理由反而很简单,那就是一般用于记录中古波斯语的婆罗钵文字难掌握,实用性也差,在摩尼生活的那个时代就很少用来记录宗教性的文献③。凡有适用的现成字母可以得心应手地记录本土语言,摩尼教中人自然会毫不犹豫地拿来为我所用。他们书写希腊语和科普特语的文献时,便没有使用摩尼文字(图1)。

摩尼与他的弟子门生们对于外族语言和文字的开放心态也不是一成不变的。摩尼身后,他亲力亲为鼓励迻译摩尼教经典的做法不再,教团对此事的热情就显出衰歇的势头。帕提亚语在一段时间内似乎继续作为摩尼教教会用语在中亚地区行用,在粟特人和大夏人中亦然。恒宁认为,直至6世纪,大夏摩尼教徒是用帕提亚文书写

---

① W. B. Henning, "Two Manichaean Magical Texts. With an Excursus on The Parthian ending -ēndēh," *BSOAS*, XII, 1947, 50(恒宁:《摩尼教巫术文献两题——附论帕提亚语的词尾-ēndēh》,《伦敦大学亚非学院学报》第12卷,1947年,第50页)。

② 参 W. Sundermann, "Studien zur kirchengeschichtlichen Literatur der iranischen Manichäer I," *AoF* 13, 1986, 55, 56, 59‑60(《伊朗语摩尼教教史文献研究(一)》,《古代东方研究》第13卷,1986年,第55、56、59—60页)。

③ W. B. Henning, "Mitteliranisch," *Handbuch der Orientalistik*, 1. Abt., 4. Bd., 1.Abschn., Brill, 1958, 72‑73(恒宁:《中古伊朗语》,《东方学手册》甲类第4卷第1集,布雷尔书局,1958年,第72—73页)。

图 1　柏林藏吐鲁番出土摩尼教文书 M4(© Berlin-Brandenburgische Akademie der Wissenschaften)

摩尼教文献的①。粟特语摩尼教文献在 7 世纪以前似有可能尚未出现②。果若如此,我们便大可以尝试将粟特语摩尼教文献的发端与著名教会首脑人物末设嗢末斯(Mār Šād-Ohrmezd)的名字联系起来。

后来涉足中亚的摩尼教传教师僧们将他们的圣典和文书陆续

---

① W. B. Henning, "Two Manichaean Magical Texts. With an Excursus on The Parthian ending -ēndēh," *BSOAS*, XII, 1947, 50(恒宁:《摩尼教巫术文献两题——附论帕提亚语的词尾-ēndēh》,《伦敦大学亚非学院学报》第 12 卷,1947 年,第 50 页)。

② I. Gershevitch, *A Grammar of Manichean Sogdian*, Oxford University Press, 1961, Ⅵ(格舍维奇:《摩尼教粟特语语法》,牛津大学出版社,1961 年,序言第Ⅵ页)。

译成大夏语、图木舒克语①、吐火罗语、古突厥语和汉语。摩尼教文献在这些语言文字里都有文本实证。不过也许还存在于阗语和藏语的摩尼教文献。摩尼教徒们在他们向东传教的过程中接受了粟特文字及由之衍生出来的回鹘文。他们间或使用婆罗谜文字和古突厥如尼文字。不过,即使有这种种语言和文字的摩尼教文本,原始教会的中古波斯语和帕提亚语文本仍保留了教会准官方语言的地位。这两种文字在并不讲这两种语言的人群中能得到广泛流传,这一事实本身就是其特殊地位的最有力证明。

中古波斯语和帕提亚语取阿拉美语而代之,成为中亚地区摩尼教特殊的教会用语,对这些语言拥有一定的知识对于虔诚奉教的信徒而言是必不可少的。可以想见,这两种语言使用的范围所及,赞文胜于散文,仪式文胜于教诲文。粟特语摩尼教文本中散文(布道书、论说和信件)比重大,赞偈集有一些,而标准的赞文极少,我想正是出于这个原因。

在再晚近一些的9世纪、10世纪和11世纪,中亚地区的摩尼教徒主体变成突厥人之时,摩尼教圣书语言的层级逐渐得到了确立,双面书写的多语种残片 M 172(图2,原件现藏柏林亚洲艺术博物馆,馆藏号 MIK III 196)就是一个明证。一面是给听者(即普通信众)使用的回鹘语忏悔文(Xwāstwānīft)片段,另一面是伊朗系语言的《活命福音》(Living Gospel)的开篇及摩尼福音之前对三位一体的庄严赞美,为作仪式时念诵之用。这些话本来是用中古波斯语念的,随后逐句译成粟特语,以便参与仪式的在家信徒可以跟随念诵。它们之译成粟特语而非突厥语,也许可回溯到早些时期,那时中亚大多数摩尼教徒仍使用粟特语。无论是福音书的中古波斯语正典还是历史悠久的粟特译本,都传给了讲突厥语的团体,并忠实地保存下来。因此,在高昌王国的摩尼教仪式中可以听到不下三种——也许更多——的语言。

---

① W. Henning, "Neue Materialien zur Geschichte des Manichäismus," *ZDMG*, 90, 1936, 11‑14(恒宁:《新发现的摩尼教史料》,《德国东方学会学报》第90卷,1936年,第11—14页)。

图 2　柏林藏吐鲁番文书 M 172(© Berlin-Brandenburgische Akademie der Wissenschaften)

摩尼字母在中亚地区同样也扮演了一种更尊显的角色,地位之高超过它在3世纪的伊朗所享有的情形。此时是7世纪起至10世纪,它在中亚扎根立足,与其他几个高度发达的字母系统比肩而立,承担传写圣书福音的职能。同时代的粟特人和突厥语社群使用粟特字母,塞种人、吐火罗人和突厥诸族使用婆罗谜字母,汉人使用汉字。因为摩尼字母也用于书写粟特语、突厥语以及吐火罗语,甚至书信也使用到它,我们就此可以推论说,在当时摩尼字母已经获得了一种僧侣字母的特征,在摩尼的信徒中具有比其他文字更高的地位。

下文中我举几个例子。首先须指出的是这里所提到的任何日期或数字至多是近乎大胆的估值,因为我们要掌握的零散样本出自大量抄本、贝叶书和古卷的残片,在真正统计意义上只有有限的说服力。有鉴于此,也许可以说帕提亚语文献似乎比中古波斯语文献更常被译成东方语言。我们有两部帕提亚语文献的粟特语、古突厥语和汉语译本:《惠明宝训》(Manohmed rōšn wifrās)[1]和赞偈集《我等共欢娱(Huyadagmān)》[2]。据我们所知,帕提亚语的《性命宝训》(Gyān wifrās)译成了粟特语和古突厥语[3],帕提亚语的《我等明结愿(Angad Rōšnān)》译成了粟特语。帕提亚语的圣徒布道书曾译成粟特语,可能还译成古突厥语,甚至也有中古波斯语的译本。虽是如

---

[1] W. Sundermann, "Der chinesische Traité Manichéen und der parthische Sermon vom Lichtnous," *AoF* 10, 1983, 232-236(宗德曼:《汉语摩尼教残经与帕提亚语惠明经》,《古代东方研究》第10集,1983年,第232—236页); idem, *Der Sermon vom Licht-Nous*, Berliner Turfantexte XVII, Akademie Verlay 1992(同氏《惠明经》,《柏林吐鲁番文献丛刊》第17辑,科学院出版社,1992年)。

[2] 参此前研究:W. Sundermann, *The Manichaean Hymn Cycles Huyadagmān and Angad Rōšnān in Parthian and Sogdian*, CII Supplementary Series II, SOAS 1990, 9-11, 23-32(宗德曼:《摩尼教赞偈集〈我等上相〉与〈我等明结愿〉的帕提亚语与粟特语本》,伊朗语铭文集成增刊系列II,伦敦大学亚非学院,1990年,第9—11,23—32页)。

[3] W. Sundermann, *Der Sermon von der Seele. Ein Literaturwerk des östlichen Manichäismus*, Rheinisch-Westfälische Akademie der Wissenschaften. Vorträge G 310, Opladen 1991(宗德曼:《东方摩尼教文献心性经研究》,莱茵威斯特法伦科学院讲演录系列G310,莱茵威斯特法伦科学院,1991年)。

此，帕提亚语本却未必是最早的版本，追溯祖本，也许要回溯到阿拉美文献①。翻自中古波斯语的译作似乎扮演了一个更低调的角色，这方面可以举《活命心性论》(Gōwišn i grīw zīndag)曾从帕提亚语译成粟特语为例。

摩尼的几部正典著作中，《大力士经》(Book of the Giants)有中古波斯语、粟特语及古突厥语文本，但是没有帕提亚语本，引人注目②。摩尼亲撰的中古波斯语《沙溥罗御览》(Šābuhragān)亦然，它以《二宗经》为题似乎有多种东方摩尼教语言译本存在③。摩尼的《活命福音》(Living Gospel)的开篇部分，已经在中古波斯语和粟特语残片中勘定出来④。最近于《科隆摩尼教书册》中比定出来的一种希腊语平行版本也值得一提⑤。

正如上文所述，中亚地区的文献包含了两个截然不同的部分，我们应予注意。其一是福音书的序言(exordium)，以摩尼本人的圣言原话写成(仅存中古波斯语本)。其二是进一步解释的前言(prooemium)，以中古波斯语及粟特语写成，非摩尼亲撰(见于M 17/r/-/v/3/段落及M172全文)。在M 644残篇中，部分段落出现

---

① W. Sundermann, "Studien zur kirchengeschichtlichen Literatur der iranischen Manichäer II," *AoF* 13, 1986, 298‒302(宗德曼：《伊朗语摩尼教教史文献研究(二)》，《古代东方研究》第13卷，1986年，第298—302页)。

② W. B. Henning, "The Book of the Giants," *BSOAS*, XI, 1943, 56‒69(恒宁：《大力士经考》，《伦敦大学亚非学院学报》第11卷，1943年，第56—69页)。

③ W. Sundermann, "Studien zur kirchengeschichtlichen Literatur der iranischen Manichäer I," *AoF*, 13, 1986, 84(《伊朗语摩尼教教史文献研究(一)》，《古代东方研究》第13卷，1986，第84页)。

④ F. W. K. Müller, "Handschriften-Reste in Estrangelo-Schrift aus Turfan, Chinesisch-Turkistan II," Anhang zu den *APAW* 1904, Berlin 1904, 25‒27, 100‒103(米维礼：《新疆吐鲁番发现的福音字体写本残卷(之二)》，《普鲁士科学院论集》1904年度附录，第25—27、100—103页)。

⑤ A. Henrichs, L. Koenen, "Ein griechischer Mani-Codex (P. Colon, inv. nr. 4780)," *ZPE*, 5, 1970, 189‒202(亨里克斯、寇能：《一种希腊语摩尼教书册(科隆纸草文献4780号)》，《纸草与铭文学报》第5卷，1970年，第189—202页)。另参 L. Koenen, C. Römer, "Der Kölner Mani-Kodex," *Abh. d. Rhein.-Westfal. Akademie d. Wissenschaften*, Sonderreihe Papyrologica Coloniensia, XIV, 44‒47(寇能、罗玛：《科隆摩尼教书册》，《莱茵威斯特法伦科学院论集》特集《科隆纸草研究》第14卷，第44—47页)。

了相同的语句,属于福音正典的以朱笔写成,前言则以墨笔写就,这样就使得福音书部分尤为突出。此处讨论的所有残篇,现由 D. N. MacKenzie 做了全面的重新释读①。

有一点殊堪注意,即以摩尼本人的圣言原话写成、保存在中古波斯语和希腊语的文本,都得以几乎无增改地流传开来。然而前言文献则粗略地由中古波斯语译成粟特语,其粟特语版本比中古波斯语本更为累赘臃肿且更多阐释。

本人刊布过一部由佚名作者撰写的中古波斯语摩尼教开天括地文献②,其实也有帕提亚语、粟特语和古突厥语版本,从叙述上看,彼此关系紧密。

比较所有这些文献的翻译技巧是件有意思的事,能够具备条件让我们能这样做的时候不多见,因为出现多种语言不同版本的内容重合现象的情况毕竟是少之又少的。同书异译之间的差别已经找到一些,在此可以一说。如《我等上相》《我等明结愿》和中古波斯语的《活命心性论》的译本都很忠实。《我等上相》的汉译本大体上也是直接的对译,局部韵文结构上的调整,乃是出于汉文自身特殊的韵律和结构要求。散文较少被郑重其事地对待,与其说是翻译,莫如说是改写,是否不同于其他正典文献,未易断言。前文提及的佚名中古波斯语开天括地文就是一例,语言和文化的距离愈远,原文与译本之间的差异就愈大,因此帕提亚语的《惠明宝训》与其对应的汉文文献相去甚远,全文被用佛经文体重构③,原写本残卷失去标

---

① D. N. MacKenzie, "I, Mani, ...," In: H. Preißler & H. Seiwert (eds.), *Gnosisforschung und Religionsgeschichte.* Festchrift *für Kurt Rudolph zum 65. Geburtstag.* Diagonal-Verlay 1994, 183 – 198(麦肯齐:《"我,摩尼……"》,普莱斯勒、赛福特主编:《灵智哲学研究与宗教史——库尔特·鲁道夫 65 岁生日纪念文集》,对角线出版社,1994 年,第 183—198 页)。

② W. Sundermann, *Mittelpersische und parthische kosmognische und Parabeltexte der Manichäer*, BTT, IV, Akademie Verlay 1973, 41-55(《中古波斯语与帕提亚语本摩尼教宇宙创成论文书与譬喻文书》,《柏林吐鲁番写本丛刊》第 4 辑,科学院出版社,1973 年,第 41—55 页)。

③ Sundermann, "Der chinesische Traité Manichéen und der parthische Sermon vom Lichtnous," 237(《汉语摩尼教残经与帕提亚语惠明经》,第 237 页)。

题,现在学界沿袭沙畹、伯希和的做法,定名为称作"摩尼教论书"(Traité manichéen)。不贴近原文的翻译作品,通常比原作冗长而详尽。我们本想探究摩尼的正典文献是如何翻译的,但我们所能做的仅能通过比较摩尼《活命福音》序言的希腊语和中古波斯语版本而略知经纬。一种是从正典文献如实翻译而来,另一种是宽泛地转译自摩尼弟子辈手笔的教义散文,它们近乎一致。

但这并非唯一可能的解释。我们并不能排除,一套不那么注重紧贴原文、解释论述美化意味更重的翻译技巧在东方被发明出来,这种翻译方式一般而言正好适用于散文。文章开头我已提到存在着不同的翻译技巧,不论它们缘于何种理由,发挥了某种功用,这事实都是存在的。

在纂辑帕提亚语赞文的图版本之时,我发现,《我等上相》(Huyadagmān)似乎只有完整的粟特语译本。我们有这部赞偈集的第一、第二、第三、第五颂和第六颂,此外或许还有些无法辨认出的片段①。同时也有古突厥语和汉语文,不过这些译文都属于第一颂。以粟特字母写成的帕提亚语两件残篇,亦同属第一颂②。

所以,与《我等共欢娱》的其他篇章相比,这部作品的首颂有更多的中亚语文译本;《我等明结愿》赞偈集姑且暂不置论。这种情况有可能是偶然的:如前文已经提及,我们现有的写本是残佚、不成系统的,当初的情形如何实不能据此确切推论。不过,换一个视角观察,可以得到的解说或许更为近情近理。

自从1943年恒宁将帕提亚语的赞文《我等上相》和《我等明结

---

① Cf. W. Sundermann, *The Manichaean Hymn cycles Huyadagmān and Angad Rōšnān in Parthian and Sogdian*, SOAS, 23 – 31(宗德曼:《帕提亚语与粟特语本〈我等共欢娱(Huyadagmān)〉与〈我等明结愿(Angadrōšnān)〉》,伊朗语铭文集成增刊系列Ⅱ,伦敦大学亚非学院,1990年,第23—31页)。
② W. B. Henning, "A Fragment of the Manichaean Hymn-Cycles in Old Turkish," *AM*, 7, 1959, 122 – 124(恒宁:《古突厥语摩尼教偈颂残篇考》,《大亚杂志》第7卷,1959,第122—124页); W. B. Henning in: Tsui Chi, "Mo Ni Chiao Hsia Pu Tsan. The Lower (Second?) Section of the Manichaean Hymns," *BSOAS*, XI, 1943, 217 – 219(恒宁《崔骥摩尼教下部赞英译跋》,《伦敦大学亚非学院学报》第11卷,1943年,第217—219页)。

愿》归到摩尼的东行传教使者 Mār Ammō 的名下,这种观点就为所有学界同行全盘接受。他的依据是基于汉文摩尼教《下部赞》中的一段,当中提及一位名为"未冒"的慕阇(摩尼教高阶僧侣),说他撰写了"叹明界文(凡七十八颂分四句)"(图3)(也就是以《我等上相》为蓝本的汉文本),收入这部汉文赞文集。未冒一名在摩尼教文献中毫无记录。不过将该名中的"未"作一细微勘正,改为"末",名字的第一部分就变成古音＊Muât。据恒宁考订,这应即阿拉美语 Mār"师"一词的音译,因此末冒＊Muât Mau 实际上就是 Mār Ammō①。

当我们将柏林吐鲁番特藏中的帕提亚语残片 M 233(图4—5)考虑进来时,情况变得更为复杂,该残片明确提到《我等共欢娱》的作者另有其人。

图 3
摩尼教下部赞第 261 行
(© The British Library)

博伊斯(Mary Boyce)刊出残片的正面,背面未刊出,当时她似乎不知道背面的内容。

背面释读如下:

1/ nysʾrʾ(d) hwydgmʾn
2/ ʾbḥwmyd ʾwd ʾʾšk(rg)
3/ q(wny)d (oo mry x)[wrxšy](d) whmnʿspsg
4/ frzʾpt nxwstyn ʿy rʾ(s)ty(gr)[

英译:1/Begun (is) *Huyadagmān.* 2 – 3/Mār X[warxšē]d-

---

① Henning in: Tsui Chi, "Mo Ni Chiao Hsia Pu Tsan. The Lower (Second?) Section of the Manichaean Hymns," 216(恒宁:《崔骥摩尼教下部赞英译跋》,第216页)。

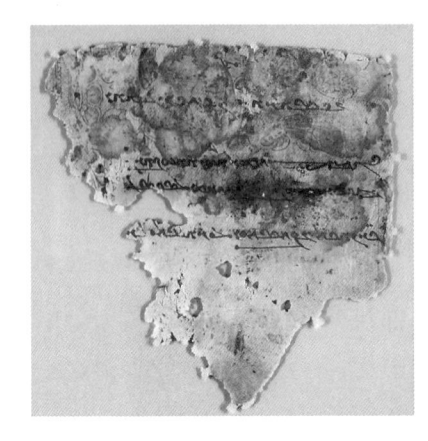

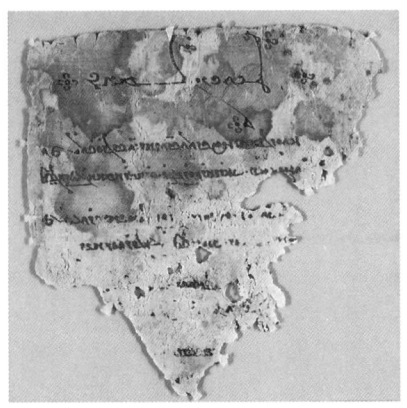

图 4—5　M 233r & M 233v(© Berlin-Brandenburgische Akademie der Wissenschaften)

Wahman the Bishop reveals and makes (it) manifest. 4/Finished (is) "The First of the Righteous".

汉译：《我等上相》(Huyadagmān)已然开始。主教末活设巴门开示并明晓(之)。"正法第一"终。

此处提到的主教 Mār Xwarxšēd-Wahman 末活设巴门是《我等共欢娱》的开示者,这肯定了他就是这部赞文的作者,或至少被看作是这一神圣信息的传承人。这无疑与《我等上相》有关,而非上文中无人知晓的 Naxwistēn ī rāstīgar[ān]文献,因为短语中的动词变化为现在式而非过去式。

那么这一结论又该如何与恒宁认为师尊末冒极有可能就是两部赞文集的作者的说法相协调呢？换句话说,这两个不同的结论是不是彼此排斥？我倾向于认为两种解释在其各自的范围里都是正确的。末冒或许是汉语《下部赞》那部分内容即《我等上相》第一颂的作者,"叹明界文"这一部分完整地对明界加以描述。后来的摩尼教主教末活设巴门撰写了一套赞文,其第一颂吸收了末冒的文本,并根据以开篇首句为大题的惯例名之为《我等上相》。

这不过是一种假说。但如下的观察支持我的解决办法,即《我等上相》首段颂文在不同的中亚语言和文字版本中数量最大,非颂文的其他部分可比。这也许强调第一颂是早期作品,且拥有无与伦比的地位。①

如此,似乎一方面文本翻译与文本转写存在着相互关系;另一方面,文献在宗教实践上的功用与由文献产生的时代及其作者权归属等形成的声望也存在着相互关系。但这样一种体系,我们充其量也只能勾勒出一个大致的轮廓。

---

① 这个问题笔者曾有所讨论,请见"Probleme der Edition iranisch-manichäischer Texte"(《伊朗语摩尼教文献整理的一些问题》),刊 H. Klengel, W. Sundermann (eds.), *Ägypten Vorderasien Turfan*, Berlin 1991, 110‑112(柯连格尔、宗德曼主编《埃及、近东、吐鲁番》,柏林,1991 年,第 110—112 页)。

粟特语摩尼教文献中所见10至11世纪的粟特与高昌关系*

吉田丰

王辽妙 译

摘　要：本文搜辑三件发现于吐鲁番的摩尼教文书以揭示公元10—11世纪间粟特地区与天山东段地区吐鲁番盆地绿洲国家之间的交流关系。前一件文书记述由粟特地区输入棉布,后两件则证明了撒马尔罕和吐鲁番两地摩尼教徒之间的通信联系。吐鲁番发现的新波斯语文献很可能代表了居住在萨曼王朝或黑韩王朝统治时期的撒马尔罕的摩尼教徒的著作。柏孜克里克书信B是由一位摩尼教主教寄送的,他的居住地是撒马尔罕附近的Tūdh城,发信事由是祝贺新年。收信人是住在高昌的摩尼教师阿利牙满普罗（Aryāmān Puhr）,由此可以推测,11世纪前期撒马尔罕的摩尼教徒是处在一位驻锡高昌的慕阇的统辖之下的,其教会中心很可能就在今天考古学家所称的高昌故城K遗址。最后讨论围绕摩尼教书信 i、书信 ii 的几个问题,其内容涉及纳迪姆所记述的穆克塔迪尔治下时期（908—932）摩尼教徒被从美索不达米亚驱逐这一史实的大背景。

关键词：粟特语；摩尼教；吐鲁番(高昌)；撒马尔罕；丝绸之路

绪　　言

丝绸之路的鼎盛时期无疑是在唐代,无数的外邦人,尤其是胡人（Sogdians）来到中国,侨居在长安、洛阳等地,以"胡"字冠名的林

---

*　本文英文版"Relationship between Sogdiana and Turfan during the 10th‑11th centuries as reflected in Manichaean Sogdian texts"刊载于李肖主编《丝绸之路研究》(*Journal of the Silk Roads Studies*)第一卷(生活·读书·新知三联书店,2017年)。

林总总物品,诸如"胡服""胡食",都深受当地人的喜爱①。很多有关丝绸之路的著作都使用大量篇幅对唐代及唐以前时期中原与西域的关系加以叙述②,对安史之乱以后的丝路史则着墨不多。也正是在这一时期,中亚的伊斯兰化悄然发生。这很容易给人一种印象,便是伴随着伊斯兰化,丝路贸易也便达至终点。实则不然,丝路的货物交流仍在继续,10世纪前后的敦煌文书为此给出的证据不一而足,来自伊斯兰西方的货品屡见于记载③。对于另一座绿洲名城高昌,则由波斯作家加尔迪齐所撰《记述的装饰》(Gardīzī's Zayn al-Akhbār,约成书于1049—1052年间)为西回鹘王国可汗留下来这样一段记录:"可汗的宫阙地面铺毡,毡上覆以穆斯林的地毯。"④吐鲁番考古发现的纺织品中的确有伊斯兰世界的织物产品遗存,可为上述记载提供实物例证⑤。

---

① 有关这方面的题目,E. Schafer, *Golden peaches of Samarkand. A study of T'ang exotics*(Berkeley: University of California Press, 1963, reprint 1985)仍是必读之作。编者按: 此书由吴玉贵先生中译,先后出有三版: 谢弗:《唐代的外来文明》,中国社会科学出版社,1995年;谢弗:《唐代的外来文明》,陕西师范大学出版社,2005年;薛爱华:《撒马尔罕的金桃——唐代舶来品研究》,社会科学文献出版社,2016年。
② 可举三书为代表: É. de la Vaissière, tr. J. Ward, *Sogdian traders. A history*, Leiden: Brill, 2005(编者按:中译本有魏义天著,王睿译:《粟特商人史》,广西师范大学出版社,2012年),如今已成标准著作,法文第三版现已出版(*Histoire des marchands sogdiens*, Institut des hautes études chinoises, Collège de France,2016)。V. Hansen, *The Silk Road. A new history*, Oxford University Press, 2013(编者按:中译本有韩森著,张湛译:《丝绸之路新史》,北京联合出版公司,2015年)最新。而森安孝夫《シルクロードと唐帝国》(讲谈社,2007年)最具内涵。
③ 荣新江:《于阗花毡与粟特银盘——九、十世纪敦煌寺院的外来供养》,《丝绸之路与东西文化交流》,北京大学出版社,2015,第263—277页。
④ 参 A. P. Martinez, "Gardīzī's two chapters on the Turks," *Archivum Eurasiae Medii Aevi*, Tomus II, 1982, pp. 109 – 175, 尤其是第135页。承森安孝夫教授垂告,据《宋会要辑稿》卷一九七第7720页记载,龟兹回鹘,"其宰相着大食国锦彩之衣"。
⑤ K. Sakamoto, "Two fragments of luxury cloth discovered in Turfan: Evidence of textile circulation from West to East," in: D. Durkin-Meisterernst et al. (eds.), *Turfan revisited — The first century of research into the arts and cultures of the Silk Road*, Dietrich Reimer Verlag, 2004, pp. 297 – 302.

本文荟集三件以粟特语写下的摩尼教文本,旨在揭示 10 至 11 世纪粟特与高昌两地之间的交流关系。

一　粟特与焉耆的棉布

首先,让我们看一件未刊的现存柏林的吐鲁番特藏中的文书残片 Ch/U 6879①,其大有研究旨趣之处在于其中的 $swγδ^{\prime}ny\ wš^{\prime}yny$ "粟特緤布"一词。这个写本书于一张抄写了汉文《大般若经》旧纸的背面,残片尺幅为 21.6×11.2 厘米。从残存部分的尺寸判断,原纸完整高度应在 26 厘米左右。因为残缺严重,今已无法提供粟特语全文的译文,但是其摩尼教文献的属性仍然可以确定,即写本中出现的 $δyn^{\prime\prime}βr^{\prime\prime}y$ "电那勿"一语,义为"选民,摩尼教僧侣"。根据研究,绝大多数粟特语摩尼教文献出自 10 至 11 世纪②,则本件晚期草体写本当也不出此时间范围。

---

① 参看 Ch. Reck, *Mitteliranische Handschriften. Teil 1. Berliner Turfanfragmente manichäischen Inhalts in soghdischer Schrift* (Verzeichnis der Orientalischen Handschriften in Deutschland, Band XVIII, 1), Stuttgart: Franz Steiner Verlag, 2006, p. 282, No. 394。
② 有关吐鲁番出土的摩尼教写本的年代,可以参考习称的摩尼教历书,有粟特语和回鹘语两类,迄今如下各件的年代已有学者提出:(一)粟特语部分,(1) M796 = 929—930 年,(2) 大谷文书 6191 = 932—933 年,(3) M148 = 984—985 年,(4) M5268 = 1000—1001 年;(二)回鹘语部分,(5) Ch/U 6932 = 988—989 年,(6) U495 = 989—990 年,(7) 黄文弼《吐鲁番考古记》No. 88 = 1002—1003 年。粟特语写本,请参看 Y. Yoshida, "Buddhist influence on the bema festival?," in: C. G. Cereti, M. Maggi and E. Provasi (eds.), *Religious themes and texts of pre-Islamic Iran and Central Asia. Studies in honour of Professor G. Gnoli on the occasion of his 65th birthday on 6th December 2002*, Wiesbaden: Otto Harrassowitz Verlag, 2003, pp. 453 - 458;回鹘语历书,可参看 J. Hamilton, "Calendriers manichéens ouïgours de 988, 989, et 1003", in: J.-L. Bacqué-Grammont and R. Dor (eds.), *Mélanges offerts à Louis Bazin par ses disciples, collègues et amis*, éd. de L'Harmattan, 1992, pp. 7 - 23。

Ch/U 6879 文本①

1   [   ](..w ...)rt[ʾywʾʾxrʾny ?   ]
2   ẓmʾšʾʾyky kwrδy o nwʾ[   ]
3   ʾδry ʾrk-cʾny wšʾyny (.)[   ]
4   ʾrk-cʾny o ʾβtʾ kwmʾn[   ]
5   wšʾyny oo ctβʾr ʾywʾʾx(r.)[   ]
6   δynʾʾβrʾʾy wx(w)šw pr(t)[   ]
7   pncw prt kwmʾn[   ]
8   ʾyw xwʾnšʾy wcny w(r)[nh?   ]
9   swγδʾny wšʾyny kwrδy[   ]
10 (w)[šʾyn](y) ʾyw knpy 20+20+20 oo[   ]
11 [ty]m δβrw 10+iii ʾrk-cʾny[   ]
12 (wxw)šwmy mʾxy wx[w]šw[sγtyʾ   ]
13 δy[nʾʾ]βr(ʾʾyᵃ p)ncw prt(w)[   ]
14 (ZY ʾδry kw)[mʾn?   ]

(a) 本人读为 *βr* 的字母,写本更似 *kr*。

语译:

新僧(?)袍一件,九……三(匹)焉耆……緤布……焉耆(緤布所制),七条袴子(?)……【第5行】緤布。四新僧(?)……电那勿一人绢六匹……绢五匹造(?)袴……食单(?)一,故毡(?)……粟特緤布造袍一……【第10行】緤布五十九(匹)……又,我给出(?)十三(匹)焉耆……(叠布)。六月六日,电那勿一人绢六匹……三条袴子(?)

注解:

2.1 *ẓmʾšʾʾyky* "新僧(?)"②。这个看上去有点怪异的词,很可

---

① 写本图片见:http://turfan.bbaw.de/dta/ch_u/images/chu6879versototal.jpg (2016年8月12日读取)。
② 前揭 Reck 著作, p. 282, No. 394 读为 *ẓmʾšʾnʾky*。*k* 前的两个字母写法很近似,所以 Reck 的释读也可能是正确的。请参下文对 *δynʾʾβrʾʾy* 一词的注解。

能与见于柏孜克里克千佛洞信札 A(行 120)的另一个费解词 z-mʾšʾyktw ʾywʾrxʾny 有关。为读解这个词,我曾经征引到森安孝夫研究过的一件回鹘语摩尼教文本,其中有ʾywrxʾny z-mʾštyk①。在这两个文本中,我们讨论的这个词似乎都指称摩尼教僧侣系列中相对低的一个僧阶。值得注意的是本残篇行 5 中的ʾywʾrxʾny(或读ʾywrxʾny)似乎也是同一个词,不过拼法略异罢了。类似的拼法不稳定现象也见于zmʾšʾyky、z-mʾšʾyktw 与 z-mʾštyk。拼法上的这种不一致似乎事出有因,也许是来自其源文本的外语背景,但是词源上我们现在还不确定。两词的语序不同,也许意味着它们是不同的僧侣类别。吐鲁番发现的摩尼教壁画和工笔画中可以见到两组年轻僧侣头戴一种形状特别的冠饰,一种是白色扁平帽,另一种是黑色帽,见 MIK III 4979 a,b 左半部分②,都不同于普通摩尼僧。

行 6 的 δynʾʾβrʾʾy 一词以及行 13 的类似词,词中间的双写"字母属于书手的特异正字法。并请参 ẓmʾšʾyky 及ʾywʾʾx(r)[ ]。

2.2 kwrδy"袍、衫",参景教粟特语的写法 qwrθy③。这个词无疑指摩尼僧惯常穿着的白色长袍。

3.1 ʾrk-cʾny"来自焉耆(城)的"。该形容词的阴性形式见于圣彼得堡写本 L44 行 7:ʾrkcʾnch(xʾtʾwnh)"焉耆(回鹘)珂敦"④。

---

① T. Moriyasu, *Die Geschichte des uigurischen Manichäismus an der Seidenstraße*, Wiesbaden: Otto Harrassowitz Verlag, 2004, pp. 85–86.
② 彩色图版刊载于 Zs. Gulácsi, *Manichaean art in Berlin collections*, Turnhout: Brepols, 2001, pp. 71, 245。头戴白色扁平帽子的年轻摩尼僧亦见于另外两类美术品,参 Gulácsi, *ibid.*, pp. 90, 204。古乐慈就此给出解释:"(白色扁平帽子)代表特别的僧阶,但其地理分布与种族归属尚无从得知"。不过,指称摩尼僧的另一个词 jwʾnwtr 也有学者提出,见 N. Sims-Williams and D. Durkin-Meisterernst, *Dictionary of Manichaean Sogdian and Bactrian*, Turnhout: Brepols, 2012, p. 94a。
③ 参 W. Sundermann, "Nachlese zu F. W. K. Müllers ʾ Soghdischen Texten I', 2. Teil", *Altorientalische Forschungen* 3, 1975, pp. 55–90,有关部分见 p. 85, n. 146。
④ Sims-Williams and Durkin-Meisterernst, *op. cit.*, p. 18a.

3.2 wsʾyny "缣布"是由辛姆斯-威廉姆斯最先释读出来的①。根据现存的词语我们可以推断,这件文书的内容系为僧侣制作袍服支用纺织品的记录。类似内容的 747 年汉文文书《天宝六载四月十四日给家人春衣历》也来自吐鲁番②,内容系一佛寺为寺院役使的作人制作"春衣",计有衫、裈、袴三种衣装。

4 kwmʾn "袴(?)"。既然 kwrδy 有可能是"衫"的粟特语对应词,似乎可以将 kwmʾn 与于阗塞语 kaumadai "袴"比较③,但是应该承认仅有音韵上的近似性④。

5 ʾywʾʾx(r.)[ ]"新僧(?)",详前文注 2.1。

6 prt 丝绢(?)⑤。我认为这个词是梵语词 paṭa 的粟特化形式。尼雅文书中所见的俗语 paṭa 以及有关形式,见 H. Lüders 的考证:"Textilien im alten Turkistan", *APAW*, No. 3, Berlin, 1936, pp. 24-28。至于附赘的 r 用以音写印度语的卷舌音,可据粟特语

---

① N. Sims-Williams & J. Hamilton, *Documents turco-sogdiens du IXᵉ-Xᵉ siècle de Touen-houang*, London: School of Oriental and African Studies, 1990, pp. 56-57。另参英文本 *Turco-Sogdian documents from 9th-10th century Dunhuang*, London: School of Oriental and African Studies, 2015, pp. 67-68。

② 池田温:《中国古代籍帐研究》,东京大学东洋文化研究所,1979 年,第 472 页,no. 214:

1　天寶六載四月十四日給家人春衣歷
　　　　　　　　　　已上肆人々各給縑
2　　常住　大及　□子　□奴　一段充衫八尺充褌
3　　祀奴　末如　已上両人々各給一段充衫祀奴八尺充褌
4　　可僧付縑一段充衫　胡尾子付縑一丈二尺充袴
5　　右件縑玖段每段用錢貳伯貳買到用給上件
6　　家人春衣謹以爲案請僧連署　僧無生
7　　僧　　僧玄藏　僧法藏　僧澄練

③ 参 H. Bailey, *Dictionary of Khotan Saka*, Cambridge University Press, 1979, p. 58b。

④ 也可以比较梵语 kaupīna,其汉文义为裈,参荻原云来:《汉译对照梵和大辞典》,铃木学术财团,1979 年,第 382 页 b 栏。并参下文 kwmpʾn 的讨论。

⑤ Sims-Williams and Durkin-Meisterernst 前引字典, p. 144a 将 prt 译为 roll of cloth "匹布",但加引号表示存疑。他们也提及 Lüders 的著作。prt 在本文中前后共 3 次出现,均与电那勿(δynʾʾβrʾʾy)相关,看来,棉布、丝绢的支用跟新僧和普通僧侣的等级有关。

kwrty 转写 *koṭi*"千万"以及 *pwrnyʾnyh* 转写 *puṇya*"功德、福田"的例子类推。

8.1 *xwʾnšʾy*"食单"(?)。这一语译仅是一个猜测,依据是假如可以把这个词看作一个复合词,其中的 *xwʾn* 就可以看作是来自中古波斯语,本义为"桌子",但为摩尼教粟特语、回鹘语所承用,意义引申为"摆放食物的桌面、圣餐聚会"。*xwʾn* 的汉文对应形式,最近由王丁在《下部赞》中甄别出来①。不过,另一个可能是假如 *xwʾn* 代表中古汉语"冠"(高本汉构拟 *kuân)的音写,则 *xwʾnšʾy* 可以是一个表示"头饰、冠"的汉语词。但是,我找不到一个音韵上接近 *šʾy* 的汉语词。

8.2 *w(r)[nh]*"毡"是基于巴黎藏伯希和文书 Pelliot sogdien 19 的 *wrnh* 一词的复原尝试,参 E. Benveniste, *Textes sogdiens*, Paris 1940, p. 232.②

11.1 *δβrw*,拙译"我给出"是基于猜测 *δβrw* 有可能是 *δʾβrw* 的笔误。着眼于无人称中性过去式 *xwrtw*"被吃掉(it was eaten)"(见于穆格山文书③),*δβrw* 也可以看作是 *δβrtw"被给予(it was given)"的笔误。但无论如何,*δβr*-的 1 sg. injunctive "to give"在此处上下文中都是绝无可能的。

11.2 在行 11 和 12 之间有一段划线。因为行 12 中有一个日期,所以这条线可能表示此前一节文字到此为止,也就是说属于比六月六日更早的一个日期的记录④。

---

① Wang Ding, "Tablecloth and the Chinese Manichaean hymn *Shou shidan ji* 收食单偈",《東方學研究論集:高田時雄教授退職記念(日英文分册)》,臨川書店,2014 年,pp. 438 – 454.
② 柏林藏未刊粟特语医药写本 So 14822 的 *wrnʾ* 似为同一个词。
③ 参 Y. Yoshida, "Sogdian," in: G. Windfuhr (ed.), *The Iranian languages*, Windfuhr (ed.), London: Routledge, 2009, pp. 279 – 335, esp. p. 301.
④ 这个较早的日期可能是正月六日,如果可以把接续的部分理解为下半年的出入帐历的话。正月六日正好是为时 28 天(即上月的初八日开始)的斋月的最后一天,历日头一天就在这一天,这是一个偶然的巧合。

文中提及的两种㲲布分别为"焉耆㲲"('rk-c'ny wš'yny)①和"粟特㲲"(swγδ'ny wš'yny)。在同时代的汉文文书中有两种㲲布的名称出现：末禄㲲(末禄／木鹿国产)、安西㲲(龟兹产)②。拙见后两者正是粟特语文书中提及的㲲布，焉耆(Ark)位于龟兹东面，在唐代被称为安西③。西域西半部分生产的棉布，中国人既可以称为末禄㲲，也未尝不可叫它粟特㲲。在 Ch/U 6879 文书记录者的心目中，两种㲲布的来源地分别是粟特、焉耆。前者当来自粟特，或至少经粟特地方转运到中国④，文书为粟特与吐鲁番之间的贸易往来留下了记录。

在结束本节之前，我顺带征引一件大谷探险队得自吐鲁番、现藏旅顺博物馆的粟特语摩尼教文书 LM20 1514/528。⑤ 文书为残片，现存 5.9×38.3 厘米，可以推测写本左半部分约有四分之三已经佚失，仅有一两个字可见。粟特语写本书于汉文佛典《大般若经》抄本的背面⑥。

LM20 1514/528 背面文本与语译

1　δyn"βr['y?　　　　选民(电那勿)……
2　kwrδy XII[　　　　袍十二+x……

---

① 森安孝夫教授提示笔者，在一通回鹘语信札中有 *solmï böz* "唆里迷㲲"一词，唆里迷是焉耆的晚近别名。参 S.-Ch. Raschmann, *Baumwolle im türkischen Zentralasien*, Wiesbaden: Otto Harrassowitz Verlag, 1995, p. 55。
② E. Trombert, "Une trajectoire d'ouest en est sur la Route de la Soie", in: *La Persia e l'Asia centrale de Alessandro al X secolo*, Accademia nazionale dei Lincei, 1996 (Atti dei convegni Lincei 127), pp. 205–227.
③ 参前揭 Trombert 论文, p. 225。
④ 在西域，每一个重要的绿洲城市都有可能生产自己的棉布。于田附近的 Phema(媲摩)就有闻名遐迩的"绀城细㲲"，参前揭荣新江文，第 271 页。又见荣新江《真实还是传说——马可·波罗笔下的于阗》，《西域研究》2016 年第 2 期；Rong Xinjiang, "Reality or tale? Marco Polo's description of Khotan", *Journal of Asian history* 49, 2015, pp. 161–174, esp. p. 171。
⑤ 旅顺博物馆、龙谷大学主编：《旅顺博物馆藏新疆出土汉文佛经选粹》，法藏馆，2006 年，第 160 页。
⑥ 行 12 之后留空，后接两行以及不完整的几行文字，因文字仅存开首的几个字母，且内容与前面的主要文本关系不明，在此暂不予讨论。

3	XI prtʾy[	绢(?)十一(匹)……
4	ʾywʾxʾ[rny?	新僧……
5	ʾβtʾ[	七……
6	ʾδw pʾn(.)[	二?①……
7	tym ʾ(y)[w	而且一……
8	tym ʾny(w)[	即另一……
9	ʾyw prt(ʾ)[y	绢一匹……
10	kwmpʾn[	袴(?)……
11	wšyny kw[rδy	緤,袍……
12	ʾδry wr[nh(?)	毡(?)三匹……

prtʾy 可能跟 *prt* 是同一个词,或者也可能是其派生形式。ʾywʾxʾ[ ]可与ʾywʾrxʾny 等词比较。*kwmpʾn* 也许是前文讨论过 *kwmʾn* 的一个异写。

二 粟特语摩尼教文书中的撒马尔罕

旅顺博物馆收藏的另一件大谷探险队收集品 LM 20 1552(23) P. 22.9,是一个大小为 11.0×27.0 厘米的纵幅写本②,单面书写,背面空白,纸张由至少两张纸粘贴为一卷。内容上的摩尼教属性系由典型语汇确定,如ʾδw wkry ʾncmn"二部教团"、δy-npʾšyt pryšty-(t)"护法诸天使(angels protecting the (Manichaean) religion)"③。作为在吐鲁番地区发现的摩尼教写本文献,其年代可能是在 10 世纪。写本使用晚期草体书法,也与这个定年相符

---

① 此处上下文期待的是一个织物或衣装名,所以 *pʾn* 的"桌"义在此是不合适的。
② 这个残片我曾经刊布过,见吉田丰:《旅顺博物馆所藏のソグド语资料》,旅顺博物馆、龙谷大学编:《〈中央アジア出土の佛教写本〉国际学术会议》,旅顺博物馆/龙谷大学佛教文化研究所西域文化研究会,第 39—53 页,特别是第 41—44 及 53 页。
③ 这两个粟特语词见于吐鲁番柏孜克里克千佛洞发现摩尼教教务书信,详后文。

合。遗憾的是写本保存状况不佳,残断严重,对勘定内容影响很大。如前所述,写本系单面书写,说明是很高级的文字制作,情形与柏孜克里克发现的两件摩尼教书信正同,其中文字表述中亦颇有平行处。

LM 20 1552（23）P.22.9：文本

1 [　　　](.m..ZY s)[　](....)[　　　　]mγwnw
2 [mδy-c]yk ʾδw wkry ʾncmnᵃ o βγʾnyk ʾntʾc ZY sγtmʾnw
3 [　　](y-)t šyrxwz-yty ʾpryw (o) pr ʾnẓ-ʾwy-nʾkwᵇ xwβw [ ]
4 [ʾyšwy　](r) o Z(Y)[　　mγw](n) δy-npʾšyt pryšty-(t)[ ]
5 [prn ZY wʾxšykt?　　　　　]ptnw smr[kn](δ)[h]ᶜ
6 [　　　　　　　　　　　](..)ʾx[　　　　　]

（a）最后的字母 n 上划有一道短线,用意不明。So 11500 中我们也见到同样的一个位于词尾的 n 字母长撇上面的线。So 11500 显然属于在此讨论的旅顺博物馆藏写本。A. Benkato 博士垂教笔者,So 20226 和 So 11500 是同件写本的两个断片。这三件残片所保留下来的,就是本文讨论的一通寄给一位回鹘可汗的书信。（b）字母 z 的下面有两点。（c）字母 δ（lamed）的典型上半部分可见,可据以拟补这个 δ。

语译：

整个二部教团咸集于此,与圣众、群[……及]善友一道,以救赎之主夷数的[……],[……所有]护教天使,[护教神灵……]撒马尔[罕]城

注解：

2.1 *[mδy-c]yk*"（停留）于此"。这仅是猜测,读*[tδy-c]yk*"（停留）于此（与你一道）"同样是可能的。

2.2 *ʾδw wkry ʾncmn*"二部教团"。这个复合词此前已见于柏林藏吐鲁番文书 M 697A 和由本人释读的两通柏孜克里克的书信①。这个术语有回鹘语形式 *iki ančman*,Peter Zieme 释为"（由男女信众

---

① 有关本人对这 3 通柏孜克里克书信的释读,详下文。

构成的)两个教部"①。科普特语摩尼教经典 Kephalaion 87 支持这种理解:"神圣教会由两种形式组成:众兄弟、众姐妹。"②A. van Tongerloo 意见不同,他主张"二部"的构成成分是僧、俗二界③。

3　*βγʾnyk ʾntʾc ZY sγtmʾn [ ](t) šyrxwz-yty ʾpryw*"与圣众和整个……善友一道"。这一表达可能指称摩尼教僧俗一切众④。

3-4　*ʾnẓ-ʾwy-nʾkw xwβw [ʾyšwy]*"救赎之主夷数"。拟补 *ʾyšwy* 的依据是柏孜克里克书信 A 行 76 与 106 中出现的同一复合词 *ʾnẓ-ʾwnʾy xwβw ʾyšwy*。就介词 *pr* 和 *ʾyšw* 的复合构词,可参见 *pr xwβw*⑤ *ʾyšwy frmʾnw δstwβry*(柏孜克里克书信 A 行 19;柏孜克里克书信 B 行 77—78)"据有我主夷数所赋予权威之人"⑥,因此为残文部分拟补 *[ʾyšwy δstwβr](y)* 似有根据,但最后一个漫漶的字母似为 *r* 而不像是 *y*。

4-5　拟补的依据见 *mγwnw δyn-pʾšytw pryštʾkt(y)[prn] ZY wʾ xšykty*(柏孜克里克书信 A 行 77—78),"所有护教天使,护教神灵"。

5.1　*ptnw*"城",这个粟特词借自印度语 *pattana*,在摩尼教、佛教粟特语文献中都有使用,已化为粟特语汇的一个成员。

5.2　*smr[kn](δ)[h]* 撒马尔罕这个地名的粟特语本名 *smʾrknδh* 曾出现于"粟特古信"之二的封缄部分。其形容词派生形式见于"粟

---

① 见 Peter Zieme,"Ein uigurischer Text über die Wirtschaft manichäischer Klöster im uigurischen Reich", in: L. Ligeti (ed.), *Researches in Altaic languages* (Bibliotheca Orientalis Hungarica 20), Akademiai Kiadó, 1975, pp. 331-338, 特别是 pp. 332-333。
② 参 I. Gardner, *The Kephalaia of the teacher*, Leiden: Brill, 1995, p. 225。
③ A. van Tongerloo, "L'identité de l'église manichéenne oriental (env. 8ᵉ s. ap. J.-C.). La communauté des croyants: ir. *hnzmn/ʾnjmn*, ouig. *ančm(a)n*", *Orientalia Lovaniensia Periodica* 12, 1981, pp. 265-272, esp. p. 272.
④ 如果此说成立,则为前文所述 van Tongerloo 对 *ʾδw wkry ʾncmn* 的解释提供了支持。然而,教史中对男女僧众的二分法概念,不仅见于摩尼教,佛教也有"二部僧"的说法,因此我仍然维持己见。
⑤ 书信 B 中,该字写作 *xwβw*。
⑥ 比较 *pr xwβw ʾyšwy-y δstwβry*(柏孜克里克书信 B 行 13—14)"据有我主夷数所资权威之人"。

特古信"之二、穆格山文书和拉达克题铭①,均写作 smʾrknδc,唯独穆格山文书 A14 出现两次 smrknδc②。该词在写本中残佚,但从现存的 smr-推测,其后出现 δ 字母的词,舍 smr[kn](δ)[h]也恐无其他了。

文书中提及撒马尔罕,这一点很可能是暗示,撒马尔罕或者是发出地或者是收达地,进而撒马尔罕和高昌两地的摩尼教徒之间的交往关系也就得到了确认。撒马尔罕地区存在有摩尼教团的事实,此前有史料记载,同时代的伊斯兰史家纳迪姆(Ibn al-Nadīm,932—990)和比鲁尼(Al-Bīrūnī,973—约1050)在著作中都见证了这一史实。《世界境域志》(Ḥudūd al-ʿĀlam,成书于 982/983 年)也提到撒马尔罕的摩尼教活动③。此事的背景应是巴比伦的摩尼教徒遭遇厄运,在穆克塔迪尔当政期间(908—932)被驱逐到撒马尔罕,为此西回鹘王国的一位君主深感忧心。伊本·纳迪姆《群书类述》有如下记录④:

---

① 在哈萨克斯坦库勒塔佩(Kultobe)发现的上古铭文中已见撒马尔罕的名字,其形容词形式拼作 symrkntc,见 N. Sims-Williams with F. Grenet and A. Podushkin,"Les plus anciens monuments de la langue sogdienne: Les inscriptions de Kultobe au Kazakhstan," *Comptes rendus des séances de l'Académie des Inscriptions et Belles-Lettres*, 2007, pp. 1005-1034。有关 δ 在早期铭文中用 t 字母书写的现象,参见 N. Sims-Williams, "From Aramaic to Manchu: Prehistory, life and after-life of the Sogdian script",荣新江、罗丰主编:《粟特人在中国:考古发现与出土文献的新印证》,科学出版社,2016 年,第 414—421 页。

② 对有关文本的释读,参:(1)粟特古信 II: N. Sims-Williams, "The Sogdian Ancient Letter II", in: M. G. Schmidt and W. Bisang (eds.), *Philologica et Linguistica, Pluralitas, Universitas. Festschrift für H. Humbach zum 80. Geburtstag*, Trier: Wissenschaftlicher Verlag, 2001, pp. 267-280;(2)穆格山文书: V. A. Livshitz, *Sogdian epigraphy of Central Asia and Semirech'e*, London: SOAS, 2015;(3)拉达克题铭: N. Sims-Williams, "The Sogdian inscriptions of Ladakh", in: K. Jettmar (ed.), *Antiquities of northern Pakistan*, vol. 2, Mainz: Philipp von Zabern, 1993, pp. 151-163 + plates。

③ 以上三条伊斯兰史料的英译,见 J. Reeves, *Prolegomena to a history of Islamicate Manichaeism*, Sheffield/Oakville: Equinox Publishing, 2011, pp. 227-230。

④ Reeves 前引著作,p. 228。

他们最后一次露面是在穆克塔迪尔治下时期的呼罗珊附近。因为要保全性命,那些留下的人销毁了个人物件,在那个地区东西漂泊。(也许)大约有五百人一起流落到撒马尔罕。后来他们的事业为人所知,呼罗珊总督决定处死他们。中国王——我想(其实)是九姓回鹘的首领——得知此事,就派遣使者去告诉他,"在朕的国内,穆斯林的人数要比贵国所有的朕之宗教的信徒多。"他发下誓言,倘若呼罗珊总督胆敢杀掉一个人,他就会杀绝所有在他国家的穆斯林。他(还许下诺言,)将拆除所有清真寺,在全国设立观望哨卡,以缉杀穆斯林。呼罗珊总督遂放弃初衷,不再加害他们,转而以接受他们缴纳人头税($jizya$)为妥协。

因为纳迪姆的《群书类述》一般认为成书于公元987年,他所记载的九姓回鹘君主就应该是西回鹘可汗当中的一位,而那个时代他们都是摩尼教的支持者。

三 柏孜克里克书信

1981年,柏孜克里克石窟发现了3通粟特语、5通回鹘语书信,其中3通粟特语书信是由笔者整理公布的①。3通粟特语书信被称为书信A、B、C。书信A尺幅最大,高26厘米,长268厘米,文字有135行。卷子左端严重损毁。书信B存79行,高26厘米,长133厘米;书信C高30厘米,长45.5厘米,两者均保存状况良好,几乎是完整无损。书信C书写于一张整幅的纸张上,A、B则是多纸粘接而成的卷子。书信A不同于B、C的一大特点是其中行25—26之间插入一幅彩绘工笔画(miniature,编者按:日本译为"细密画"),描绘的是一顶慕阁的头冠,两侧各立一位乐伎。细审纸张,这幅工笔画系另外在一张纸上单独绘制的,然后粘接进写本卷子。

---

① 新疆吐鲁番地区文物局编:《吐鲁番新出摩尼教文献研究》,文物出版社,2000年,第3—199页。

粟特语摩尼教文献中所见10至11世纪的粟特与高昌关系

（一）书信的年代①

书信 C 是一个名为沙畏思普罗（šʾγ wyspwxr）的僧侣寄给他的长老花儿扎德（xwʾr z-ʾδʾkʾ）的，在内容上较其他两通书信更为私人化一些，提到了 19 位发信人熟识的人，回鹘语名字有寅住毗伽地略老爷（ʾyncw pylkʾ tyrʾk xwβw）等等，最后请求收信人向他们转达问候。书信 A 和 B 的收信人都是末阿利牙满普罗（mr ʾryʾmʾn pwxr），他是摩尼教会的"东部慕阁"（xwrsncyk mwzʾk）。两信的主要内容都是为了庆贺新年，在对慕阁极尽称颂赞美之能事的用词上也如出一辙。两信都多处钤有深红色的戳印，表明更为正式。不同之处在于书信 A 主体由对新年的吉祥祝福构成，而书信 B 则条列发信人与他的法侣同人在斋月（cxšʾpt mʾx）期间的法事活动；斋月是阴阳历新年前的 12 月。

当最初整理刊布这组书信的时候，对年代问题我只作了比较笼统的处理，将之放在 10 世纪后半段，理据采用的是塔基扎德（Taqizadeh）的纪年研究，他认为，在 10 世纪末的西回鹘王国历法中，斋月前移一个月，此外别无可以更确切断代的线索②。不过，森安孝夫教授提醒我，书信 C 中出现的一个回鹘语人名 Isig Ädgü Totoq Ögä（ʾysyk ʾδkw twtwγ ʾwykʾ）同样出现于所谓木杵文书（又称杭棒文书）Ⅰ与Ⅲ号，年代分别为 1008 年、1019 年。他主张两处的同名人实为同一人③。遵循森安教授的提示，我比对了柏孜克里克

---

① 本节是此前本人所作论文有关部分的一个修订本：Yutaka Yoshida, "Manichaean Sogdian letters discovered in Bäzäklik", in: *Annuaire résumé des conférences et travaux* (École Pratique des Hautes Études. Section des sciences religieuses) Tome 109, 2000 – 2001 [2002], pp. 233 – 236。
② 摩尼教历法的斋月最初落在中国阴阳历的正月，见 Taqizadeh *apud* Henning, "The Manichaean fasts", *JRAS* 1945, pp. 146 – 164, esp. p. 160。书信 A 和 B 本来应有纪年，但因 A 写本尾部残断佚失，B 只存留了"写于 Pushnu（pwšnw）月（或正月）六日莫日"，太过宽泛，无法复原准确日期。
③ 他的这一主张见吉田丰、森安孝夫《ベゼクリク出土ソグド語・ウイグル語マニ教徒手紙文》，《内陸アジア言語の研究》15, 2000 年，第 178 頁。

3通书信和2件木杵文书中的人名①,发现除了森安教授指出的一个名字,还有另外三个人名重合出现于两组文书:(1)合都督于伽(Alp Totoq Ögä ʾlp twtwx ʾwykʾ,书信A和两件木杵文书),(2)萨里拔施达干(Sarïγ Baš Tarqan sryγ pʾš trxʾn)②以及(3)乌苏密施邓林(Asmïš Tängrim ʾʾsmyš tnkrym)③(见于书信C及1008年木杵文书)。

尤其值得注意的是合都督于伽。书信A(行123)提及他是一位地位仅次于回鹘可汗的官人,为高昌平信众的首领,也就是驻锡高昌的教道师同在一地:"(你所在之)地,外面(对世俗事务抱有尊重之心,)[听者的尊首]合都督于伽"(tδy βyk(k) [yrʾnw nγwšʾ kptw] ʾlp twtwx ʾwykʾ)。木杵文书中提及的回鹘大臣有一个同名的:"高昌城长合都督于伽"(木杵文书I,行18);"宰相合都督于伽乃吉祥的高昌国的元首"(木杵文书III,行3—4)。由此可以推断,合都督于伽曾于1019年顷由高昌城长擢升为高昌一国之宰相。虽然我们无从得知合都督于伽在书信A里的官衔是什么,但从上述三个人名都出现于书信C和木杵文书I这一事实,我们可以推断柏孜克里克的3通书信必定在年代上接近于木杵文书I的年代,即1008年,而与木杵文书III的1019年稍远④。书信B纪年记录有"于正月六日莫

---

① 木杵是建筑佛塔时的奠基纪念物,上书施造功德主的名字。有关吐鲁番回鹘语木杵文书的研究,请参 T. Moriyasu, "Uighur Buddhist stake inscriptions from Turfan", in: L. Bazin and P. Zieme (eds.), *De Dunhuang à Istanbul. Hommages à J. R. Hamilton*, Turnhout: Brepols, 2001, pp. 149–233。
② 在此我声明放弃旧读法 Sarïγ Bars Tarqan (sryγ prs trxʾn),接受森安的读法 Sarïγ Baš Tarqan。
③ 森安读为 Ašmïš,而就 Asmïš 的读法,参见 Sims-Williams and Hamilton, *Documents turco-sogdiens du IXe-Xe siècle de Touen-houang*, p. 59。
④ 不过话说回来,正如 Sundermann 认为的那样,在木杵文书 III 中提及的那位可汗 Kün Ay Tängridä Qut Bulmïš Uluγ Qut Ornanmïš Alpïn Ärdämin Il Tutmïš Alp Arslan Qutluγ Köl Bilgä Tängri Xan 治下时代,不仅佛教广为传布,摩尼教文献也很兴盛,因此柏孜克里克书信的性质当置于这一历史背景之中加以考量。见 Sundermann, "Iranian Manichaean Turfan texts concerning the Turfan region", in: A. Cadonna (ed.), *Turfan and Tunhuang. The texts*, Florence: Leo S. Olschki Editore, 1992, pp. 63–84,特别是 p. 70。

日"的残留,案之于中国古历,契合的日期为 1007 年(1 月 27 日)、1010 年(1 月 23 日)以及 1014 年(2 月 8 日)。无论如何,所有 3 通柏孜克里克书信的年代都应落在 11 世纪前期①。

(二) *Twδ kδ*:书信 B 提及的送达地

西回鹘王国有两个都城,冬都高昌(今吐鲁番)和夏都北庭(今吉木萨尔)。书信 A 记录了回鹘可汗与阿利牙满普罗一起共渡新年,可以想象他们当时居停在高昌。同样也是书信 A 记述了王子们、公主们和其他王室成员与寄信人在一处(行 125—127),这很明确地指向一个事实,即书信 A 的发出地点是北庭。根据书信 C 提到一些有回鹘语名字的人从发信人的居停地离开这个事实,似乎可以合理地推测,这通信是发自西回鹘王国疆域之内的某地。在这一点上,书信 B 跟另两通书信有所不同,它没有提及任何回鹘人名。这暗示书信 B 的发出地位于西回鹘王国之外。事实上,书信 B(行 70)提到了发出地 *twδ-kδ*:"又一次在此,Tūdh 城的保护神"(*mδy ms twδ-kδcykw prn-w'xšykw*)。在 2000 年发表的研究中,本人曾提议将 *twδ* 与伊斯兰史料中提及的地名 Tūdh 勘同,该地距离撒马尔罕 3 法尔萨赫(换算约 18 公里)②。

后来通过 Dodge 的《群书类述》英译本我得知纳迪姆曾提到过粟特地区有一个名为 Tūnkath(*twnkθ*)的地方,当时有不少摩尼教徒居住,所以我又提议将 *twδ-kδ* 与纳迪姆的 *twnkθ* 勘同。至于拼写上的歧异可以阿拉伯字母 *n*(nūn)、δ(dhāl)因形似容易混淆来解释,正确写法当是 *twδkθ。

这些人(摩尼教徒)人称阿扎拉,住在鲁斯塔格、撒马尔罕、粟

---

① 这一定年无疑也适用于与 3 通粟特语书信同时同地发现的 5 通回鹘语书信。
② 参 W. Barthold, *Turkestan down to the Mongol invasion*, 2nd ed., London: Luzac, 1958, p. 132(编者按:张锡彤、张广达译巴托尔德《蒙古入侵时期的突厥斯坦》,上海古籍出版社,2007 年,第 153 页,该地名音译为"图德")。粟特语人名 *twδ'yc* 有可能是由这个地名派生而来。参 N. Sims-Williams, *Sogdian and other Iranian inscriptions of the Upper Indus*, Vol. II, School of Oriental and African Studies, 1992, p. 74。

特,屯卡特尤其多。①

在注解中,Dodge 推论说,*twnkθ* 的地理位置在柘枝(Shash)或石国(Tashkent)境内。后来,森安与本人发现了一件回鹘语摩尼教写本,当中提及一些中亚怛罗斯(Semirech'e,Talas)的供养人,文本的年代也可以追溯到 11 世纪前期②。由此本人的 *twδ-kδ = twnkθ* 说似乎得到一种史实上的支持。不过,此后我得知 Dodge 对那段阿拉伯史料的释读仅是一种说法,此外还有不同的解读。

1 摩尼教徒被称作阿扎利,住在撒马尔罕、粟特的村庄里,嫩卡特(Nûnkaṯ)那里尤其多。(Flügel 译文)③

2 纳迪姆说道,当时在撒马尔罕、粟特特别是大约叫那维卡特(*Nawēkaθ)的地方住有摩尼教徒。那维卡特更可能是撒马尔罕的那拂卡德卡里施(Nawqad Quariš),位于 Nasaf 和石城 Kiš 之间(...),不很可能是 Shāsh、Īlāq 地区的弩卡特(Nūkath)。(Sundermann 说)④

3 滞留呼罗珊地区的摩尼教徒住在撒马尔罕、粟特特别是在那维卡特地区。(de Blois 说)⑤

4 被称为阿扎拉的人住在撒马尔罕、粟特、特别是那维卡特的

---

① B. Dodge, *The Fihrist of al-Nadīm: a tenth-century survey of Muslim culture*, Columbia University Press, 1970, p. 803.

② T. Moriyasu, "Four lectures at the College de France in May 2003. History of Manichaeism among the Uighurs from the 8th to the 11th centuries in Central Asia," in: T. Moriyasu (ed.), *World history reconsidered through the Silk Road*, 大阪大学 21 世紀 COE プログラム「インターフェイスの人文学」,2003, pp. 23-111; 吉田丰《シルクロード出土文献における言語変化の年代決定——ウイグル語文献中の借用形式の例から——》,《Ex Oriente》(《大阪外国语大学言語社会学会志》)11,2004,第 3—34 页。

③ G. Flügel, *Mani, seine Lehre und seine Schriften. Ein Beitrag zur Geschichte des Manichäismus aus dem Fihrist*. Brockhaus, 1862, p. 106.

④ W. Sundermann, "Ein manichäischer Lehrtext in neupersischer Sprache", in: L. Paul (ed.), *Persian origins — Early Judaeo-Persian and the emergence of New Persian*, Otto Harrassowitz Verlag, 2003, pp. 243-274, esp. p. 244.

⑤ 见 F. de Blois, *apud* de Blois and Sims-Williams (eds.), *Dictionary of Manichaean texts*. Vol. II. *Texts from Iraq and Iran*, Brepols, 2006, pp. 26-27, 82-83。

乡下。(Reeves 前揭著作, p. 229)

从以上引文可见,Dodge 读为 *twnkθ* 的地名也曾被其他学者读为 Nawēkath(*nwykθ*)等等。不过很遗憾,有关地望迄未得到确定①,一般是认为在撒马尔罕一带。值得注意的是粟特这个地方,按《世界境域志》的说法,粟特的版图在当时仅在布哈拉和撒马尔罕之间这一片,比我们通常在 Sogdiana 这个名字之下理解的行用粟特语的地区远为狭小②。无论如何,撒马尔罕附近的这个 Tūdh 城更可能要在纳迪姆所说的"撒马尔罕地面"求之,而不很可能是那维卡特(Nawēkath)。由此可以断定,书信 B 是由撒马尔罕寄往吐鲁番的,因此证明了两地之间在 11 世纪早期存在着交通往来。

四 所谓摩尼教书信:是否发自撒马尔罕?

前一节的结论部分很自然地会令读者发问,在吐鲁番发现的古代文书中是否有其他伊朗语系统的文本有撒马尔罕来源。人们很快会想到那些在吐鲁番发现的用新波斯语书写的摩尼教文本可以是候选者。宗德曼对其中的一件进行了研究,他说:这件写本"极有

---

① 因为回鹘语文献支持在怛罗斯有过摩尼教徒活动的推断,森安和本人提议将 Nawēkath 与见于穆格山文书的 *nwykt* 勘同,参吉田丰、古川摄一:《中国江南マニ教绘画研究》,临川书店,2015 年,第 35 页。一般认为,*nwykt* 的地望在今天的红列奇卡(Krasnaya Rechka, 即唐代的新城,见《皇华四达记》),位于楚河左岸,参 V. Livshitz, *Sogdian epigraphy of Central Asia and Semirech'e*, p. 22 及 note 3. 另参看 P. B. Lur'e, "O sledax manixeizma v Srednej Azii," in: P. B. Lurje et al. (eds.), *Sogdijcy, ix predšestvenniki, sovremenniki i nasledniki*, St. Petersburg: Izdat. Gos. Ermitaža, 2013, pp. 219-251, esp. p. 251.

② V. Minorsky (tr.), Ḥudūd al-'Ālam. *'The Regions of the World.' A Persian Geography 372 A.H.- 982 A.D.*, 2nd ed., London: Luzac, 1970, p. 113. 对粟特地理范围的这种理解,有喀什噶里的佐证:"他们(即粟特人)居住在粟特,其地处在布哈拉和撒马尔罕之间",参 R. Dankoff and J. Kelly (eds.), *Maḥmūd al-Kāšyarī, Compendium of the Turkic Dialects (Dīwān Luγāt at-Turk)*, Harvard University Printing Office, 1982-1985, p. 352.

可能是11世纪的产物,其故乡可广而言之为撒马尔罕或粟特地区"①。斯坦因在高昌故城K遗址挖到一件羊皮写本(Kao. 0111 = Or. 12452D/3),所用语言为中古波斯语,因为书写材料的特性,可以推测为在撒马尔罕制作的抄本②。倘若此说可存,那么写本中的工笔画便也是在当地绘制,理应得到从摩尼教艺术史的角度加以全新的审视。

在此,我想讨论一下 Henning、Sundermann 先后研究过的两通摩尼教书信③,我认为它们也来自撒马尔罕。尤其是在书信 i 中,写信人是一个本地的摩尼僧,他对外邦来的摩尼教僧侣不端行为颇致不满,在他看来,那些人就是唐突规戒的伪滥僧。他用的两个词,密罗之党(myhryʾnd)和密克拉斯之党(mklʾsyktyy),是 Mihriyya 和 Miqlāṣiyya 的同义词。这个线索引导 Henning、Sundermann 根据教史记载将这两通书信的年代放在教派分裂大局已定之前的时段。Henning 认为,教派分裂发生于880年之前④。Sundermann 则基于书信中未见有回鹘因素这一点,推定书信写于回鹘离开漠北的840

---

① 参 Sundermann, "Ein manichäischer Lehrtext in neupersischer Sprache", p. 251。据 al-Muqaddasī 说,10 世纪的时候撒马尔罕和布哈拉的语言已经使用新波斯语的一种变体(参 Yoshida, "Sogdian", 2009, p. 330),如此看来,其时粟特语已经江河日下了。

② 该写本由 Zs. Gulácsi、U. Sims-Williams 和 W. Sundermann 共同研究刊布,"An illustrated parchment folio from a Middle Persian Manichaean codex in the collection of the British Library, Or. 12452/D (Kao. 0111)," *Journal of Inner Asian art and archaeology*, vol. 1, 2006, pp. 149-155。

③ W. B. Henning, "Neue Materialien zur Geschichte des Manichäismus." *ZDMG* 90, 1936, pp. 1-18; W. Sundermann, "Probleme der Interpretation manichäisch-soghdischer Briefe", in: J. Harmatta (ed.), *From Hecataeus to Al-Ḥuwārizmī*, Budapest: Akademiai Kiadó, 1984, pp. 289-316; idem., "Eine Re-Edition zweier manichäisch-soghdischer Briefe", in: M. Macuch et al. (eds.), *Iranian languages and texts from Iran and Turan. Ronald E. Emmerick memorial volume*, Wiesbaden: Otto Harrassowitz Verlag, 2007, pp. 403-421. 两封信现有英译文,见 D. Durkin-Meisterernst, "Was Manichaeism a Merchant Religion?,"《古代钱币与丝绸高峰论坛暨第四届吐鲁番学国际学术研讨会论文集》,上海古籍出版社,2015 年,第 245—256 页。

④ 据我所知,Henning 与 Sundermann 对此定年都没有给出根据。

年之前。

然而，书信中 *myhryʾnd* 和 *mklʾsyktyy* 两词分散出现于已经残损的上下文中，无法确知其间究竟是何关联。更何况即使教派确曾分裂，他们各自的信徒仍然可以保持原来的名义继续存在。我认为，摩尼教书信 ii 行 15 提到的"这些肮脏卑鄙的苏邻人"（*myšʾnd rymnyt kmbyt swrykty*），指的当是在纳迪姆书中出现的在穆克塔迪尔朝离开美索不达米亚、流亡撒马尔罕的那五百余人众。在 10 世纪以粟特语在吐鲁番写就的书信中不出现任何突厥语词或突厥语名字，固然是件怪事；但是，如果这些书信是从撒马尔罕寄出，没有什么回鹘痕迹却是正常不过。事实上，书信 B 也确实没有回鹘形式。Sundermann 本人就认真考虑过摩尼教书信中提到的外来教民与巴比伦驱逐摩尼教徒事件之间的关联，并将此事放入 10 世纪。①

如果本人就书信 i 的时代和发出地的意见是可取的话，那么见于书信 ii 中语句中的动词 *sn-*"走上去"、*ʾwxz*"走下去"的具体所指应该就是摩尼僧在撒马尔罕和高昌之间的往返旅行②。*ʾrty cw wʾnw wʾβʾnd skwn kt srδ(ng)t pr ʿywpʾzkyʾ snʾ(nd) [ʾ]ty δβtyk ʾwxzʾnd δymyδ wʾxš i pʾryk nʾs xcyy*（书信 ii 行 16—17）"如果他们说，那些尊首们东行西来穿梭造访，那么在这个世界里就只有毁灭一途了。"莫达（Māhdād）慕阇（从撒马尔罕）上高昌（去），显然为的是替代去世了的蜜利扎（Mihrīzad）慕阇，可是无所建树（*pr βγrwʾn myh(rʾy)[zd] (mwjʾk)yy sryy mʾhdʾd mwjʾk sttyy cn(d)n (f)[rtryʾkrtw] (δ)ʾrt*，书信 ii 行 18—19）。

摩尼教书信 i 有一点特别之处：其纸张背面有回鹘语的文字。

---

① 参 Sundermann, "Probleme der Interpretation manichäisch-soghdischer Briefe", 1984, p. 302。Sundermann 本人基于语言和内容时代过早的原因拒绝这种可能性。
② 就这些表达，参 Sundermann, "Probleme der Interpretation manichäisch-soghdischer Briefe", pp. 207–208。粟特语中 *ʾsky kyrʾn* 字面义"向上"（upwards）、*cʾδr kyrʾn*"向下"（downward）分别也表示"向东"（eastward）、"向西"（westward）的意思，参 F. Grenet, "Where are the Sogdian Magi?," in: *Bulletin of the Asia Institute* 21, 2007[2012], pp. 171–175, esp. p. 175, n. 54。

在考证书信年代的问题之时，Henning 和 Sundermann 对此都未措意。Karl Menges 认为，背面文字内与正面没有关系①。当森安孝夫对这件回鹘语文本继耿世民和 Klimkeit 之后再次进行释读之时，他找到了对之精确断代的办法，根据的线索是其中使用的印度式纪年法，由此研究印度星占术的专家矢野道雄将之勘定为公元 983 年②。文本的作者是一个名为腾阿于(Käd Oγul)的长老，他对高昌的一座摩尼寺的厄运大加感慨，说那里的一些美轮美奂的建筑装饰被运去装点了佛寺。虽然在这里的确看不出有什么跟粟特语书信有直接关系的情节，但两面的文字内容都排到 10 世纪，与其他粟特语书信一体，也并无滞碍之处。

自 10 世纪前期开始，随着美索不达米亚的摩尼教徒加入撒马尔罕教区，具有组织形式的摩尼教团就只在中亚有存在了③。本文讨论的柏孜克里克书信 B 的作者摩尼娃满(m'ny wxmn 'βt'δ'nw)是撒马尔罕教区的尊首，他的教衔是拂多诞(aftādān)。如此，他的地位应该次于阿利牙满普罗；阿利牙满普罗身居吐鲁番，领导着包括撒马尔罕在内的整个教团。他不仅是东方教区的教道师，他甚至可能是摩尼教会的总统领。在书信 A、B 中，他都被称作"继任者、副手"(pš'γryw)，据 Sundermann 研究，pš'γryw 这个词在摩尼教东传系统中义为圣灵(paraclete)、摩尼的继任人。④ 濒临中亚摩尼教尾声的 11 世纪前期，整个摩尼教世界的中心很可能就是吐鲁番。

---

① Henning 前引文，pp. 17 – 18, n. 4。
② T. Moriyasu, *Die Geschichte des uigurischen Manichäismus an der Seidenstraße*, 2004, pp. 174 – 181。这个回鹘语文本后来又有 L. Clark 的释读，其待刊文稿由 Z. Gulácsi 引用于其新刊著作：*Mani's pictures: the didactic images of the Manichaeans from Sasanian Mesopotamia to Uygur Central Asia and Tang-Ming China*, Leiden：Brill, 2015, pp. 118 – 123.
③ 中国南方的摩尼教属于另一个区域，不在本文议题范围之内。
④ W. Sundermann, "Der Paraklet in der ostmanichäischen Überlierefrung," in：P. Bryder (ed.), *Manichaean studies. Proceedings of the First International Conference on Manichaeism*, Lund：Plus Ultra, 1988, pp. 201 – 212.

粟特语摩尼教文献中所见 10 至 11 世纪的粟特与高昌关系

结　　语

　　本文搜辑三件发现于吐鲁番的摩尼教文书以揭示公元 10—11 世纪间粟特地区与天山东段地区吐鲁番盆地绿洲国家之间的交流关系。前一件文书记述由粟特地区输入棉布，后两件则证明了撒马尔罕和吐鲁番两地摩尼教徒之间的通信联系。吐鲁番发现的新波斯语文献很可能代表了居住在萨曼王朝或黑韩王朝统治时期的撒马尔罕的摩尼教徒的著作。柏孜克里克书信 B 是由一位摩尼教主教（拂多诞）寄送的，他的居住地是撒马尔罕附近的 Tūdh 城，发信事由是祝贺新年。收信人是住在高昌的摩尼教师阿利牙满普罗。因此我们可以推测，11 世纪前期撒马尔罕的摩尼教徒是处在一位驻锡高昌的慕阇的统辖之下的，其教会中心很可能就在今天考古学家所称的高昌故城 K 遗址。最后讨论围绕摩尼教书信 i、书信 ii 的几个问题，拙见认为，其内容涉及纳迪姆所记述的穆克塔迪尔治下时期（公元 908—932 年）摩尼教徒被从美索不达米亚驱逐这一史实的大背景。

摩尼教符咒从波斯到阿拉伯和中国福建的流传[①]

尤小羽

摘　要：作为一种高度复杂、包罗丰富的宗教思想体系，摩尼教在数术方面以往不甚突出，但根据历史记载和出土发现，我们可以知道摩尼教在大体系之外的确有小传统，巫术、咒语便是其中的一类。国际学者对中古伊朗语和阿拉伯符咒的研究，为进一步梳理语义解释和转译过程提供了基础。近年新发现的汉传明教系统的闽东霞浦文书中，有专门的祷雨仪式书，印证了唐代史籍中摩尼师参与地方祈雨的事实。霞浦文书中屡见的中古伊朗语源的汉字音写咒语，使我们看到甚至在近古时代的中国东南沿海含有语言上和形态上的古摩尼教因素的符咒仍为人传用的事实，特别是使用它们的当地语境，揭示了数术在摩尼教的传递、嬗变过程中所显示出适应新的文化生态的生命力。另外，晋江苏内村五都水尾宫的祭祀法物也为摩尼教与数术活动的关系提供了鲜活的材料。

关键词：摩尼教；符咒；吐鲁番文献；霞浦文书；霞浦《祷雨疏奏申牒状式》；五都水尾宫（福建晋江苏内村）

一　摩尼教与数术

摩尼教有"道德宗教"的美名[②]，并不以数术（占卜、巫术）著称，摩尼本人也并不提倡巫术，但在摩尼教的创世说中，却不乏神异之事。公元719年，一位慕阇——摩尼教最高教阶神职人员——随吐

[①] 本文写作曾得到廉亚明（Ralph Kauz）教授的支持，获得德意志学术交流中心（DAAD）全额奖学金，到波恩大学访学，得以顺利完成前期工作。2016年3月笔者有幸得到林鋆先生的邀请，前往霞浦参观明教遗址与文物。本文使用的霞浦未刊资料也经林鋆先生授权发表于此。统此申谢。

[②] 陈垣：《摩尼教入中国考》，《陈垣学术论文集》第1集，中华书局，1980年，第370页。

火罗国使团到达长安之时,就被看成是一个"解天文人":

> 开元七年六月大食国吐火罗国康国南天竺国遣使朝贡,其吐火罗国支汗那王帝赊上表献解天文人大慕阇。其人智慧幽深,问无不知。伏乞天恩,唤取慕阇,亲问臣等事意及诸教法,知其人有如此之艺能,望请令其供奉并置一法堂,依本教供养。①

"天文"在中古相当于广义的 astronomy,沙畹、伯希和译注这段摩尼教史料时是如此处理的②。他们的作法固然不错,但具体到摩尼教教义,摩尼教慕阇掌握之中的"天文"应该指的是该教二宗三际论的核心部分——创世说(cosmogony)③。据6世纪拜占庭宫廷文官普罗考皮厄斯(Procopius)记载,聂斯托利教长老 Barsymes 不仅"对巫师和恶神大感兴味",甚至还"深深地沉迷于摩尼教"④。同样也是在宫廷,唐室因为天下大旱,曾求助于摩尼师的法术,上演了皇上希望外来的和尚能呼风唤雨以解旱灾的一幕:

> 贞元十五年(799)四月,以久旱,命摩尼师祈雨。⑤

这一件事,历史记载有歧互不同之处。据《旧唐书》记载:

> 贞元十五年四月丁丑,以久旱令阴阳术士法术祈雨。⑥

这里没有提及摩尼师。沙畹、伯希和曾表示疑惑,认为对同一事件的不一致记载,有可能暗示时人将摩尼师看作阴阳术士。但是,对此事也有同时提及阴阳人、摩尼师的记录:

---

① 《宋本册府元龟》卷九七一"外臣部·朝贡四",第3848页;卷九九七"外臣部·技术",中华书局,1989年,第4025页。
② É. Chavannes-P. Pelliot, "Un traité manichéen retrouvé en Chine," *JA* 1913, p. 177;(法)沙畹、伯希和著,冯承钧译:《摩尼教流行中国考》,商务印书馆,1933年,第7页。
③ 有关学说,详见 Werner Sundermann, "Cosmogony and cosmology in Manicheism," *Encyclopædia Iranica*, Vol. VI, pp. 310–315.
④ Jes P. Asmussen, *Manichaean literature, representative texts chiefly from Middle Persian and Parthian writings*, Scholars' Facsimiles & Reprints, 1975, pp. 44, 147 n. 38.
⑤ 《唐会要》卷四九"摩尼寺"条,中华书局,1955年,第864页。
⑥ 《旧唐书》卷一三,中华书局,1975年,第390页。

> 贞元十五年四月，以久旱令阴阳术士陈混常、吕广顺及摩尼师祈雨。①

岑仲勉先生就此作《摩尼师与阴阳人》予以考辨，认为收入《册府元龟》的记录是完整的因而也是可信的："阴阳人与摩尼师显分两途，《旧书》《会要》各取其一节耳。"②阴阳术士两人留下了名字，未提名的摩尼师或许是入唐西域人。祈雨法术为回鹘人所习知善能，吐鲁番出土文献中多有涉及③。回鹘人对摩尼教在唐境中的传播起到很大的推动作用，与唐代官方关系密切，其间曾以一技之长受邀参与祈雨仪式也属可能。

摩尼教(明教)与数术曾有关涉的史实，还有一条时代较晚的材料证明：

> 会昌中汰僧，明教在汰中。有呼禄法师者来入福唐，授侣三山，游方泉郡，卒葬郡北山下。至道中，怀安士人李廷裕得佛像于京城卜肆，鬻以五十千钱，而瑞相遂传闽中。④

摩尼光佛的画像得之于北宋太宗至道年间(995—997)开封的算卦店铺，可见当时民间对这一外来宗教画像的法力有特别的信仰。

事实上，摩尼教的占卜、巫术材料确有遗存：吐鲁番出土摩尼教文书中有两件中古伊朗语的解除术法符咒(德藏摩尼教写本文献M 781和M 1202)、一件征兆占文本(M 556)，还有阿拉伯语一件巫方，出自大约16世纪成书的一部伊斯兰医书。汉文材料方面现有近

---

① 《宋本册府元龟》卷一四四"帝王部·弭灾二"，第227页。
② 岑仲勉：《唐史余沈》，中华书局上海编辑所，1960年，第130—131页。
③ Peter Zieme, "Alttürkische Fragmente über den Regenstein," Appendix to: Ádám Molnár, *Weather-magic in Inner Asia*. Bloomington: Indiana University Research Institute for Inner Asian Studies, 1994, pp. 147-151. 伯希和获敦煌粟特语写本 P 3，是一部中亚当地制作的祈雨书。参 E. Benveniste, *Mission Pelliot en Asie Centrale*, Vol. Ⅲ, *Texte Sogdiens, edites, traduits et commente*. Paris: P. Geuther, 1940; W. B. Henning, "The Sogdian Texts of Paris," *Bulletin of the School of Oriental and African Studies*, 11/4 (1946), pp. 713-740.
④ 何乔远编撰：《闽书》卷七《方域志》"华表山"条，福建人民出版社，1994年，第172页。

年发现的霞浦文书《祷雨疏》。

M 781 和 M 1202 是由恒宁于 1947 年首次刊布的①。M 781 是一件中古波斯语咒书残篇,包括了相对独立的两个文本:其一 M 781i 是调伏热病的咒语,针对的神怪名为 Paškuč;其二 M 781ii 是针对家中恶灵的护身咒,着重于对保护神的描述。M 1202 为一件帕提亚语避邪护身符咒,针对的是家中恶灵,其背面主体内容为摩尼教夜叉名录。书页的上半部分保存不佳,墨色较淡,多处难以辨认。恒宁推断残片或写于 6 世纪。M 556 征兆占文本是一块较小的残片,由芮柯和宗德曼两位学者在 1997 年合作研究、刊布②。其写本格式特别,以朱砂色栏线绘制成格,文字工整地填写在栏格内,文本配有非常精美的彩绘插图,既具有摩尼教工笔画(miniature,又译为"细密画")的特点,人物表现上也显示出相当明显的汉风绘画造型的特征。

那件阿拉伯语的巫方,出自 Jalāl al-Dīn ʿAbd al-Raḥmān al-Suyūṭī(1445—1505)所纂医书汇编 Kitāb al-Raḥma fī l-ṭibbwa-l-ḥikma,其中有三个章节含有对治恶灵的咒方。施瓦茨在 2002 年发表的文章中指出,这些恶灵的名字终溯源到古犹太语中的坠落天使(看守者)和毁灭妇女的巨人,集中体现在医书中"对治 Tabiʾa(Fī-ʿilāj-al-tābi-ʿa)"一章中的一段辅助咒语③。医书取材自伊斯兰阿拉伯语中的原始巫方资料,极有可能是经摩尼教阿拉伯语巫方文献中的医方辗转而成,该阿拉伯语版本译自摩尼撰写的叙利亚语《巨人书》的中古波斯语本,摩尼本重塑了亚兰文中看守者和巨人的传说。

---

① W. B. Henning, "Two Manichæan magical texts with an excursus on the Parthian ending -ēndēh," *Bulletin of the School of Oriental and African Studies*, Vol. 12/1, 1947, pp. 39 – 66, 收入: W. B. Henning, *Selected Papers*, II, Leiden/Téhéran/Liège, 1977, pp. 273 – 300.

② Chr. Reck & W. Sundermann, "Ein illustrierter mittelpersischer manichäischer Omen-Text aus Turfan [M 556]," *Zentralasiatische Studien*, Band 27, 1997, pp. 7 – 23.

③ Martin Schwartz, "Qumran, Turfan, Arabic magic, and Noah's name," *Res Orientales* 14 (*Charmes et sortilèges*) 2002, pp. 231 – 238.

霞浦文书《祷雨疏》，原题"祷雨疏　奏申牒状式　后学陈宝华存修"，传出自福建宁德地区霞浦县，目前存于私人之手。

二　热病咒与护身咒（M 781 i–ii）

中古波斯语 M 781 目前只有恒宁一家的释读，阿斯姆森 1975 年的《摩尼教文献》一书全文照引，本文也据恒宁译文转译为汉文①：

（i 正面）因子……光明者（复数）。愿他永生。（上文结束）

抵御热病和［热病？］之灵的咒语：它的名字是以德拉（Idrā）。它有三种相和格里芬神怪一样的翅。它居住在……里和人的脑子（？）里。（如此）就有了热病的名字。它生于水中……和尘埃里……如此就……（i 背面）［若热病之灵］不［主动］离开，那么它将从某甲之子某乙的［身体］出来，远遁消失，以友人耶稣之名义、以其最高的圣父之名义、以圣灵之名义、初人（First Reflexion，先意）之名义、以圣神頡利（ēl）之名义、以报伯（Baubō）之名义、以诶里支（Ērič）的儿子摩泯（Mūmīn）②之名义、以弥诃逸（Michael）、卢缚逸（Raphael）和迦缚啰逸（Gabriel）之名义、以饕餮之名义、以万军之主（Sabaoth）和……［之名义］……

（ii 正面）富列董（Frēdōn）将摧灭……一切。我有三相，还有火的腹（？）。我手握锋利灵活的斧头，身佩锐剑利刃。我有急速的话语和天使的耳力……那钢铁锻就的七把匕首我紧攥在手……强大……坚硬的那些……（ii 背面）……家中的一切……家中的一切神冥，家中的一切恶灵，家中的一切怒贼：我将重击他们和他们的已然匍匐脚下的奴仆，他们无法举起手臂来抵抗我。我将吸走他们的光亮到我的光明里，我将取走他们的力量加添到我身中。攻击……的死亡……正谛视着他们……

---

① 参见马小鹤：《摩尼教四天王考——福建霞浦文书研究》，《霞浦文书研究》，兰州大学出版社，2014年，第 115—116 页；马小鹤：《摩尼教中的夷数（耶稣）》，《霞浦文书研究》，第 296 页。
② 霞浦文书有一种未定名的"无名科册"（共 156 页），其上册第 14 页出现"嘘缚逸天王末思信法王摩泯明使"，摩泯正是 M 781 中的 Mūmīn。

摩尼教符咒从波斯到阿拉伯和中国福建的流传

M 781 抄写了两个彼此独立的文本,虽是残篇,但正面首行的"因子""光明者",指明了其内容具有摩尼教的性质,不容置疑。其后才是针对"热病"的咒愿文,所举的至少 12 个神灵名字都是为此而需求祈庇佑的对象,排场可观。热病的名字 Idrā,其波斯语词形'ydr',按照恒宁的意见,从词尾的特点看似乎是一外来词。而将热病之相描述为像格里芬一类的怪物,与摩尼教对黑暗之王(King of Darkness)的描述——狮头鹰翼龙腹鱼尾恶魔腿——相类。Paškuč 是一罕见词,但在其他语言中出现同样的用例。调伏热病咒语的第二部分为呼请诸神灵之号,这些名号都与摩尼教联系紧密。其中的初人,为摩尼教中善母(the Mother of Life)五明子中的第四子,汉文摩尼教经《下部赞》中"先意",即是恒宁释读中的 First Reflexion①,不过波斯语上并不完全对应。Baubō 很可能有希腊语源,Ēričr 或可理解为 Frēdōn 的后裔,Mūmīn 应是又一个外来词。

有关热病的巫术治疗,有一件敦煌佛教写经可资比较:法藏敦煌文献 P. 3135 是一卷四分戒写经,前有题记:

> 乙卯年(895?)四月十五日弟子索清儿,为己身忽染热疾、非常困重,遂发愿写此《四分戒》一卷。上为一切诸佛、诸大菩萨摩诃萨及太山府君、平等大王、五道大神、天曹、地府、司命、司录(禄)、土府、水官、行病鬼王、疫使、知文籍官、院长、押门官、专使、可嚻官,并一切幽冥官典等,伏愿慈悲救护。愿疾苦早得痊平、增益寿命。所造前件功德,唯愿过去未来见在,数生已来所有冤家债主、负财负命者,各领受功德,速得生天。②

索氏为敦煌大族,出土的敦煌文献中有不少为索氏一族中人的写经。此律部佛典被选择作为造功德福田的奉纳经,事由为希冀"热疾"痊平,所求祈的神祇并不囿于佛教的万神殿,还容纳了道教和民间信仰

---

① P. van Lindt, *The names of Manichaean mythological figures. A comparative study on terminology in the Coptic sources.* Otto Harrassowitz, 1992, p. 124;并参林悟殊:《唐代摩尼教"风"入神名考——夷教文典"风"字研究之二》,《西域研究》2014 年第 3 期,第 70 页。

② 参池田温:《中国古代写本识语集录》,东京大学东洋文化研究所,1990 年,第 437 页。

中的各路功能神。病急投医,不避科门樊篱,东西宗教正同出一揆。

M 781ii 是一段摧伏家中恶灵的护身咒,以描述保护神的形象和力量为主要内容。保护神名为富列董,如恒宁在文中引言部分所述:"因为翻译者轻率地使用了一些名称,将与当地信仰相联的神祇随之引入,善知识与神侍者也一并带入。属于这类附加成分的有伊朗的大医圣富列董(Frēdōn,阿维斯陀经中称 Oraētaona),他在摩尼教祈祷辞中与琐罗亚斯德教符咒中同样普遍。"①咒语使用的语汇多数可在其他语言的摩尼教文献中找到对应形式,如其中的三变身与七把匕首。末尾处的吸走光亮云云,都是摩尼教经典习见的采集光明因子这一母题的变化形式。

三 大力咒与摩尼教的夜叉名录(M 1202)

M 1202 与 M 781 性质一样,旨在驱魔辟邪,但 M 781 着重保护神的描述,M 1202 则是提供了一份摩尼教的夜叉名录。正面内容为符咒内容,反面为夜叉名单②:

(正面)以你的名义,按你的旨意,遵从你的号令,凭借你的神力,主夷数(耶稣)基督。以救世主众神的使者末摩尼之名,以你的圣主之名,被赞颂被祝福的圣灵,他摧灭魔鬼和黑暗力量。以弥诃逸、瑟罗逸(Seraʾel)、卢缚逸和迦缚啰逸之名……劫伤怒思(Qaftinus)③、天使巴西穆斯(Bar-Simus)……以唵逸(An-el)、达逸(Dad-el)、阿拔逸(Abar-el)、尼萨逸(Nisad-el)和罗福逸(Raf-el)之名

---

① Henning, "Two Manichæan magical texts," p. 39;参见马小鹤:《摩尼教、基督教、佛教中的"大医王"研究》,《欧亚学刊》第 1 辑,中华书局,1999 年,第 243—258 页。
② 译释参见徐文堪、马小鹤:《摩尼教"大神咒"研究——帕提亚文文书 M1202 再考释》,《史林》2004 年第 6 期,第 101—102 页。
③ 《下部赞》行 205 有"尊者即是劫伤怒思",宗德曼指出"劫伤怒思"应即 "Qaftinus",详参:Samue(N. C. Lieu, *Manichaeism in Central Asia and China*, Leidon; Boston; Brill, 1998, p. 51)。

义,[他们将毁灭]你们这些魔鬼、夜叉、裴黎(peris)、恶鬼(drujs)、罗刹、黑暗之相和恶灵。暗夜之子、恐与怖之子、痛与病之子、……和年长的,从大力(zāwar 祚路)和话语(sxwn 苏昏)前……远离佩戴着辟邪符的这个人,逃吧,……,消失吧,畏惧吧,走的远远的……

(背面)……[他有]……千个儿子;他们食……一天的第五时:一夜叉掌管它,名一切手(Bīs-pārn)。他占据蒲湿加勿(Puškavur)。他有20 000个儿子。他们食盐。一天的第六时,一夜叉掌管它,名居剎图罗(Kucātr)。他占据[……]。他有两万五千个儿子。他们食……一天的第七时,一夜叉掌管它,名Naragān(那罗延?)。他守护脂那。他有八万个儿子。他们食果。一天的第八时,一夜叉掌管它,名Naragā[n?]。他领守迦湿弥罗。他有……儿子。他们食花。一天的第九时,一夜叉掌管它,名……mīl。他占据Džartabuhr。他有……儿子。他们食乳。

文本里明确直呼"末摩尼",将这篇咒语的摩尼教关联揭示无遗。文中还有几处术语的使用体现了明显的摩尼教特征。z'wr(zāwar)一词,恒宁认为是全文的关键字眼,咒语所针对的邪恶对象都将在zāwar面前逃离,在佩戴本符咒的人面前逃离,因此zāwar既是咒语所述"坚固力"(firm power),又是符咒本身①。在汉文摩尼教文献《下部赞》中有一段音译文字,其中有一句"夷萨乌卢诜,祚路欝于呬",吉田丰揭明"祚路"对应的原文:zwr,词义power(力)②。该句中的其他音译词也分别由不同学者读出,"夷萨"为yzd,义god、divinity(神、清净)③;"乌卢诜"为rwšn,义light(光)④;"于呬"为whyh⑤,义

---

① Henning, "Two Manichæan magical texts," p. 52.
② Y. Yoshida, "Manichaean Aramaic in the Chinese hymnscroll," *Bulletin of the School of Oriental and African Studies* 46, 1983, pp. 326 – 331.
③ Y. Yoshida, "Manichaean Aramaic in the Chinese hymnscroll," p. 330.
④ 石田幹之助:《敦煌发现〈摩尼光佛教法仪略〉に见ゑたる二三の言语に就いこ》,《白鸟博士还历记念东洋史论丛》,1924,pp. 157 – 172;此据氏著《东亚文化史丛考》,东洋文库,1973,pp. 287 – 289.
⑤ E. Waldschmidt & W. Lentz, *Die Stellung Jesu im Manichäismus*, Abhandlungen der Preußischen Akademie der Wissenschaften, 1926, Nr. 4, S. 85.

wisdom(智慧)。合并观之,这句音译文与汉文摩尼教文献中的"清净光明,大力智慧"八字偈语(七字韵语的下部赞作"清净光明大力惠")完全符合。恒宁将这件辟邪符咒径称为 zāwar,我们姑且可译为"大力咒"。另一个恶鬼所要避走远遁的是 sxwn,恒宁译作 word(话语)。"话语"(sxwn)一词在摩尼教经典中有其特殊的用义与内涵,其在汉文摩尼教文献中的译名据考证为"语藏",见于敦煌写本《摩尼教残经》,原句为"于语藏中加被智惠",其语源由宗德曼揭明为帕提亚语 saxwan tanbâr,可能译自古叙利亚语 gwšmʾ,义近于拉丁文的 corpus。因此"语藏"在《惠明经》中"指代的是整个摩尼教教义文献"。这个词义更为柏林吐鲁番特藏中的摩尼教文书 M 5794 再次证实,M 5794 中篇章先述"由于有活的经典",后言摩尼"由于有智慧和著作,将永存无疆",这与"于语藏中加被智惠"语义上完全相合,因此印证了"语藏"在摩尼教术语系统内事实上和"摩尼教著作"同义①。对 sxwn 一词,玛丽·博伊斯认为,该词用作摩尼教术语时,义为"词语/道(word),亦即摩尼的福音"②。《下部赞》中有一偈颂《初声赞文》,头两句为:于咇喝思嚽,苏昏喝思嚽。其中于咇为 wcn,义为声;喝思嚽为 hsyng,义为初(primeval);苏昏即为 sxwn,义为语词(word)。因此在这件符咒中,sxwn 一词指的是符咒内容。回到这件辟邪符本身,先称颂夷数(耶稣)后称颂末摩尼,这样的先后顺序提示了夷数与符咒的关系更为紧密直接,宗德曼曾指出此处呼告的主夷数基督属于耶稣的第四种身份:末世耶稣(the eschatological Jesus)。据吐鲁番文书 M 35,他将作为救世主统治人类 120 年③。

M 1202 的背面文本主体为夜叉名录,恒宁参引烈维研究对其结构作了详细的解释:名录中每一个小时都由一位占据某个国家的夜

---

① 王丁:《陈寅恪的"语藏"——跋〈陈寅恪致傅斯年论国文试题书〉》,《科学文化评论》第 2 卷,2005 年第 1 期,第 69—70 页。
② Mary Boyce, *A word-list of Manichaean Middle Persian and Parthian*, Leiden 1977, s.v. *sxwn*.
③ Werner Sundermann, "Christ in Manichaeism," *Encyclopædia Iranica*, Vol. V, 1991, p. 537b.

叉掌管，他拥有成千后代，以某种食物为食。这件原本应由 24 节构成的名录仅存 5 节，其残片与《月藏经》紧密相联。但目前看来，没有一部佛教文献如这件摩尼教残片一样，可以从中看到包含五种因素的名录：时刻、夜叉、国家、数目和食物①。名录中的夜叉名及国家名都可在《月藏经》及《孔雀王咒经》中找到出处，徐文堪、马小鹤在恒宁释读的基础上，据《孔雀王咒经》将其中的 Puškavur 译作富楼沙富罗国（Purusapura），将 Džartabuhr 译作羯咤（Jatāpura），Kucātr 因无典籍着落，二位学者拟译成库查特拉。此外，他们还详析了第七、八时中的"食花""食果"，分别引梵文、汉文、回鹘文、藏文及西夏文中佛经中的饿鬼名单中的"食华鬼"和"食果鬼"为例，进一步强调这份夜叉名录与佛教的联系②。可以说，这份名录从结构到内容都是摩尼教借用佛教因素的表现，但其中颇可注意的是第七时掌管脂那的夜叉。

四　阿拉伯语咒语文献中的摩尼教内容

M 781 和 M 1202 中都出现了以 -el 为词尾的天使名，出自犹太传统。伊斯兰阿拉伯医书中的巫方则表明了古希伯来的恶天使和巨人的名字，通过摩尼教的中古波斯语传承中介，逐渐变成《巨人书》里的摩尼教阿拉伯语译本，它们曾用于法术，终变成伊斯兰阿拉伯巫方医书源流的一部分。施瓦茨认为"对治 Tabiʾa（Fī-ʿilāj-al-tābi-ʿa）"一章中的辅助咒语以伊斯兰教义为框架，咒语描述的是邪恶的天上窃听者。他逐字对译这篇咒语，同时尽力重现咒语中的原有音韵特点，如韵尾、头韵和谐音（rhyme, alliteration and assonance）的表现。对于咒语中出现的七个神祇名，他从年份较早的刊行本中的拼写着手，比较摩尼教中古波斯语版本或亚兰语构词形式重构潜在的阿拉伯语拼写。以下依据英译文作一汉文迻译：

---

① Henning, "Two Manichæan magical texts," p. 48.
② 徐文堪、马小鹤：《摩尼教"大神咒"研究——帕提亚文文书 M1202 再考释》，《史林》2004 年第 6 期，第 101—102 页。

这是大卫之子所罗门之令：二者和平！以真主的名义，凭借安拉，来自安拉，归于安拉，认主独一，清真无二，没有胜利者惟有安拉，万物非主，惟有真主，更无他神。我命尔等，你们这些众所周知的灵怪，你们有武器和磨利的长矛，蹿到风中从天上窃听地上，你们这些带着闪电和旌旗的，我用威名真言命令你们，那些名字缠着你们的脖子，你们只能遵令 1. 玛忒辣逸（*mtryʾyl），2. 古拔逸（*kwkbʾyl），3. 斋珂逸（*zyqyl），4. 护拔阿毗施（hwbʾbyš），5. 以勒以弥施（jljmyš），6. 滥（rʾhm），7. 噶德来逸（*jdryʾyl）①。你们这些住在北方和湿热南方的鬼精灵怪，不论大小长幼统统下来，下到地面，愿大地不支持你们，苍穹也不护佑你们。

施瓦茨对咒语所列的七个名字进行了词形重构及语义解释。第1、2、3的名字中的-yl，均屡见于亚兰文《巨人书》，为阿拉伯语、摩尼教中古波斯语继承，也是这两种语言天使名的常见词尾。1 和 3 属于堕落天使，它们教导人类；2 和 3 是邪恶艺术之师天使。这三个天使名还体现了其潜在的气象特质，这与咒语中对"乘风者"的描述相合，也与摩尼教对巨人后代的描述一致。1 中的 *mtr 在亚兰语和叙利亚语中义为雨；2 中的 kwkb- 为叙利亚语的星；3 中的 *zyq- 是叙利亚语的闪电。4 是一个错讹形式，可构拟为亚兰语的 hwbbš，是吉尔伽美什的恶魔对头胡姆巴巴（Humbaba）。5、6、7 是巨人名字，6 据其可能的阿拉伯语形式或义为连绵细雨，7 可还原成 gdryʾl，即《以诺书》（Enoch）中的 Gādreʾel（噶德赖逸）②。第 4 和第 6 个名字的阿拉伯语拼写是建立在摩尼教中古波斯语的基础上的，阿拉伯语名单表明了摩尼教包括《巨人书》在内所引用的原始素材都源于亚兰文的一系列文本。同时，该章还出现了将咒语所针对的"热病"按某个时间单位及气象状态区分的情况，如对治上午中段时间的热病"灰尘"，对治中午的热病"阴云"，对治下午的热病（未提特征），其咒语和结尾词各不相同。

---

① 以下七个阿拉伯语名字的转写只是表示其大略音值。
② Schwartz, "Qumran, Turfan, Arabic magic, and Noah's name," pp. 233 – 234.

五 闽地摩尼教中的数术

东南沿海地区的摩尼教流传至明代时,闽地"民间习其术者,行符咒,名师氏法,不甚显云"①。可以印证这一记载真实性的是福建霞浦文书,其中有摩尼教数术活动的发现,既有咒语,也包括一件明确含有摩尼教内容的祈雨文检。

霞浦文书《祷雨疏奏申牒状式》(以下简称《祷雨疏》),全册72页(看似71页,实际上因首页与尾页粘连,故共计72页),行文遵循道教表文格式,使用敬空平阙书式,内容包括祈雨疏文的用语、所请神明称谓及表奏事项,附以夹行小字注明书写体式,前60余页书法谨严,此后似掺有其他书手字迹,略显潦草。首页破损,第2页标题"牒皮圣眼",为文检中关牒所呈请的神司目录("眼""目"同义),如福宁州、福安县城隍大王、雷公电母等与祈雨保苗直接相关的诸职能神。学者据福宁州、福安县这两个地名对抄本的成书年代进行了推测②。第2页还写明"祈雨司额"作"大云祈雨坛",谢恩时写"电光植福坛"。全册按神祇地位分成奏、申、牒、

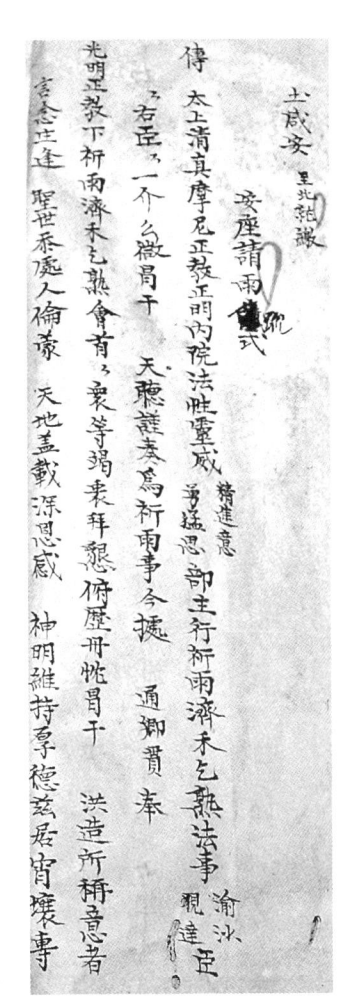

图1 霞浦文书《安座请雨疏式》

---

① 何乔远:《闽书》卷七《方域志》"华表山"条,第172页。
② 林悟殊:《霞浦科仪本〈奏教主〉形成年代考》,《九州学林》第31辑,上海人民出版社,2013年,第105页;杨富学:《林瞪及其在中国摩尼教史上的地位》,《中国史研究》2014年第1期,第115页。

状四类疏文,第 3 至第 7 页是这四类疏文的封皮式样,第 8 页至第 72 页为各类疏文的具体样本,详列斋醮祈雨中诸项科仪如迎龙佛、谢雨中筵、谢雨完满等仪式的祝祷词。举行祈雨的地方叫瑞山堂。《祷雨疏》所列章奏为祈雨仪式中给帝尊的文书,文书所奏告的帝尊之一为道教的昊天金阙至尊玉皇大帝,另一奏告对象则为"三清"。所奏请的神明除道教系统中的众多神祇外,还可见佛教中的独觉佛、观音、势至菩萨,尤为引人注意的是在《奏三清》一节中引入摩尼教的"苏醒活命夷数和佛、灵明大天电光王佛、太上真天摩尼光佛",《申唤应》中列有俱孚大将、秦皎真人、四梵天王、八部护法,而洞天兴福度师、济南四九真人则指向闽东"明教门"系谱中的宋人林瞪。特别发人兴味的是《祷雨疏》中多次将主持祈雨的术士称为"明流",如《请龙佛祈雨谢恩词意式》(第 30—31 页)"于厶月厶日,命请明流赍持香信,远叩某龙圣井,祷请感应行雨龙王菩萨爰及随龙土地",明流指闽地"明教门""明教会"中人,语言上盖脱胎于"缁流""道流"的构词法,他们的职业是"传教",清初有明流吴法正与其子"传教"吴法广父子(《请龙佛设供词意》),可见明教中人在祈雨斋醮中所起的作用。现将第 9—10 页"安座请雨疏式"(图 1)节录如下:

安座请雨疏式

传　太上清真摩尼正教正明内院法性灵威^{精进意勇猛思}部主行祈雨济禾乞熟法事^{渝沙晛达}臣某　右臣厶一介么微,冒干天听谨奏为祈雨事。今据　通乡贯　奉

光明正教下祈雨济禾乞熟会首某众等竭衷拜恩,俯历丹忱,冒干洪造,所称意者,言念生逢圣世,悉处人伦,蒙天地盖载深恩,感神明维持厚德,兹居霄壤,专务田园……

疏文首句标明"摩尼正教",则摩尼教介入祈雨活动无疑。"正明内院"未见于现存汉文摩尼教史料及敦煌摩尼教经典,"正明内院"未见于现存汉文摩尼教史料及敦煌摩尼教经典,但在载有林瞪入"明教门"一事的《济南堂上万林氏宗谱》中记林瞪加封为"贞明

摩尼教符咒从波斯到阿拉伯和中国福建的流传

内院立正真君"①。贞训正②,"正明"当等同于"贞明"。究其原因,霞浦文书所据底本中该词为"贞明",因避宋仁宗(名祯)之讳写作"正明"③。成书于仁宗时期的《云笈七签》序中有言:"大中祥符年间,朝廷续降到福建等州道书明使摩尼经等",后世多以此为据认为其时摩尼经假托道教名入《道藏》。因此"贞明内院"避帝讳改字极为可能。这种可能性则将此抄本所据底本的年代推延至宋仁宗迤后时期。主持祈雨的两位主事逾沙、睍达,这两个词不是人名,而是摩尼教的僧俗身份称谓。逾沙是你逾沙的省文,你逾沙是帕提亚语 ngwš'g 的音写④,义为"净信听者",也就是摩尼教的在家信徒,见于《下部赞》第410行"你逾沙忏悔文""你俞沙(健)"⑤(《屏南方册》F12101)⑥。睍达,即摩尼教僧侣称谓 dynd'r⑦(参回鹘语 dentar),义为"持教者",在汉文摩尼教经籍中又音译为"电达",意译为"师僧"。《安座请雨》中这一僧俗联袂主持祈雨活动的模式,令人想起前述唐代祈雨活动中的阴阳术士和摩尼师。

《祷雨疏》对"看诵经咒""依教课,持经咒"叮咛再三(第32、34、51、63页),但没有列出具体的咒文。这类文本在其他霞浦文书中数量却相当可观。其中汉字音写中古伊朗语的咒语,有两段已为学者

---

① 陈进国、林鋆:《明教的新发现——福建霞浦县摩尼教史迹辨析》,李少文、雷子人主编《不止于艺——中央美院"艺文课堂"名家讲演录》,北京大学出版社,2010,第344—345页。
② 宗福邦等编:《故训汇纂》,商务印书馆,2003年,第2174页。
③ 参陈垣:《史讳举例》,科学出版社,1958年,第154—155页。
④ 吉田丰:《漢訳マニ教文獻における漢字音寫された中世イラン語について(上)》,《内陸アジア言語の研究》2,1986,No. 65。
⑤ "你俞沙健"显系"耨沙喭"(《摩尼光佛教法仪略·五级仪》"第五,耨沙喭,译云一切净信听者")的异译,原形为帕提亚语 ngwš'g 及中古波斯语 nywš'g 的复数形式 ngwš'g'n [niɣošāgān] 暨 nywš'g'n [niyošāgān]。霞浦文书中逾沙、睍达两词的考证,承王丁老师教示。
⑥ 参王丁:《摩尼教与霞浦文书、屏南文书的新发现》,《中山大学学报》2018年第5期,第123页。
⑦ 吉田丰:《漢訳マニ教文獻における漢字音寫された中世イラン語について(上)》,No. 31。

刊布。其一见于《兴福祖庆诞科》中的《请护法文》①"咒语"：嚧缚诃逸啰、弥诃逸啰、业缚啰逸啰、啰嚱、娑啰逸啰、啰嚱遏素思悉嚱啼呴素思波沙邻度师阿孚林度师。其二见于无名科册中的第 104 至 105 页②："念咒降魔"。弗里悉特健浑淡嚧缚逸、弥诃逸、喋啰逸、娑啰逸天王。文本清楚注明"咒语"的功用在于"降魔"。两段咒语为记音文字无疑，学者对其中若干神名加以讨论，认为是犹太传统中的四天使，包括也出现于前文讨论过的 M 781 中的三位天使：卢缚逸（Raphael）、弥诃逸（Michael）和迦缚啰逸（Gabriel），即对应第一段咒语当中的弥诃逸啰、嚧缚诃逸和业缚啰逸③，第二段咒语中的弥诃逸、嚧缚逸和喋啰逸④，第四位天使娑啰逸啰即娑啰逸天王，Sərael。这四位在犹太传统中具有护法驱魔能力的天使，在霞浦文书中穿上佛装成为降魔的"四天王"。

　　摩尼教肇始于波斯，其数术文献发现在吐鲁番和阿拉伯地区，而远至中国东南沿海的泉州晋江苏内村⑤，亦有摩尼教的咒语流传。晋江文博专家粘良图先生曾在田野调查中做了如下记录：苏内村乩师在家奉祀摩尼光佛雕像。逢有人前来卜日问病时，他扶乩作法，"供给印有摩尼光佛形象、八卦形象的符纸，指定地方张贴或焚烧以镇宅驱邪"。苏内村民把刻于草庵的摩尼教十六字偈称为"摩尼公咒"，相信念此咒语可定心性、祛邪鬼，并附有一套"催咒"手诀⑥。霞浦文书中保存的汉字转写"咒语"，事实上很多属于宗教文体学中的祈祷文（prayer），称之为咒语，并不完全恰当。摩尼教的普通信从者不谙教理教义的究竟，在他们眼中，三际中的暗晦化明的"生出"（emanations）注定是多神论的舞台；摩尼教对神名加以"对译"

---

① 马小鹤：《摩尼教四天王考——福建霞浦文书研究》，《霞浦文书研究》，第 125 页；马小鹤：《摩尼教耶俱孚考——福建霞浦文书研究》，《霞浦文书研究》，第 104 页。
② 林悟殊：《霞浦明教"四天王"考辩》，《欧亚学刊》2015 年第 2 期，第 172 页。
③ 粘良图：《晋江草庵研究》，厦门大学出版社，2008 年，第 106 页。
④ 马小鹤：《霞浦文书研究》，第 104、125 页。
⑤ 有关泉州地区摩尼教情况，参见王媛媛：《中国东南摩尼教研究评述》，《中国史研究动态》2005 年第 7 期，第 11—20 页。
⑥ 粘良图：《晋江草庵研究》，第 88 页。

（translating），虽则减低了传教的难度，但正是这一方便法门却又带来比附不当、牵强附会的风险。① 就像在祷文、符咒中植入外语语词或段落属于宗教生活中的普遍现象②一样，不仅术士、法师们借助这个手段可以增强其神学背景的正宗性，信奉者人群也往往在念诵他们不明其义的天语神咒之时，格外信其具有不可思议的神力。神灵魔鬼的名字佶屈聱牙，摩尼教初传中原之时，道明等译者就主张汉译摩尼教的偈、赞之文"义理幽玄，宜从依梵"（《下部赞》行176），也就是说，唱祷之际应以摩尼教会官方原语为依归，真正的原因倒不是教理教义"义理幽玄"而不易翻译（深奥的《摩尼教残经》获得成功的意译便是明证），而在于成堆的神祇专名除了音译别无他法。摩尼教如此，佛陀释迦牟尼的宗教也是如此。垂至明清之际的霞浦明教内容抄本尚保存了若干在术语内容乃至音韵上相当古老成分的西亚摩尼教咒文面貌，为这一入华外来宗教能够延续千年的历史真相提供了新的例证③。

---

① Henning, "Two Manichæan magical texts," p. 39.
② Fritz Graf 著、王伟译：《古代世界的巫术》，华东师范大学出版社，2013年，第244页。
③ 为了解福建民间摩尼教数术活动和其他信仰方式的遗存，笔者于2016年2月探访了粘良图先生首先发现的泉州晋江苏内村境主宫。经向村人了解，所谓境主宫，当地人称为"水尾宫"（笔者见到宫中悬挂有"五都水尾宫"锦缎横幅），为崇拜祭祀摩尼光佛、都天灵相、秦皎明使、境主公、十八真人之场所。每逢农历（当地称为"古历"）三月二十三日举行秦皎明使生日纪念法会，其时尚有近三个月的时间，但村民已经开始为此募集功德金，张榜公布，标题为"秦皎明使圣诞捐资芳名"，参与人数约有百人之众。水尾宫有红纸手书的联语："秦明共戴尧天舜日，皎使咸霑慧露慈风"，句首用拆分重组的方式嵌藏"秦皎明使"这个名字。水尾宫神龛中的墨色手绘摩尼光佛像，造型完全因袭草庵的摩尼光佛形象。供桌上有一对筊杯，用于供前来祭拜的人投掷于地，以杯的正背面组合判断问卜成事的吉凶（参《晋江草庵研究》第93页），上有契刻文字："草庵2003年"，大约是表明该筊杯从一公里外的草庵请来的，这也表明五都水尾宫与明教胜地草庵之间的从属关系。

滇茶销藏陆海通道的
兴起及其背景

刘志扬

摘　要：历史上销往藏区的茶叶主要产于四川、云南和陕西。作为销藏茶叶主要品种之一的滇茶，大多产于云南的普洱、佛海、景谷、缅宁一带。销藏滇茶兴起于明清，兴盛于民国。销藏滇茶的贸易之路几经变换，与不同时期的国内和国际政治、经济环境的变化有着十分密切的关系，一定程度上反映了不同时期西藏地方与祖国内地及南亚、东南亚等国的政治形势和国际地缘格局的情形。尤其是滇茶销藏的海上之路，兴起于第二次英国侵略西藏战争后印茶向藏区倾销的危难之际，对于维系西藏与祖国内地之间的联系起到了重要的作用。

关键词：滇茶；藏茶；印茶；西藏

历史上销往藏区的茶叶主要产于四川、云南和陕西。作为销藏茶叶主要品种之一的滇茶，其产地分布于云南的佛海（今勐海县）、车里（今景洪市）、景谷、缅宁（今临沧县）一带。滇茶销藏开始于明清，繁盛于民国，一直延续至今。

连接西藏与内地产茶区的茶叶通道被称为"汉藏茶马贸易之路"。历史上销藏茶叶之路并非一条道路，而是一个庞大的交通网络。它是以川藏道、滇藏道与青藏道（甘青道）三条大道为主线，辅以众多的支线、附线构成的道路网络系统，地跨川、滇、陕、甘、青、藏，向外延伸至南亚、东南亚、中亚和西亚。

唐宋时期内地与吐蕃之间的互市，主要是在西北地区，因此唐蕃古道也就成了主要的贸易路线。这条道路东起唐都长安，经鄯州（今青海乐都）、鄯城（今青海西宁）、赤岭（日月山），过通天河尕多渡口，经列驿（玉树）、翻越唐古拉山查午拉山口，从阁川驿（那曲）至逻些（拉萨）[①]，

---

① 陈小平：《"唐蕃古道"的走向和路线》，《青海社会科学》1987年第3期。

余脉向西越过喜马拉雅山脉,到达尼婆罗(今尼泊尔)和印度。宋代,吐蕃地区已经开始盛行饮茶。因为青藏高原不能产茶,吐蕃消费的茶叶全部来自于汉地。其时,宋与北面和西北的辽、金、西夏不断发生冲突和战争,为了取得战争所需战马,宋与吐蕃便通过以茶换马的茶马贸易方式进行互市。今天的陕西成为了当时重要的茶马贸易区域。明清以后,输往藏区的茶叶从以西北为主转移到了西南的四川和云南。于是,对于大多数的今人而言,所熟知的藏茶之路主要有川藏道和滇藏道两条:川藏道从四川雅安出发,经泸定、康定、巴塘、昌都到西藏拉萨;另一条滇藏道运茶主要线路是从滇茶原产地(今西双版纳、普洱等地)出发,经大理、丽江、中甸、德钦,到西藏昌都,再经邦达、察隅或洛隆、工布江达,最后到达拉萨、日喀则等地。

在这两条主线的沿途,密布着无数大大小小的支线,如从雅安到松潘、甘南藏区的支线,由川藏道北部支线经邓柯(今四川德格)通往青海玉树、西宁、洮州(今临潭)的支线,由昌都向北经类乌齐、丁青通往藏北地区的支线等。这些四通八达的茶叶贸易网络把川、滇、藏紧密连结在一起,形成了世界上地势最高、山路最险、距离最遥远的茶马贸易之路。

销往藏区滇茶的主要品种有紧茶、圆茶、方茶和散茶四种。其中紧茶的制作最早开始于清代,是云南边销茶的主要种类,产自云南佛海(今勐海县)。最初的紧茶形状为"团茶",因长途跋涉到西藏,曾普遍发霉。1912—1917年,佛海首先改制呈带把的"心脏形"紧茶,每七个为一筒,笋叶包装,每个紧茶之间有空隙,能持续散发水分,在长途运输中能够不致发生霉变。紧茶采取用春尖、二水、谷花三种原料,分底、中、表三层配制,蒸压成团后包装①。

销藏滇茶的道路屡经变换,与不同时期的国内和国际政治、经济环境的变化有着十分密切的关系。可以说,滇茶销藏之路的兴起

---

① 紧茶的制作过程是,从茶树尖到成品,先后要经过采摘、加工和包装。其中,采摘过程又分为采摘和集放;加工过程分为制和复制包括筛选、配料、称量、气蒸、揉包、压制、解袋、再干燥;包装分为内包装和外包装。

和变化在一定程度上反映了不同时期西藏地方与祖国内地及南亚、东南亚等国的政治形势和国际地缘格局的情形。

一　滇茶兴起的历史背景

（一）国内因素：滇藏交通的改善和销藏川茶的衰落

从明代开始，销藏的茶叶的重心逐渐从西北转到了四川。四川西部藏茶产地雅安、灌县通往康区和西藏的川藏茶道主要有"南路"（黎碉道）和"西路"（松茂道）两条。一路从雅安、天全、荥经、名山等产茶之地，经过打箭炉，销往康区和西藏等地，称为"南路边茶"；另一路以灌县、什邡、平武等地所产之茶，由灌县沿岷江上行，过茂县、松潘、若尔盖，输入甘南和青海藏区，称为"西路边茶"。

滇藏之间由于道路遥远，交通埂塞，因此滇茶销藏时间较之川陕线为晚，大约在清朝初年才开始运入藏区。明末清初，四川地区遭受长期战乱，对当地的茶叶生产破坏很大，导致销藏川茶的明显匮乏。云南的普洱茶趁机崛起，成为替代川茶的主要销藏品种。顺治十八年（1661），"达赖喇嘛请市茶北胜州"①，于是清政府在北胜州（今云南丽江市永胜县）设置茶马贸易市场，允许民间自由贸易，官府不加干预。之所以在北胜州开设茶市，是因为此地处于云南与藏相接之地，"孤悬江外，界接吐番，诚有抗吭拊背之势焉"②。康熙四年（1665），清政府裁撤陕西苑马各监，"开茶马市于北胜州"③，进一步提升了北胜州在茶马贸易中的重要性。自此之后，滇茶销藏发展速度很快，开辟了多条线路，成为藏茶的主要来源之一。滇茶销藏的崛起缘于以下几方面原因：

明清之际云南种植和加工茶叶有了较大发展，从六大茶山扩大到澜沧江流域的哀牢山、蒙乐、怒山高地，形成了滇南若干产茶区。

---

① 《皇朝藩部要略》卷一七《西藏部要略一》，祁韵士著，刘长海整理：《祁韵士集》，三晋出版社，2014年，第317页。
② 刘景毛点校：《新纂云南通志3》，云南人民出版社，2007年，第416页。
③ 《清史稿》卷一二四《食货五》，中华书局，1977年，第3655页。

思茅茶山已有专门种茶的农户,这就为滇茶销藏提供了经济基础。另外,明末清初,由于西南边地连年战乱,民生凋敝,人口下降很多,大量土地荒置。从顺治十八年(1661)起,清政府许以各项优惠政策,"无主荒地招民垦种,俱三年起科"①,招募内地汉族农民前往云南等省垦荒。雍正年间云南改土归流之后,原属于各土司头人的领地成为"新辟夷疆"②。到了乾隆元年(1736),清政府不再对前往西南边地垦荒的流民进行限制,"凡边省内地零星土地,可以开垦者,嗣后悉听该地民、夷垦种"③,于是又有大批内地汉人移民到云南产茶区,这些移民或从事商贸活动,或开垦田地定居于此"历年内地民人贸易往来,纷如梭织,而楚粤蜀黔之携眷世居其地"④。内地移民的进入也带来了内地的制茶技术,从而改良了滇茶的品质。

另外,随着康熙、雍正年间征调滇军入藏,改善了云南和西藏之间的交通条件。云南商人也随之进入西藏贩茶。特别是1888年铁路从印度海港城市加尔各答通到喜马拉雅山南麓的大吉岭后,从加尔各答到拉萨的时间大大缩短,费时不足一个月,而康定运货往藏,则需要六七个月才能到达⑤。

川茶的衰落也成为滇茶崛起的重要原因。清政府推行"以茶治边"政策,对入藏茶叶征收重税,加之吏治腐败,使得茶商无利可图,以致茶业凋敝,劣质茶充斥市场,导致川茶在藏区的信誉不佳。第二次英国侵略西藏战争后,印度茶叶倾销西藏,加剧了川茶销藏的衰落。另外,川茶从产地到拉萨后的价格奇贵。根据巴伯(E. C. Baber)在清末的统计,在荥经县每11斤价值200文的茶叶,在打箭

---

① 《圣祖实录》卷一,顺治十八年正月至二月条,《清实录》第4册,中华书局,1985年,第491页。
② 《高宗纯皇帝实录》卷五四,乾隆二年十月上条,《清实录》第9册,第907页。
③ 《高宗纯皇帝实录》卷一二三,乾隆五年七月下条,《清实录》第10册,第811页。
④ 江濬源:《条陈稽查所属夷地事宜议》,方国瑜:《中国西南历史地理考释》,中华书局,1987年,第1233页。
⑤ 《一九三五年七月五属茶商呈》,四川省档案馆、四川民族研究所合编:《近代康区档案资料选编》,四川大学出版社,1990年,第247页。

炉要售1 240文,而运到拉萨的茶叶价格则要高出打箭炉20倍①。

清政府在打箭炉(康定)设关,严禁汉商入藏。汉商到打箭炉即不能继续前行,转由藏商购买入藏。"西康转运商全恃牛马,货无粗细,皆装置木箱,然后包以牛皮,亦有仅包以牛皮而内不置木箱者。惟无未用皮包即行转运之货件,因西康地属不毛,乱石载道,跋山涉水,易于破损。又毛牛进行,无有行列,任性乱挤,雨雪无常,不易遮护,故凡上道转运之件,非包以牛皮不可。"②而与此相对的是,清朝对丽江、中甸、剑川、阿墩子(德钦)一线控制较松,边卡亦少。与四川茶商相比较,滇商大多进入西藏贩运、销售,活跃在前藏和后藏各地。

由于以上因素的影响,滇茶开始大量销往藏区。清代和民国时期,运输滇茶的马帮可以直接进入西藏。民国时期,在拉萨经商的云南商人有20多个,主要经营销售沱茶③。西藏和平解放以前,拉萨有云南会馆,云南商人在拉萨主要经营茶叶,他们把云南的茶叶分两路运到西藏,陆路走缅甸,水路经过印度运到西藏各地④。滇茶除了销往迪庆藏区和西藏外,在康区也比较畅销。

(二) 国际环境:印茶倾销的压力和不平等条约的签订

17世纪中叶,茶叶被引入英国。从18世纪开始,喝茶习俗在英国开始流行,茶叶的需求量以惊人的速度增长,英国人对茶叶的热爱超过了任何一个欧洲国家。同时,英国人对茶不断增长的需求引发了世界史上的两个重大事件:一是美国独立战争,二是鸦片战争。

鸦片战争的爆发与英国茶叶输入量剧增有关。1790年,印度的

---

① Edward Colborme Baber, *Travels and researches in western China*, London: J. Murray, 1882, p. 193.
② 《巡员张懋昭关于西康概况呈文》1935年7月13日,中国藏学研究中心、中国第二历史档案馆合编:《民国时期西藏及藏区经济开发建设档案选编》,中国藏学出版社,2005年,第399页。
③ 韩修君:《北京商人在拉萨经商略记》,西藏自治区政协文史资料研究委员会编:《西藏文史资料选辑》第3辑,内部发行,1984年,第96页。
④ 邢肃芝(洛桑珍珠)口述,张健飞、杨念群笔述:《雪域求法记:一个汉人喇嘛的口述史》,生活·读书·新知三联书店,2003年,第200页。

东印度公司从中国进口的茶叶量达到了1 469万磅。18世纪末,随着英国茶叶进口税的取消,1800年进口茶叶剧增至2 035万磅,1830年3 004万磅,鸦片战争爆发前的1839年激增至4 067万磅。19世纪上半叶英国的人均茶叶消费量增长不大。1800年人均茶叶年消费量为1.5磅,到1850年增长到了差不多2磅。但是由于在这一时期英国人口迅速增长,因此茶叶的中消费量世纪上翻了一番。而这些茶叶几乎都是东印度公司从中国进口①。

与英国对茶叶不断增长的茶叶需求相对的是,中国除了白银之外,几乎对英国商品没有任何进口的渴求。这是因为16—18世纪中国赋役制度的变革使白银在国家层面有着十分重要的作用,也就是说,当时的国家机构要倚仗白银才能运转,而中国的白银几乎都是依赖进口。英国人用美洲白银换取中国的茶叶等物质,使得白银的流入很快进入国家的贡赋体系,并有很大一部分为国库、皇帝和权贵所囤积,因此,有学者认为,正是因为当时大规模的白银输入才没有引发物价的大幅上升②。

由于中英之间存在巨大的贸易逆差,英国政府开始鼓励民间商人向中国输入在印度种植的鸦片,以抵消茶叶贸易带来的逆差。1840年中英鸦片战争爆发,1842年8月,战败的清政府被迫与英国签订了不平等条约《南京条约》,其后法国、美国等列强也分别同清朝签订了一系列不平等条约。鸦片战争之后,英国对中国的鸦片贸易量进一步扩大,对中国经济造成极大的损害。这场战争尽管被称为鸦片战争,但是战争爆发的一个重要原因是:英国国内对茶叶需求量的扩大,以及中英之间巨大的贸易逆差。

从18世纪开始,英国为了打破清朝对茶叶的垄断,减少对华贸易逆差,英国东印度公司就开始论证能否在印度种植茶叶的问题。1793年英国使节马嘎尔尼来华,途经江西产茶地时,征得当地官员

---

① 罗伊·莫克塞姆著,毕小青译:《茶:嗜好·开拓与帝国》,生活·读书·新知三联书店,2010年,第62页。
② 陈春声、刘志伟:《贡赋、市场与物质生活:试论十八世纪美洲白银输入与中国社会变迁之关系》,《清华大学学报》2010年第5期。

的同意后,带走了几株连土的茶树,运回孟加拉进行研究和进行试种①。1833年威廉·本廷克(William Bentinck)就任印度总督,开始论证在印度种茶的可行性。1834年英国成立了一个茶叶委员会,专门负责引进中国茶树和种子。

从19世纪开始,英国的东印度公司不断向喜马拉雅地区扩张,1826年英国人夺取了阿萨姆(Assam),与不丹接界。阿萨姆是雅鲁藏布江流域的一个河谷地区,林木茂盛,非常适宜植物的生长,而且英国人很快发现本地早已经有野生茶树生长,于是印度总督本廷克派布斯博士(Dr. Bruce)来这里建立了第一个茶叶种植园。由于当地野生茶泡出来的茶味不佳,所以布斯博士尝试从中国种茶区偷运入茶种和茶农。为了寻找到最好的茶种,从1843年开始,东印度公司派英国园艺师罗伯特·福琼(Robert Fortune)去中国产茶区收集植物标本和茶叶种子,福琼在安徽买了大量的上等茶苗和茶籽运到印度,并带回了一些茶农和全套制茶工具②。19世纪中期,英国在阿萨姆地区种植茶叶成功。从1860年开始,英国开始了在这里大规模开垦茶园的行动,并且将茶叶种植扩展到了尼泊尔和斯里兰卡。其后,印度茶叶的产量不断增加,1859年印茶出口总值为60 533英镑,到1877年达到262 014 0英镑,增加了45倍③。1880年英国在喜马拉雅南麓地区茶叶种植面积达到了843平方公里,其中四分之三都在阿萨姆。1888年,英国从印度进口茶叶的数量首次超过了中国,国内需求饱和,开始出现茶叶过剩④。

为了将过剩的茶叶推销出去,在英国商人的鼓动下,英属印度开始琢磨起喜马拉雅山另一端那个爱喝茶的藏民族,盘算如何将中国西

---

① H. B. Morse, "The Chronicles of the East India Company Trading to China, 1635–1834," *The Journal of the Royal Asiatic Society of Great Britain and Ireland*, No. 3 (Jul., 1926), p. 229.

② Sarah Rose, *For All the Tea in China: How England Stole the World's Favorite Drink and Changed History*, Viking Penguin Incorporated, 2010. p. 141.

③ Romesh Chunder Dutt, *Economic History of India under early British Rule*, first published 1902, reprint Himalaya Publishing House, 1969, p. 347.

④ 罗伊·莫克塞姆著,毕小青译:《茶:嗜好·开拓与帝国》,第113页。

藏和西北地区作为其倾销茶叶的市场。早在1780年,被东印度公司派往扎什伦布寺作为使臣的乔治·比格尔(George Bogle)对藏人嗜茶习俗印象深刻。他这样描述道:"全部人民都照鞑靼区人民的方式饮茶,那些重要人物更是从早到晚都在喝茶。"①这可能是英国人第一次注意到西藏人饮茶的习惯,并加强了英国对藏族嗜茶习俗的认识。

　　印茶入藏在西姆拉会议之前都是被禁止的,如1872年有大吉岭商人将印茶大量偷运到西藏,但结果在西藏与不丹相邻的帕里(Phari)被扣留,并被关押了3年②。英国在第一次侵藏战争取得胜利后,1890年与清政府和西藏地方政府签订了不平等的《中英会议藏印条约》,1893年又签订了《中英会议藏印续约》。根据这两个条约,英国不仅将原来附属于西藏地方政府的哲孟雄(锡金)纳为保护国,也取得了在亚东开埠通商、进出口货物五年内免税的特权,为印茶在西藏的销售打开了大门③。但是在其后的时间里,西藏地方政府并没有遵守该项条约相关规定,汉藏商人被禁止来亚东经商。亚东位于春丕谷最南端,没有民房和居民,也无食物供应,只有一小块荒芜的河滩空地名义上作为开放地带,始终未能形成集市。1894年从事羊毛生意的德国人考布(J. M. Korb)来亚东贸易,事先通知了藏商和地方官员会面,但无一人赴会洽谈,对此考布无可奈何道:"亚东不宜作为商埠。"④而西藏地方政府在真正通商的帕里设立税

---

① C. R. Markham, *Narratives of the Mission of George Bogle to Tibet and of the Journey of Thomas Manning to Lhasa*, London: Trubner and Co., Ludgate Hill, 1879. pp. 51, 119–120.
② Colman Macaulay, *Report of a Mission to Sikkim and the Tibetan Frontier: with a Mmemorandum on Our Relations with Tibet*, Calcutta: Bengal Secretariat Press, 1885, pp. 89–91.
③ 1890年2月,清朝派升泰到印度加尔各答,和英国驻印度的总督兰斯顿签订了《中英会议藏印条约》,不但承认了锡金受英国保护,而且按照英国的要求以则列拉山为划分西藏和锡金的分界,使中国失去了从热纳宗到岗巴宗南部的大片土地和牧场。1892年升泰在仁进岗病死,1893年清朝派何长荣为代表到大吉岭和英方签订《中英会议藏印续约》,规定中国开放亚东为商埠,英国在此可以享受治外法权,并规定五年内藏锡边界进口的货物概不纳税。
④ 刘武坤编著:《西藏亚东关史》,中国矿业大学出版社,1997年,第61—64页。

关,并阻止印度和锡金等地商人入藏贸易,尤其是坚拒印茶入藏贸易①,导致印度英商向英国政府不断投诉,而清政府和西藏地方政府拒绝了英属印度总督寇松(G. N. Curzon)要求将通商地点从亚东移往帕里,并与西藏地方政府直接联系的无理要求②。中英双方1903年在干坝会谈失败后,英国政府下决心以此为借口采取军事行动。寇松于1903年派荣赫鹏(Francis Younghusband)率英军进攻西藏。英军占领拉萨后,迫使清政府和西藏地方政府签订了《拉萨条约》,从此打开了从印度通往西藏的门户,英国取得了在西藏的通商权。1908年,《中英修订藏印通商章程》签订,"印藏交通,印茶之输入,为通商条约所必许"③。从亚东、帕里至江孜、日喀则沿途所有关卡全部撤除,印度货物从此一路畅通无阻。尤其是英国对春丕谷(Chumbi Valley)的取得,改变了以前从亚东进入西藏的路线,使得运输成本大大降低。荣赫鹏率军进入西藏其目的就是为了争取春丕谷,以便控制贸易通道,以便印度茶叶进入西藏④。其后,英国修筑了从春丕谷地通往江孜的道路。

1826年英国人夺取了阿萨姆地方(Assam)与不丹接壤,1835年英属印度向哲孟雄租借大吉岭,作为入藏根据地及贸易中转站。1861年英国人打败了哲孟雄,取得哲孟雄全境的铁路权,从此印藏交通之中路通畅。英国人可以从大吉岭直达中国西藏边境。1865年英属印度又打败了不丹,不丹割地求和,于是印度到西藏之间的中路也被打通了。

---

① 刘武坤编著:《西藏亚东关史》,第63页。
② Alastair Lamb, *Britain and Chinese Central Asia: the Road to Lhasa 1767 to 1905*, London: Routledge and Kegan Paul, 1960, p. 241.
③ 赵尔丰:《致雅州道府清溪县等》,《赵公季电稿》卷一,手抄本。
④ 荣赫鹏论及春丕谷的重要性时说:"春丕谷为入藏之门户,亦即藏印通路最困难之部分。吾人驻兵春丕,则藏印交通异常便捷,盖位于分水线上之唐拉界岭系一广数英里之空旷平原也。而在战略上,自缅甸至克什米尔,东北边境一带最称险要者亦无如春丕。吾人欲求新约之切实履行,除驻拉萨外,当以驻兵春丕为最可靠之保障,而此项保障之获得,自始即认为使节主要任务之一端也。"参见荣赫鹏著,孙煦初译:《英国侵略西藏史》,商务印书馆,1934年,第243—244页。

滇茶销藏陆海通道的兴起及其背景

英国在征服缅甸和锡金后,马上修路进抵中国西南边疆。1879年英属印度修通了大吉岭到春丕谷南面日纳岭的公路。1881年西里古里到大吉岭铁路贯通,1886年大吉岭铁路正式通车。这样火车就能从印度加尔各答直抵中国西藏边境。在缅甸,1889年开通仰光至曼德勒铁路,1902年曼德勒至腊戍的铁路支线竣工。于是,从云南产茶区的茶叶向西藏的销售便可由腊戍乘火车,经过曼德勒到达仰光,货物装入轮船后可直至加尔各答,再从加尔各答乘火车到噶伦堡,然后用骡马驮队将货物从喜马拉雅南麓运入西藏。

二 滇茶销藏陆路和海路通道的兴起

滇茶销藏之路分为陆路和海路。陆路滇藏运茶之路有三条,一条是从紧茶主要产地佛海经思茅(今普洱市)、景东、丽江、德钦、昌都到拉萨;另一条是从澜沧江、双江、缅宁(临沧)、云县、顺宁、蒙化、下关、丽江、德钦、昌都到拉萨;此外,还有一条滇康道是由昆明、元谋、会理转运至康定。

清代和民国时期云南运销西藏的茶叶以马帮为主,路线从普洱、思茅经大理、丽江、永宁(宁蒗)、木里至打箭炉(康定),有的就在康定卖给藏商,有的仍继续运至拉萨销售。另外,藏族马帮也直接由西藏来云南购茶。每年春秋雨季,到思茅、勐海的藏族马帮络绎不绝,有时多达四五千匹,他们卖掉一部分马匹,买茶驮运而归。滇西几个著名的大集市如大理三月街、丽江骡马会等,也是西藏马帮定期必来进行物资交流、购买茶叶的好机会。届时,规模宏大的西藏马帮驮皮毛、麝香、鹿茸、贝母、虫草等藏区特产,返回时主要是购买茶叶运回。

陆路滇藏茶马古道大多位于崇山峻岭之中,云南西南部地区雨季气候炎热,瘟疫频发,人和骡马都极易染病。所以商队通常是在五月雨季到来之前通过这一地区。而从滇西北进入西藏地区,夏季多有蚂蟥,冬季大雪封山,不宜人畜通行。

辛亥革命之后的民国初年,川康一带局势恶化,战乱频繁和盗匪横行,使得商旅视从阿墩子入藏为畏途,陆路滇茶贸易之路开始衰落。于是大部分滇茶,多由佛海经过缅甸仰光,再从海路到达印度,然后入藏。这条道路成为滇茶销藏的海上之路。

1881年到大吉岭的铁路修通之后,滇商开始尝试取道海上,经加尔各答、大吉岭和亚东赴拉萨,作为走成都经打箭炉和昌都漫长陆路的一种变通办法。这条从云南绕道东南亚、南亚入藏的滇茶之路,就是从茶叶产地思茅、西双版纳等地经缅甸景栋、洞举、仰光,再用海船运至印度加尔各答,从加尔各答转火车到大吉岭或噶伦堡,最后从喜马拉雅山脉南麓用骡马驮队将货物运入西藏,这条茶道曾经是清代至民国时期"滇茶销藏"的主要通道之一。由中国(经海上)至亚东进藏的路线,除最后300英里之外,整个路程都可提供轮船或铁路的便利①。1925年后,滇商由这条路线经营茶叶者开始逐渐增多。

从印度进藏的货物都要取道喜马拉雅地区的贸易中心噶伦堡(Kalimpong)。其路线为:先从各答乘火车向北381公里抵达西里古利(Siliguri),再用小火车将货物运至其北47公里的宜里科拉(Geillekohla),然后用缆车(Ropeway)运上噶伦堡。从噶伦堡进入西藏有山路两条可通②。

一条路是经察利拉(Zalila)山口:自噶伦堡至察利拉(4天);自察利拉至那当(Natang)(4天);自那当至帕里(Phari)(4天);自帕里至拉萨(13天)。这条路是印藏之间的主要通道,可直达噶伦堡,人畜均可通行③。

(二)经乃堆拉(Ladola)山口:这条道路要经过锡金,共计12站:(1)仁武(Jenbu);(2)锡金(Sikkim);(3)民登麦利(Bendenmeli);

---

① 阿拉斯太尔·兰姆著,伍昆明译:《印度与西藏的贸易》,王尧、王启龙主编:《国外藏学研究译文集》第16辑,西藏人民出版社,2002年,第178页。
② 《外交部转军事委员会查藏汉关系及英对藏之企图报告中有关经济部分》,中国藏学研究中心、中国第二历史档案馆合编:《民国时期西藏及藏区经济开发建设档案选编》,第422页。
③ 李坚尚:《西藏的商业和贸易》,中国社会科学院民族研究所、中国藏学研究中心社会经济所合编:《西藏的商业与手工业调查》,中国藏学出版社,2000年,第91页。

(4)浅细江(Jensigang),这之后均为山路;(5)子马(Jima);(6)美美当(Bibidang);(7)亚东(Yatang);(8)克利加(Glika);(9)日必冈;(10)干诺(Gano);(11)帕里(Phari);(12)拉萨。走这条路花费的时日,与第一条相差不多。第二次英国侵略西藏战争后的1904年,英军驻兵西藏的春丕,并将春丕辟为商埠,修筑了从乃堆拉山口到春丕的小道。1923年又修通了锡金到乃堆拉的商道,使得货物从锡金进入西藏更加便捷[1]。

由噶伦堡运入西藏的货物,要用骡马驮运,每次至少一百匹结队而行。每头骡马可运140斤左右,分成二包放置在马背两侧,茶包覆盖油布,以防风雨。每年10月至次年3月,便有藏商骡马队从西藏将羊毛、麝香等土产运到噶伦堡,待货物出售后,便在噶伦堡购置云南紧茶,再原路返回拉萨。之所以选择这个时间,主要是为了避开雨季。

抗日战争爆发后,滇缅公路通车,滇茶可用汽车载入缅甸,然后由海路到达印度,再转销西藏。还可由勐海直接入缅甸,由铁路、水路抵西藏。由于运输量增大,就使得成本大为降低。

由于当时西藏地方政府和英属印度都不征收关税[2],因此海路销藏茶叶成本还低于川茶。据记载,1936年滇茶在西藏销售150万斤。按照当时西藏100万人口计,平均每人消费滇茶1.5斤[3]。另据西藏自治区商业厅1954年档案材料,1942年至1954年,云南进藏的骡马数约2 000至4 000匹左右,运入茶叶约600至1 700驮左右,若每驮110斤计,总共达11万斤。据西藏贸总在印度噶伦堡的调查,由噶伦堡经亚东进口的货物,1951年紧茶6 000驮,

---

[1] 刘武坤编著:《西藏亚东关史》,第160页。

[2] 西藏亚东海关从1894年5月1日开关到1914年3月闭关,在20年的时间里始终没有对过往货物征收过关税。亚东闭关后,货物从印度进入西藏更是畅通无阻(参见刘武坤编著:《西藏亚东关史》,第40—41页)。另外,1940年5月9日外交部为驻加(加尔各答)总领事馆与印交涉免抽过境茶税事致蒙藏委员会公函称:"云南佛海茶砖假道缅印运销西藏,一向免税。"(参见中国藏学研究中心、中国第二历史档案馆合编:《民国时期西藏及藏区经济开发建设档案选编》,第293页)

[3] 谭方之:《滇茶销藏》,《边政公论》3卷第11期。

计66万斤①。由海路入藏滇茶数量远远大于陆路。

表1 民国年间佛海滇茶销藏数量

年　份	1928	1930	1932	1934	1936	1938
数量(担)	5 000	6 000	10 000	12 000	15 000	18 000
产地价格(银元)	8	8	9.5	9	12.3	14.6
总金额	40 000	48 000	95 000	108 000	184 500	262 800

资料来源：根据谭方之著《滇茶销藏》一文整理,《边政公论》三卷第11期。

1911年以后,内地销往西藏的茶叶几乎全为滇茶,四川边茶主要销往西康境内,只有少量高档细茶运入西藏供贵族和高级僧侣消费②。"后藏整个川茶市场,已为滇茶取代,复入前藏拉萨,滇茶触目皆是,中等以下人家,皆争购之。"③

20世纪40年代,在拉萨经营滇茶生意的以云南商人为主④。据20世纪40年代在拉萨生活的汉僧邢肃芝回忆,当时拉萨云南会馆的负责人叫张筱舟,他不仅在拉萨有买卖,在印度噶伦堡也开有分公司⑤。云南商户以马世元资格最老,年轻时就来西藏做生意,经营茶叶、首饰和羊毛等生意。其他云南商人和商号还有马连元、铸记、刘富堂、张小周、恒小周、恒盛公、洪记等⑥。除了云南商人,还有一些四川商人在拉萨经营小宗茶叶生意。曾在拉萨国民政府驻藏办事处担任科长的李有义考察拉萨市场后指出,"云南商人最多时有

---

① 李坚尚：《西藏的商业和贸易》,中国社会科学院民族研究所、中国藏学研究中心社会经济所合编：《西藏的商业与手工业调查》,第18页。
② 任汉光：《康定锅庄调查报告书》,四川省档案馆、四川民族研究所编：《近代康区档案资料选编》,第260页。
③ 石青阳：《藏事纪要》,张羽新、张双志编纂：《民国藏事史料汇编》第16册,学苑出版社,2006年。
④ 韩修君：《北京商人在拉萨经商略记》,西藏自治区政协文史资料研究委员会编：《西藏文史资料选辑》第3辑,第96页。
⑤ 邢肃芝(洛桑珍珠)口述,张健飞、杨念群笔述：《雪域求法记：一个汉人喇嘛的口述史》,第200页。
⑥ 李坚尚：《西藏的商业和贸易》,中国社会科学院民族研究所、中国藏学研究中心社会经济所合编：《西藏的商业与手工业调查》,第36页。

三十多家,他们主要的业务是进口茶叶、铜器、食品等。"①

销藏滇茶主要用于烹制藏族传统饮茶品种酥油茶,由于味道醇厚,深受西藏人民欢迎。但是,自20世纪初开始,仿造康砖和云南沱茶的印茶携价格优势也大量进入西藏市场。20世纪40年代初,康藏贸易公司总经理格桑悦希在印度噶伦堡考察后发现,噶伦堡有数家印度人、英国人经营的销藏茶叶商号。其中规模较大的有两家,一是印度人西日让的商号,用仿造的康砖和云南沱茶换取西藏的羊毛,年产砖茶150担,沱茶700担;二是英国人邦卡巴任的茶庄,仿造的佛海沱茶每年产量可达2 000包②。

滇茶销藏并非一帆风顺,英属印度政府经常对旅居印度的中国商人往来印藏之间百般阻挠,1912年9月2日,在印度加尔各答经营天益商行的粤商陆兴祺③致电大总统袁世凯,称"英使干涉藏事……不准华人由印度来往西藏,种种为难"④。由于从印度进入西藏的商品只对藏族贵族和商人实行免税,所以汉族商人需要从贵族或藏商那里购买英国人发放的"免税证","免税证"成为当时藏族贵族的一笔不菲的收入。⑤ 藏族巨商邦达昌、桑都昌、擦绒等在噶伦堡等地都设有商号经营羊毛和茶叶生意,其中桑都昌是英国大茶商邦卡巴任在西藏代销商,酬金按售后价格的十分之一收取。

三 余 论

藏族是世界上最喜欢饮茶的民族之一,喝茶是藏族日常生活中一个不可或缺的重要组成部分。据现有的藏汉史籍记载,藏区最早使用茶叶始于吐蕃赞普时期,相当于内地的唐代。那时候茶叶在青

---

① 李有义:《今日的西藏》,知识书店,1951年,第88页。
② 格桑悦希:《印茶销藏概况》,中国藏学研究中心、中国第二历史档案馆合编:《民国时期西藏及藏区经济开发建设档案选编》,第336页。
③ 其时陆兴祺被民国政府任命为"护理藏办事长官",但只是名义上的,无法进藏履职。
④ 吴丰培辑:《民元藏事电稿》,西藏人民出版社,1983年,第34页。
⑤ 邢肃芝(洛桑珍珠)口述,张健飞、杨念群笔述:《雪域求法记:一个汉人喇嘛的口述史》,第203页。

藏高原并未普及。因为稀缺,茶只是王公贵族和僧侣阶层能够享用的珍贵饮品,甚至当作治病的良药。到了宋代,随着吐蕃与北宋茶马贸易的开展和加深,茶叶开始大量进入吐蕃境内,喝茶作为一种习俗和生活方式迅速普及到吐蕃社会各阶层。明清之际,茶叶已经成为藏族群众不可或缺的日常生活必需品,正如藏族谚语所说:"宁可三日无粮,不可一日无茶。"但是,藏族百姓饮用的茶虽然被称为"藏茶",可藏区却不产茶。藏区消费的茶叶主要来源于四川雅安、平武及滇西南、陕南一带的产茶区。基于茶叶对于藏区人民生活的重要性,茶叶被历代中央王朝作为"驭番"的重要手段加以控制。因此从另一角度来看,茶叶在维系中央王朝与青藏高原藏区的关系上,政治意义并不亚于经济意义。

滇茶销藏始于明末清初,发展十分迅速,并开辟了多条马帮入藏线路。云南的大理、丽江等作为滇茶入藏的中转站和集散地快速崛起。但是,在相当长的一段时间内,四川藏茶仍然是销藏的最主要品种,具有不可替代的重要地位。清朝末年,特别是辛亥革命之后,在英帝国主义的武装干涉和挑拨下,西藏与中央政府的关系有所削弱,四川藏茶由于入藏道路不畅、价格过高,特别是受到印茶倾销的影响,在西藏的销量不断下降。与此同时,由于滇茶海上通道的开通,以及根据清末签订的《中英滇缅通商条约》和《中英修订藏印通商章程》规定,滇缅印藏间不征税,这就使得使得滇茶由海路入藏成本大大降低,销藏数量不断增加。到了民国初年,滇茶取代四川藏茶成为内地茶叶销藏的主要品种。民国时期印茶与滇茶同时成为在西藏销售的主要藏茶品种,这种情形一直持续到1959年后才发生转变,即雅安边茶重新成为西藏茶叶的主要品种。

滇茶销藏的海上之路,兴起于两次英国侵略西藏战争之后的印茶向藏区倾销的危难之际,打破了英国企图独霸西藏茶叶市场的企图,在满足西藏人民生活必需的同时,对于维系西藏与祖国内地之间的联系起到了重要的作用。

匈奴语言及族源新探

叶晓锋

摘　要：匈奴语的系属一直存在争议,以往研究往往仅根据史书中的只言片语对匈奴语进行探讨,但是由于词汇缺乏系统性,一直以来难以达成比较一致的意见。考虑到亲属名词相对而言具有系统性,从一些亲属核心词语如"孤塗""阏氏""居次"等来确定匈奴语的系属,可认为匈奴语与达罗毗荼语以及闪含语构成系统性对应,从而确定它们之间的亲属关系,并根据同源的亲属名词之间的相似程度,推断闪含语民族向东迁徙过程中,在中亚分化,一支往南,进入巴基斯坦和印度,成为达罗毗荼人;另一支继续往东迁徙,进入中国北部,成为匈奴。

关键词：匈奴语；孤塗；阏氏；居次；达罗毗荼语；闪含语

一　引　　论

匈奴语的研究一直是古代欧亚历史中的一个难点。白鸟库吉是早期匈奴语言研究的重要人物。他的研究轨迹可以反映出匈奴语研究的进步和困境。白鸟库吉(1905/1970)认为匈奴语"撑犁"等语词和突厥语 tängri 等语词对应,就基本上由此推断匈奴语应该是突厥语。后来白鸟库吉(1922/1970)又提出"孤塗"等词语与通古斯语的 kutú"儿子"对应,认为匈奴语属于满通古斯语。白鸟库吉(Shiratori 1923)又根据部分匈奴语词和蒙古以及通古斯语对应,认为匈奴语是主要成分是蒙古语,但也混合了一些通古斯语成分。白鸟库吉的观点反复变化,也可以看出匈奴语言研究的困境。后来李盖提(Ligeti 1950)、蒲立本(Pulleyblank 1962)、贝利(Bailey 1985)等人的研究都存在类似的问题。总而言之,此前各家对匈奴的研究存在的两个问题可以归结为两点：第一,受上古语音研究限制或没有注意到汉字的上古实际读音。许多汉字的上古音并不准确甚至拿许多汉字的今音来作为对音基础,这直接影响结论的可靠性。如：

"奴",白鸟库吉的古音就是 nu,而"奴"是泥母鱼部字,音韵学者们现在一般把鱼部构拟为 *a。显然如果没有可靠的汉语上古音构拟,结论自然不能令人信服。第二,词汇比较没有系统性。根据《史记》《汉书》以及其他汉语文献资料中零星匈奴语的汉语转写形式,许多研究者尝试从北方民族语言寻找同源词,并以此确定匈奴语言的性质。但是游牧民族本身具有很强的流动性,同时部落之间相互融合渗透很常见,仅仅依靠个别零星的语词来推断匈奴语言的性质,无疑是不可靠的。如果没有词汇上的系统性,就很难区分到底是借词还是固有词。

本文从词汇的系统性出发,选择汉代文献中所记载匈奴语的亲属名词作为研究的对象。如果亲属名词对应,相对来说比较容易确定匈奴语言的性质,进而扩展到其他语词的比较。

二 孤　　塗

(一) 孤塗的研究史

《汉书·匈奴传上》:"单于姓挛鞮氏,其国称之为'匈奴撑犁孤塗单于',匈奴谓天为'撑犁',谓子为'孤塗'。"(《汉书·匈奴传上》,1962:3751)"撑犁"就是 tängri,即阿尔泰语中"天"的意思,这现在已经是定论了。许多学者以此认为匈奴语言就是突厥语或蒙古语。不过如果匈奴语是突厥语或蒙古语的话,那应该可以从这些语言找到能和"孤塗"对应的词语,但是实际上并不能找到。米维礼(Müller 1920:310)则认为"孤塗"是对应突厥语 qut"陛下"。陈三平(Chen 2002)则认为"撑犁孤塗"并不是表示"天子"而是表示"神赐""神的礼物"之类的意思。但是一种猜测,并没有找到语言学证据。白鸟库吉(1922/1970:476)认为"孤塗"和满通古斯语中语中的 kutú"儿子"对应。蒲立本(Pulleyblank 1962/1999:171)认为"孤塗"的上古音应该是 *kʷala,并从叶尼塞语中找到一个相似的表示儿子的词语-kjal。不过"孤塗"的上古音应该是 *kʷala 或 *kʷada,是有两个音节构成,而叶尼塞语中的 kjal 只有一个音节,在语音上对应不够理想。

蒲立本是上古音研究名家,他指出"孤涂"的读音应该与 *kʷala 相似无疑是正确。"涂"虽然是定母字,但是从"余"得声,"余"上古以母字,以母的音值和塞音 d 或流音 r 或 l 非常接近,在欧亚大陆的语言中,t、d、l 与 r 四者之间的交替是很常见的①。因此"孤涂"上古读音为 *kʷada、*kʷala 或者 *kʷara 之类的读音。

需要指出的是,wa 和 o、u 之间相互演变很常见,如"兔子",壮语 tho,黎语 thua②(王均 1984:804-805)。所以"孤涂"上古读音可能还有 *kola、*kora、*koda、*kula、*kura、*kuda 这样的变体。

(二)孤涂在北方的汉语方言以及民族语言的遗留

其实任何民族只要在一个地区长期生存,即使后来发生了其他变迁,或多或少都会在该地区的语言中留下痕迹的。根据马雍、孙毓棠(2002:174),东汉末年北匈奴有部分分散到甘肃、山西、内蒙与当地中国居民混合。唐长孺(1955:125)指出后汉末年,南匈奴于扶罗单于攻占太原、河内,汾水流域就有许多匈奴人聚居。在匈奴曾经生活过的地区的语言或方言中还可以找到类似的说法。

令人惊奇的是,部分北方汉语方言和民族语言中至今仍然保留匈奴语"孤涂" *kʷada "儿子"这个词语。

在现在中国北方的许多汉语方言中,kala、kata 等语音形式可以表示"儿子、孩子"的意思③。如"小儿子",许多北方汉语方言都叫"老儿子",如天津方言等。但是还有些方言称为"老 kɤ1 ta"或者"老 ka1 ta",写作"老疙瘩",如:承德 lau3 kɤ1 ta,沧州 lau3 ka1 ta,阳原 lɔu3 kəʔ tar3,赤峰 lau3 ka1 ta,海拉尔 lau3 ka1 ta,黑河 lau3 ka1 ta,哈尔滨 lau3 ka1 ta;长春 lau3 ka1 ta,沈阳 lau3 ka1 ta(陈章

---

① 详见李方桂(1980:13-14)、曾运乾(1996:147-165)、潘悟云(2000:268-270)、郑张尚芳(2013:90-91),Gray(1902:79-89)、Andronov(2003:77-79)。
② 更多汉语方言 ua 和 o 交替现象,详见郑张尚芳(2002)。
③ 北方方言中 l 和 t 也经常交替。这是常见的音变,如山西方言中,词缀"子"长治方言是 tə(<tsə),但是平顺方言是 lə,也是发生了 t>l。

太、李行健 1996：2385－2386）。内蒙古东部汉语方言，"老疙瘩" lau213 ka55 ta。（马国凡等 1997：113）"小儿子"，宁夏银川方言"老疙瘩" lɔ53 kɯ13 ta,固原方言"老疙瘩"，中卫方言"老疙瘩娃子"。（高葆泰 1993：100,杨子仪等 1990：214,林涛 1995：133）河北方言中，"小儿子"，唐山、保定、唐山、张家界等都是"老疙瘩" lau214 ku21 ta3。（李行健 1995：221）在山东方言中，"小儿子"，济南"老疙瘩" lɔ22 kə ta,济宁"末疙垃" muə21 kə la①。（董绍克、张家芝 1997：173）山西方言中，大同方言"老疙旦"lɤo54 kəʔ32 tæ24,天镇方言"老疙蛋"lɔu51 kəʔ tæ。（马文忠 1986：73,谢自立 1990：40）

山西永济方言中，"蛮"表示"抱养别人的孩子"，"蛮疙瘩" mā24 kə ta 表示"领养的孩子"。（吴建生、李改样 1990：40）甘肃山丹方言中，称私生子为"私疙瘩"sʅ24 kɤ ta。（何茂活 2007：201）②

从官话内部来看，第一音节读音比较短促，有时直接被描写为入声。随着第一音节促化，第一音节的元音很容易央化，变为 ɤ、ə、ɯ 等元音，而 ɤ、ə、ɯ 由于听感上与 a 比较接近，很容易演变为 a,整个演变过程为 u/o>ɯ/ɤ>ə>a。③ 因此,kata、kɤta、kəta、kəla、kuta 原始形式很可能是 *kuta~*kula 或 *kota~*kola。这样北方汉语方言表示"儿子"含义的"疙瘩"（*kuta~*kula 或 *kota~*kola）就和匈奴的"孤塗"*kʷala~*kʷara~*kʷada（以及可能变体 *kola、*kora、*koda、*kula、*kura、*kuda）语音完全对应。

除了北方汉语方言之外，在部分北方民族语言中（如满文和蒙

---

① 从山东方言也可以看出,济南的"疙瘩"kə ta 就是济宁的疙垃 kə la。也是 l 和 t 存在交替。
② 此外,在部分北方官话方言里"蝌蚪"的说法很特殊,一般写作"蛤蟆骨朵儿"或"蛤蟆疙瘩儿"。北京"蛤蟆骨朵儿"xa2 ma ku1 tuər,石家庄"蛤蟆蝌蚪儿"xɤ2 ma khɤ tour,兰州"蛤蟆骨朵"xɤ2 ma ku2 tu,哈密"蛤蟆骨朵"xa2 ma5 ku1 tu3,乌鲁木齐"蛤蟆骨朵"xa3 ma ku1 tu,西昌"蛤蟆骨朵儿"kha2 ma2 ku7 tər1。（陈章太、李行健 1996：3781）这里的"骨朵"或"疙瘩"可能也是"儿子"的意思。
③ u/o>ɯ/ɤ>ə>a 是很常见的音变,如山东方言中,"什么",烟台 ɕiŋ5 mo,诸城 ʃəŋ5 mə,青岛 ʃoŋ5 ma（陈章太、李行健 1996：4358）,可以看到山东方言中"么"的音变为 mo>mə>ma。

古语),也有"嘎达"或"疙瘩"表示"儿子"的情况。① 如高扬(2010:16)认为东北汉语的"老疙瘩"借自满文 lokata。曾庆娜等(2014)则认为"老嘎达"是个蒙古语。

白鸟库吉(1922)指出"孤塗"为通古斯语的 kutu、gutu 的对音,通古斯语族中,"儿子",Capogir 语 hútta,Mangaseya 语 huttan,Burguzin 语 gutó。总体语音有些相似,不过对应不够严格,这一点蒲立本(1979/1999:170)已经指出。

此外值得注意的是:(一)在其他通古斯语中,"儿子"一般都是 xaxa dʒui 等形式,如女真语 xaxa dʒui,满语 xaxa dʑe,锡伯语 χaχə dʑi(金启孮 1984:47,李树兰、仲谦 1986:150,王庆丰 2005:138)。因此也有可能满通古斯语中的 kutu 等形式其实是借词。(二)一般而言,满通古斯语最有可能影响的是东北、北京、河北等地的官话,如果汉语方言中的"疙瘩"是来自通古斯语,那么西北汉语方言如甘肃、宁夏等地的汉语方言中的"疙瘩"(表示"儿子")是无法解释的。因此极有可能满语中的 kata 是个借词。

蒙古语族中,"儿子"常见形式是 kuː,如:蒙古语 xuː,达斡尔语 kəku,土族语 kuː,保安语 kuŋ(德力格尔玛等 2006:94)。语音上与"疙瘩""嘎达"不像,因此蒙古语中的"嘎达"很有可能也是借词。

从记录年代看,匈奴语远远早于满语或蒙古语。从"疙瘩"(表示"儿子")的分布看,从东北到西北,也超出了满语或蒙古语的覆盖范围。因此,与其说"疙瘩""嘎达"是来自满语或蒙古语,还不如说北方汉语方言和民族语言中的这些语音形式是早期匈奴语的"孤塗"的遗留。

(三)孤塗的语源

"孤塗"(*kola、*kora、*koda、*kula、*kura 或者 *kuda)表示"儿

---

① 承匿名审稿人指出,在北方一些其他民族语言中(如满语、蒙古语一些方言),也有类似的表达。这确实是笔者之前所没有注意过的,在此致谢。不过这些语言中的一般仅限于特殊的语境中的,如"最小的儿子"等,因此更可能是借词。

子",这类语音形式表示"儿子"在欧亚大陆的语言中非常常见。

贝利(Bailey 1985:29-30)指出,匈奴语中的"孤塗"与伊朗语支有关,在伊朗语支中,kau 或 ku 表示"小"的意思,阿维斯陀语 kutaka"小",波斯语 kurrah"小动物",库尔德语 kurr"儿子",巴基斯坦 Ormuṛi 语 kolan"儿子"。

其实在不仅伊朗语支,在印度—伊朗语的许多语言中,都存在与"孤塗"(*kola、*kora、*koda、*kula、*kura 或者 *kuda)相似的词语。如:中古波斯语 kōdak"小"(Boyce 1977:53),粟特语 kwrt'、xwkwr、wk'wr"孩子",Kurdish 语 kūr,Gaz 方言 kur"孩子",Gurani 语 kur"儿子、男孩",Taleshi 语 kəra"马驹"。(Cheung 2007:250)南部塞语 gula"子孙、后代",和田塞语 kula(Harmatta 1994a:404)。Relli 语 korra"男孩、儿子",Cameali 语 kŏḷa"儿子"(LDO 2002:194,Hallberg 1992:115,Bailey 1908:14、34、106)。需要指出的是,印度伊朗语支中,表示"儿子"一般都是 putra,如梵文 putra,古代波斯语 puθra,原始印欧语 *putlo(Kent 1950:197)。因此 kura 或 kudak 等语音形式可能是借词(Turner 等 1966:166)。

达罗毗荼语中的表示"儿子"的词语的语音形式也和印度伊朗语很接近。达罗毗荼语中,Malto 语 qade"儿子";Kuṛux 语 xadd"孩子、幼兽",xaddas"儿子、男孩",xadā"小孩";Pengo 语 kaṛde"儿子,男孩";Manda 语 kaṛde;Malayalam 语 kaṭā"小孩、年轻人",kaṛṛa"男孩,幼崽";Kannaḍa 语 kaṛa"幼崽",kanḍa"小孩、儿童";Parji 语 kar"树苗";Gonda 语 kat-"生育",Tulu 语 kārānā"孵蛋";Gondi 语 gārā"种子",kārā"水牛的幼崽";Tamil 语 kāṛ"种子";Kannada 语 kāṛ;Gadba 语 kar-"生育,出生"(Burrow & Emeneau 1984:104、106、131、132、139、157)。原始达罗毗荼语的"儿子、男孩"为 *kara ~ *kada①。

在藏缅语中,"孩子",Tamang 语 kola,Gurung 语 kolo。(LDO 2009)"儿童"缅文 ka1 le3,缅语 ka53 le55(孙宏开等 1991:665),这种语音形式并不见于其他藏缅语,而且这部分藏缅语所在地区都是

---

① 达罗毗荼语中明显是 ṭ、ḍ、r 和 d 相互交替。小舌音 q 演变为 k 是常见音变。因此 q 显然是更早的读音。

在印度境内或者与印度毗邻,因此应该是借词。

在西高加索语中,如 Abkhaz 语中,q'at'a "年轻的人、动物、植物",南部 Abkhaz 语 a-xara "出生、降生",Tapanta 语 xara "同上"(Chirikba 1996:60、102)。

闪含语系中的"孩子"的词根基本上都是 gadya 或 gʷal-等形式①,"孩子",原始闪含语 *gol-,叙利亚语 gadyā,Ugaritic 语 gdy,中部 Chadic 语 ɤwal-,Logone 语 ɤ'oli,Agaw 语 qʷəra,Kemant 语 xʷər,Xamtanga 语 xʷəra,Geez 语 əgʷāl(Orel & Stolbova 1995:229,Bennett 1998:144、226)②。

从上面材料看出,欧亚大陆许多语言中表示"儿子、孩子"的词汇都与匈奴语中的"孤涂"kʷala 或者 kʷada 相似。这就是说明《汉书》把"孤涂"解释为"儿子"是有事实依据。因此许多学者把"孤涂"另作其他解释是没有必要的③。通过比较研究,可以确定印度—伊朗语支、阿尔泰语、藏缅语中的类似形式可能都是借词。如果考虑发生学关系,匈奴语言的"孤涂"首先应该考虑与闪含语系、达罗毗荼语、高加索语等语言的相关词语存在关联。

三 阏 氏

"阏氏",最早见于《史记·匈奴列传》:"后有所爱阏氏。"司马贞索隐:"阏氏,旧音於连、於曷反二音。匈奴皇后号也。"(《史记·匈奴列传》,1963:2889)在《汉书·宣帝纪》中,"单于阏氏子孙昆

---

① 闪含语系中的"蛋"与"孩子"无疑也是同源词。"蛋",原始中部 Chadic 语 *kʷal,Beta 语 kʷalɔ,Gaanda 语 geila,Boka 语 ngala,Hwona 语 ŋgala,Tera 语 ŋgərli(Orel & Stolbova 1995:199-200、343-344)。其中 Boka 语和 Hwona 语中表示"蛋"的词语的鼻音是前缀,词根是 gala,应该也是同源词。
② 值得注意的是,闪含语系中的"儿子"是 bar,与印欧语中的 putra "儿子"、突厥语中的 bal/bala "孩子"之间的语音非常接近,他们之间的关系值得进一步探讨。
③ 北方汉语方言以及北方民族语言中"嘎达""疙瘩"在表示"儿子"时一般都用于"小儿子",而不能用于表达其他儿子,因此很可能是个来自西域语言的借词。

弟……来降归义。"服虔注:"阏氏音焉支"(《汉书补注·宣帝纪》,2008:374)。在《论衡》中,又有"休屠王焉提",刘盼遂(2002:78)指出"焉提"就是"阏氏"。

从司马贞等人注解以及异文来看,"阏"有两读:一读为"焉",一读为"於曷反"。到后来越来越多的人读"焉支"。"阏"的这两个读音现在看起来差别非常大。实际上,在汉代的时候,这两读非常相似。在汉代"焉"是没有 i 介音的①。"焉"*an 虽然是收-n 韵尾,由于-n 和-r 读音接近,在汉代西域语言对音中经常对应 ar,如"焉耆"对应 argina(岑仲勉 1981:565)②。由于语音接近,在世界各大语言中,t、d、r、l、n 相互交替都是很常见的,如梵汉对音中"单"tan 对应梵文 tat,因此甚至可以推断"焉"an 可以对应 at。因此"阏"的两个读音——"焉"*an 和"於曷反"*at 在汉代的时候读音其实非常相近。白鸟库吉(1922)也指出,"阏",安南音读 at,高丽汉音读 al。这显然与汉代读音相似。

根据梵汉对音,汉代影母基本上对应都是零声母,如"阿"对应 a,"安"对应 an,并没有对应小舌音的现象。月部上古音构拟各家都是 *at 或 *ad,梵汉对音中,月部对应梵文 ar、at、ad,如"遏"对应 ar、at,"曷"对应梵文 gat,"竭"对应梵文 gad、gat。支部梵汉对音中对应梵文 i,如"底"对应梵文 ti,各家一般都将支部构拟为高元音 *i③,同时从上面的梵汉对音材料可以看出,r、l 和 t 经常交替,那么"阏氏"或"焉提"汉代的读音应该是 *atti、*addi、*arri、*alli 或 *andi④。

刘攽最早指出"阏氏"应该是匈奴语的"妻子",而非"皇后"的称号(《汉书补注》,2009:5616),这是非常有见地的看法⑤。这一点

---

① 郑张尚芳(1987)提出现代汉语中三等字的 i 介音是后起的,现在得到越来越多的学者的赞同。
② 汉代以-n 来对应西域语言中的-r 或-t 很常见。
③ 梵汉对音材料详见俞敏(1999:51-62)。上古月部和支部的构拟详见李方桂(1980:50)、王力(1985:18、82-83)、郑张尚芳(2003:72)、金理新(2013:120)。
④ 蒲立本(1962:196)把"阏氏"的汉代读音还原为 *attefi,已经非常接近语音实际,可惜后来蒲立本在比较过程中硬是将阏氏和突厥语的 qatun 对应。
⑤ 从休屠王焉提就可以看出应该不是"皇后"的意思。

基本上得到后来学者的认可（详见白鸟库吉 1922，蒲立本 1962，Bailey 1985）。

白鸟库吉（1922/1970）认为"阏氏"atsu 对应满通古斯语 ačiú，将"氏"构拟为 *su，声母为擦音。由于古无舌上音，上古"氏""支"读音相同，都是 *ti，声母是齿龈塞音。白鸟库吉的比较显然是不符合上古汉语实际读音情况。

许多学者把"阏氏"与突厥语 qatun"妻子"对应（蒲立本 1962/1999：196，何星亮 1982），但是这种对应其实存在明显的问题：一、"阏"是影母字，在汉代是零声母，和 qatun 的 qa 并不对应；二、"氏"或"氐" *ti 是没有鼻音韵尾的，而对应的突厥语的 tun 是有鼻音韵尾的，而且两者的元音也很不一样，"氏"的主元音是 i，是前高元音，而突厥语的 qatun 的 tun 主元音是 u，是后高元音。因此这两者在语音上并不构成对应①。

上文已经确定"阏氏"或"焉提"在汉代的读音是 *atti、*addi，*arri、*alli 或 *andi。这在达罗毗荼语中可以找到完全相同的词语。泰米尔语 āṭṭi"妻子、女人"，Telugu 语 āṭadi, āḍadi, āḍudi,"女人"，Parji 语 aḍey"妻子"，Gondi 语 ār、āṛ"女人"，Kui 语 āli"女人、妻子"，Kuwi 语 āḍi~āṛi"女人、妻子"，Kurukh 语 ālī，Konḍa 语 āṇḍu<(āḍḍu)"女性"②，Kannda 语 ale"女人"，Shōlegas 语 attiga"嫂子"（Burrow & Emeneau 1984：24、37，Zvelebil 1990）。可以把达罗毗荼语的"妻子"原始形式构拟为 *āṭṭi ~ *āḍḍi ~ *ālli ~ *andi，几乎与"阏氏"相同。

在闪含语系中，叙利亚语 'arrtā 表示"一夫多妻制中，丈夫的另一个妻子"；希伯来语 ṣārā，阿拉伯语 ḍarrat。与"阏氏"也很相似。

---

① 突厥语 q'at'un 与"可敦"对应是非常工整的。
② 达罗毗荼语中，两个 ḍ 或 ṭ 重叠的时候，前面的 ḍ 或 ṭ 经常会变成 ṇ，也可以认为在两个辅音重叠的词语中，ṇ 是 ḍ 或 ṭ 的变体或者交替形式。如泰米尔语 onṭi~oṭṭi"潜伏"，(Burrow & Emeneau 1984：93)因此根据其泰米尔语中 āṭṭi"妻子、女人"两个 ṭ 重叠，而 ṇ 是 ḍ 或 ṭ 的变体或者交替形式，因此 Konḍa 语 āṇḍu 应该是从 āḍḍu 演变而来。汉语中读为"焉提"除了本身语音相近之外，也有可能与这种音变有关，在语音形式上也与 āṇḍu 比较近。

闪含语系的 *adid-表示"女性亲戚",闪米特语 ad-"女士",Ugaritic 语 'dt"女士",Aramaic 语 'dt"女士",Sidamo 语 adaada"姨妈",Darasa 语 adaada"姨妈"。(Bennett 1998:44-45,Orel & Stolbova 1995:6)和达罗毗荼语、匈奴语非常接近。

四 居　次

《汉书·匈奴传下》:"王昭君生二女,长女云为须卜居次,小女为当于居次。"颜师古注:"李奇曰:'居次者,女之号,若汉言公主也。'文颖曰:'须卜氏,匈奴贵族也。当于亦匈奴大族也。'"(《汉书·匈奴传下》1962:3808)

白鸟库吉(1922:480)、何星亮(1982:7)等将匈奴语"居次"与突厥语 kyz"女儿"对应。不过这种对应在语音上存在问题。"居次"不管上古音如何构拟①,有两个音节是肯定的,而突厥语 kyz 只有一个音节,根本无法构成对应。可见"居次"和突厥语的 kyz"女儿"无关。

"居次"除了表示"单于的女儿""公主"之外,还有可能表示"侄女"或"弟媳"。

《汉书·匈奴列传上》:"校尉常惠与乌孙兵至右谷蠡庭,获单于父行及嫂、居次、名王、犁污都尉、千长、将以下三万九千万余级"(《汉书·匈奴列传上》,1962:3786)。这段文字对准确把握"居次"的意思非常重要。

首先需要交代一下这段话的背景。根据《汉书》,右谷蠡王狐鹿姑单于的弟弟,也是狐鹿姑单于指定的接班人,是单于家族的重要成员。但是后来由于卫律等人的干预,不能继位,公元前85年,单于的位置由狐鹿姑单于的儿子壶衍鞮单于继承。右谷蠡王因为不能继承单于位置,对侄子壶衍鞮单于心存怨念。"右谷蠡王以不得立

---

① 关于脂部的构拟,总的来看现在的各家认为是有韵尾,如:高本汉(1987:135-136)为 *-ir,李方桂(1980:65)为 *-id,郑张尚芳(2003:194)为 *-il。"次"上古是清母脂部字,本身带有韵尾-r、-l 或-d,也就是说"居次"对应的语词至少应该有两个以上音节,三个以上辅音。

怨望。"(《汉书·匈奴传上》)简言之,右谷蠡王与侄子壶衍鞮单于关系不好。

公元前71年,"校尉常惠与乌孙兵至右谷蠡庭,获单于父行及嫂、居次",是说常惠从右谷蠡王根据地活捉单于的父辈、嫂子以及"居次"。但是如果将"居次"理解为"女儿",那么就是说常惠在右谷蠡王的根据地活捉到单于的女儿,这会比较难解释。因为右谷蠡王与壶衍鞮单于关系并不好,所以壶衍鞮单于不可能让自己的女儿待在右谷蠡王根据地。因此这里的"居次"不大可能是"女儿"的意思。

《汉书》中"居次"和"嫂"是并列结构,而右谷蠡王是壶衍鞮单于的叔叔,这一点确定之后,那么这里的"嫂"应该是单于堂兄的妻子,而"居次"的身份应该低于"嫂",因此,这里的"居次"最有可能是"弟媳"("单于堂弟的妻子")或"侄女"("单于堂兄弟的女儿")①。

再来看"居次"的上古音。

"居"上古音为 *ka,"次"是精母或清母脂部字②,汉代精组字经常对应西域语言中的 ṭ、ṭh、ḍ,如 Cadota、Caḍ'ota 对应"精绝","绝"对应的正是 dota、ḍ'ota;Dapicī 对应"捷枝"(岑仲勉1981:575),"捷"对应 dapi,"绝"和"捷"都是从母字,可以看出从母可以对应西域语言里的 d 或 ḍ'。金理新(2015:394)将上古精组构拟为 ṭ、ṭh、ḍ,其实就是 ṭ、ṭh、ḍ 的另外一种写法,是非常有解释力的,我们赞成这个构拟。因此,"次"的上古音为 ṭir、ṭil、ṭhir 或 ṭhil。"居次"的上古音有可能为 *kaṭir、*kaṭil、*kaṭhir、*kaṭhil 等形式。

我们再来看其他语言中与"居次"对应的情况。

达罗毗荼语中,泰米尔语 kātali "宠爱的女子,女儿",Telugu 语

---

① 沈钦韩认为"居次"是王侯妻号,相当于满清的"福晋"(《汉书补注》,2008:5685)。从"获单于父行及嫂、居次"这句话的上下文来看,似乎有问题,因为如果"居次"是"夫人"之类的意思。那么前面的"嫂"肯定也是符合"夫人"的身份,就变得重复了。因此,同时出现"嫂"和"居次",就说明"居次"不大可能是"夫人"的意思。
② 值得注意的是,古文字中,"次"经常用作"恣"或"济"(白于蓝2012:335-336),这两个字都是精母字,而且在《经典释文》中,"次"本身有精母的读音,"资利反"(陆德明1983:292)。

kōḍalu"儿媳",Kolama 语 koral"弟弟的妻子",Naikri 语 koraḷ"儿媳、新娘",Parji 语 koṛol"新娘",Gadba 语 koṛal"儿媳、弟弟的妻子",Gondi 语 koriāṛ"儿媳",Koya 语 koḍiyāḍ"儿媳、姐姐的女儿",Konḍa 语 koṛesi"儿媳妇"。(Burrow & Emeneau 1984:135,193)可以看到,kātali 的 t、kōḍalu 的 ḍ、koral 的 r、koṛal 的 ṛ、koriāṛ 的 r 构成对应,t、ḍ、l、r 以及 ṛ 构成交替,达罗毗荼中的"女儿、儿媳、弟弟的妻子、新娘"原始形式是 kātal-、koḍal-、koral 等形式。

闪含语系中,Akkadian 语 kallātu"儿媳",闪米特语 kall"儿媳、新娘",Ugaritic 语 kl-t"新娘",叙利亚语 kallətō"儿媳"(Orel 1995:310)。闪含语中,"儿媳,新娘"的原始形式是 *kallāt-。

显然,"居次"katil 与达罗毗荼语的 kātal-"女儿、儿媳、弟媳、新娘"以及闪含语系中的 *kallāt-"儿媳、新娘"构成对应①。

五 匈奴语言归属的讨论

理解匈奴语言最重要的是理解匈奴的主体部落。然而,现在一般都承认匈奴是个部落联盟,在崛起壮大过程中兼并了许多西方、北方民族和部落,因此匈奴包含了许多来自北方和西方部落(Ishjamts 1994:158,乌恩 1990,林沄 1998,耿世民 2005)。从考古上看,匈奴人种也包含欧亚大陆各种人群,从游牧民族的部落联盟的角度看,这是很好理解的。正如林沄(1998)所言,考虑匈奴的族源,主要是考虑冒顿赖以建立联盟的核心力量是具有何种体质特征和文化特点的族群。从目前考古材料来看,由于联盟中的种族过多,到底哪一个族群是主体部落并不容易判断,这也使得借助考古来研究匈奴语言的企图归于徒劳。

匈奴语言的研究国内外学界有比较多的讨论,但并没有特别有说服力的看法。就现在而言,主要有三种看法:

---

① 由于 t、d、ṭ、ḍ、l、r 经常相互交替是常见现象,详见 Andronov(2003:76-85),同时佛经音译中,d、t 也经常与 l 相混。如"履"对应 di,"楼"对应 to(俞敏 1999)。在汉三国的佛经翻译中,在梵汉对音中脂部的主元音除了对应 i 之外,也经常对应 a,如"涅"对应 nad,"陛"对应 pas(俞敏 1999)。

其一，匈奴是阿尔泰语。施密特（Schmidt 1824）、白鸟库吉（1923）、伯希和（1929）认为是蒙古语，萨摩林（Samolin 1957）、何星亮（1982）、林幹（1983）等认为是匈奴是突厥。福兰阁（Franke 1930：328）认为匈奴语主要是突厥语，也有部分伊朗语支的斯基泰语和萨玛特语成分。拉铁摩尔（Lattimore 1951：450）认为匈奴是突厥语或者蒙古语。国内学者一般都倾向于认为匈奴是阿尔泰语。普里察克（Pritsak 1954）则认为匈奴应该和库班河、伏尔加河、多瑙河流域的布勒加尔人的语言组成一个阿尔泰语的布勒加尔语组，其现代的代表就是楚瓦什语①。关于匈奴是阿尔泰语更多评述详见内田吟风（1949：194－198）、贾衣肯（2006）。匈奴和阿尔泰语的对应，比较令人信服的材料不多，伯希和（Pelliot 1944：170）、亦邻真（1979）指出并没有坚实的证据表明匈奴语是突厥语或者蒙古语②。值得注意的是，亦邻真（1979）认为匈奴语言可能是蒙古、突厥、满通古斯之外的第四种阿尔泰语族。蒲立本（1962）从语音类型的角度令人信服地证明了匈奴语不可能是阿尔泰语。

其二，匈奴语是叶尼塞语。曼兴—海尔芬（Maenchen-Helfen 1944－45）认为匈奴语言中有吐火罗语与伊朗语借词，匈奴部落中肯定包含古代西伯利亚语民族，也就是现在叶尼塞语的祖先。但是匈奴王族的语言不好确定。李盖提（Ligeti 1950）认为匈奴语"鞻鞮"和叶尼塞语系的 Ostyak 语中的 sāgdi 相关，但是对匈奴语和叶尼塞语之间比较谨慎。蒲立本（Pulleyblank 1962）、沃文（Vovin 2000）根据部分语词可能存在对应关系，认为匈奴语可能和叶尼塞语有关。蒲立本和沃文的研究存在最大的问题是缺乏系统性，利用零星可疑的材料将匈奴语和叶尼塞语建立关联，实际上有观点先行之嫌。比如他认为"孤塗"和叶尼塞语支中的 Kettish 语中的 qalek "小

---

① 普里察克的文章其实更多的是从理念出发，其实讨论并没有涉及匈奴语言的实质性内容，如《史记》《汉书》等中国汉代典籍中记载的匈奴语言都未予以讨论。
② 不过"撑犁"和突厥语 tangri 以及蒙古语的 tengri 对应很可靠。伯希和（1944）认为突厥语 tangri 以及蒙古语的 tengri 是借词，不是阿尔泰固有词语，从语源上看与亚美亚尼语 ter "主"相关。

儿子,孙子"对应,全然不顾 Kettish 语中的常用表示"儿子"的词语是 fyp,这个词在其他叶尼塞语中都有同源词。Kettish 语中的 qalek 更像是个借词。如果是借词的话,用来证明匈奴和叶尼塞语之间的关系显然是不可靠的。即使 qalek 对应匈奴语"孤塗",叶尼塞语中也找不到可以和"阏氏""居次"语音对应的词语。因此由个别零星可疑的词语就认为匈奴语是叶尼塞语无论是论据还是论证都非常无力的。

其三,匈奴语是伊朗语。贝利(Bailey 1985)则认为匈奴人说的是伊朗语支的语言,并对一系列词语进行了比较。但是由于贝利对汉语上古音并不了解,许多对应的词语其实并不可靠,如认为"撑犁"对应伊朗语čanɣaraka-。就目前研究而言,匈奴的亲属名词只有"孤塗"在部分印度—伊朗语中能找到相似的形式,但是印度伊朗部分语言中,表示"儿子"最常见的词语是 putra。

匈奴语言与欧亚大陆语言中的亲属名词①

	儿子、孩子	妻 子	女儿、儿媳、弟媳
匈奴语	孤塗 *koda ~ *kola	阏氏 atti ~ arri ~ alli	居次 kaṭil
达罗毗荼语	kara ~ kada	āṭṭi ~ āddi ~ alli	kātal-
闪含语	gadya	'arrtā	kallāt-
突厥语	oɣul、ol	qatən	kelin
蒙古语	kəku	əxnər	bere
满通古斯语	χaχədʑi、gutó	xəx	orun
伊朗语 中古波斯语	frzynd、pwbr、pws,	bwg、zn	wuwg、zstg

---

① 达罗毗荼语和闪含语的分别来自 Burrow(1984)和 Orel Stolbova (1995),突厥语来自陈宗振(1990),蒙古语来自孙竹(1990),满通古斯语主要来自孙宏开(2009),中古波斯语来自 Durkin-Meisterernst(2004),粟特语来自 Gharib(1995),叶尼塞语来自 Georg(2007)。

续　表

	儿子、孩子	妻　子	女儿、儿媳、弟媳
伊朗语 粟特语	wð	ðβāmman	šwnš
叶尼塞语	hiʔb	qim	énnam

就目前的匈奴语言研究而言,正如伯希和(Pelliot 1944)、蒲立本(1962/1999:163)、普里察克(Pritsak 1954)等所总结的,虽然探讨的比较多,比较令人信服的成果其实并不多。其间原因主要是:(一)匈奴语言材料总体不多,而且比较零星。(二)受上古音研究水平限制。从20世纪初到现在,上古汉语语音以及早期梵汉对音研究已经取得比较多的共识,这可以为我们研究早期匈奴语言提供有力的支持。虽然匈奴语言材料不多,但是还是存在一些基本亲属名词,如"孤塗""阏氏""居次"等。鉴于亲属名词存在系统性,如果能从现在的其他语言能找到与匈奴语亲属名词对应的材料,那就要重新考虑匈奴语言的系属问题了。

由上表我们可以发现,如果对三组亲属名词单词进行严格的比对,匈奴语言和达罗毗荼语以及闪含语系最为接近。"孤塗"*kwada~*koda~*kola~*kora"儿子"对应达罗毗荼语*kara~*kada"儿子"以及闪含语的gadya"孩子","阏氏"对应达罗毗荼语的aṭṭi"妻子、女人"以及闪含语的'arrta"妻子","居次"对应达罗毗荼语的*kōḍar"女儿、儿媳、弟媳"以及闪含语的kallāt-"儿媳"。在亲属关系中,"儿子""妻子""儿媳"构成一个完整的亲属名词系统。匈奴语中的亲属名词与达罗毗荼语和闪含语存在系统性对应①。

从语音形式看,相对于闪含语,匈奴语和达罗毗荼语更为接近。从语义上看,也是匈奴语和达罗毗荼语更为接近。匈奴语的"孤塗"和达罗毗荼语闪含语中的qade都是"儿子"的意思,而闪含语系中的gadya是"孩子"的意思。显然语义上也是匈奴语与达罗毗荼语更加接近。

---

① 即使满语的kada"儿子"是满通古斯语常见,后面"阏氏"和"居次"也找不到对应的词语。

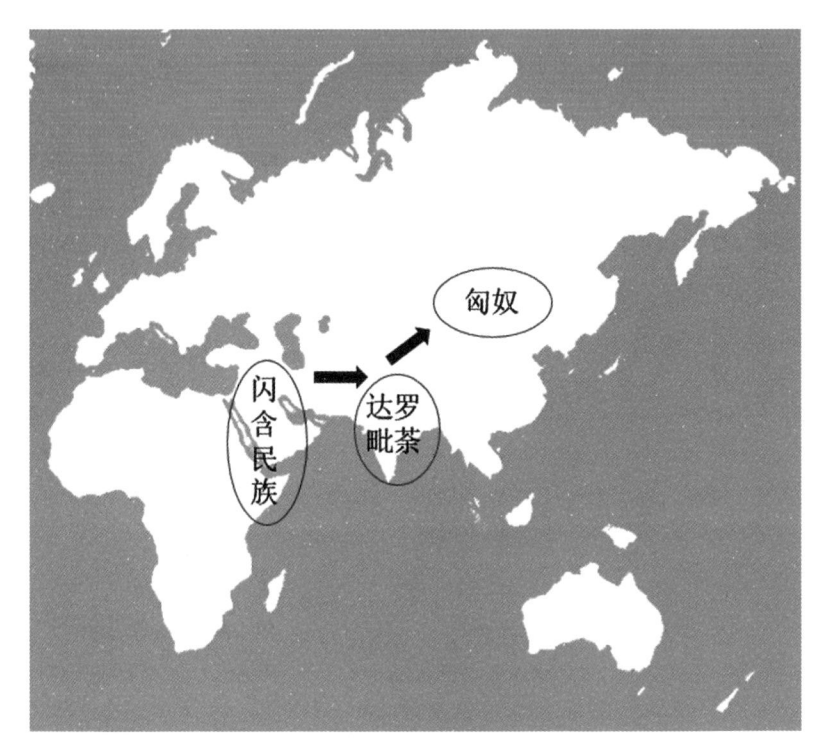

图1　闪含语民族东迁以及达罗毗荼文明和匈奴的诞生

我们再来看匈奴与达罗毗荼文明以及近东文明之间的关系。

（一）从时间序列看,古代美索不达米亚文明最为古老,达罗毗荼文明其次,匈奴文明相对较晚。马松（Masson 1993：242）、卡瓦里—斯佛扎（Cavalli-Sforza 2001：160）都认为达罗毗荼文明起源和古代美索不达米亚有关,达罗毗荼人从古代美索不达米亚穿过伊朗高原,经过土库曼斯坦、阿富汗,到达巴基斯坦、印度。克里斯那木提（Krishnamuti 2003：3）指出达罗毗荼人在梨俱吠陀时期（公元前15世纪）就已经进入印度。匈奴明确出现的时间地点为公元前3世纪的中国北部,晚于近东文明和达罗毗荼文明。（二）从空间看,闪含语系在亚洲的西部,达罗毗荼语在亚洲的中部,匈奴语在亚洲的东部。从人种看,近东的闪含语系民族基本上都是欧罗巴人种,匈奴人种的考古研究表明,部分中亚、阿尔泰地区、新疆地区的匈奴人明显具有欧罗巴人种特征（乌恩 1990,张全超、朱泓 2006）。

(三)从语言上看,上文已经揭示,闪含语、达罗毗荼语以及匈奴语的部分亲属名词存在整齐的对应。

因此,这三者直接最好的推论是:部分闪含民族从古代近东向东迁徙,途经中亚的时候分开。一部分进入巴基斯坦、印度,成为达罗毗荼人,另外一部分继续向东行进,最终来到了中国的北部,建立了一个传奇的匈奴帝国①。

参考文献:
(一)中文著作:
司马迁著、裴骃集解、司马贞索隐、张守节正义 2013 《史记》,中华书局。
班固著、王先谦补注 2009 《汉书补注》,上海古籍出版社。
班固著、颜师古注 1962 《汉书》,中华书局。
白于蓝 2012 《战国秦汉简帛古书通假字汇纂》,福建人民出版社。
岑仲勉 1981 《汉书西域传地里校释》,中华书局。
陈章太、李行健(主编) 1996 《普通话基础方言基本词汇》,语文出版社。
陈宗振 1990 《中国突厥语族语言词汇集》,民族出版社。
德力格尔玛等 2006 《蒙古语族语言概论》,中央民族大学出版社。
董绍克、张家芝 1997 《山东方言词典》,语文出版社。

---

① 最后还要略微解释一下"撑犁"这个问题,白鸟库吉(1905)等人指出"撑犁"和蒙古语以及突厥语的 tängri "天"对应,这无疑是正确的。但是这并不必然表明匈奴语和蒙古语以及突厥语同源,也有可能突厥语 tängri 和蒙古语的 tengri 是借自匈奴语"撑犁",然后一直流传下来。古代近东闪含语系文明中,如苏美尔语中,dingir 表示"神",霍美尔(Hommel 1904:22)很早就发现 dingir 和突厥语中的 tängri 存在相似性。但是,伊利亚德(Eliade 1958:64)指出早期突厥明显有一位天空之神,与印欧神话中的天空之神比较相似,从源头上看,原始突厥神话与印欧神话关系更为密切,与近东并没有那么接近。这就是说突厥语中的 tängri 很有可能是借自匈奴语。如果考虑到匈奴语和闪含语存在关联,在中国古代,"天"经常等同于"神",因此,匈奴语的撑犁 *tangli "天、神"无疑和苏美尔语中的 dingir "神"就是同源词。它们在音义方面的相似应该不是巧合。伊利亚德(Eliade 1958:64)指出苏美尔神话中,dingir 的词源与"天空""发光"相关,从这一点看,达罗毗荼语也可以找到同源词,泰米尔语 tikar "发光", tinkal "月亮"(Burrow & Emeneau 1984:278—279)。因此除了三个亲属名词之外,匈奴语中的"撑犁"tangri 与苏美尔语中的 dingir "神"以及达罗毗荼语的 tikar 或 tinkal 构成整齐的对应。这也能说明匈奴语与闪含语系和达罗毗荼语之间的内在关联。

高葆泰　1993　《银川方言志》,语文出版社。

高杨　2010　《东北方言中的满语借词》,广西师范大学硕士论文。

耿世民　2005　《阿尔泰共同语与匈奴语探讨》,《语言与翻译》第 2 期,第 3—7 页。

何茂活　2007　《山丹方言志》,甘肃人民出版社。

何星亮　1982　《匈奴语试释》,《中央民族大学学报:哲学社会科学版》第 1 期,第 3—11 页。

贾衣肯　2006a　《匈奴西迁问题研究综述》(上),《中国史研究动态》第 9 期,第 11—18 页。

贾衣肯　2006b　《匈奴西迁问题研究综述》(下),《中国史研究动态》第 10 期,第 11—14 页。

金理新　2015　《上古音略》,黄山书社。

金启孮　1984　《女真文辞典》,文物出版社。

李方桂　1980　《上古音研究》,商务印书馆。

李树兰、仲谦　1986　《锡伯语简志》,民族出版社。

李行健　1995　《河北方言词汇编》,商务印书馆。

林涛　1995　《中卫方言志》,宁夏人民出版社。

林沄　1998　《关于中国的对匈奴族源的考古学研究》,《林沄学术文集》,中国大百科全书出版社,第 368—386 页。

刘盼遂　2002　《刘盼遂文集》,北京师范大学出版社。

陆德明　1983　《经典释文》,中华书局。

马国凡、邢向东、马叔骏　1997　《内蒙古汉语方言志》,内蒙古教育出版社。

马雍、孙毓棠　2002　《匈奴和汉控制下的西域》,《中亚文明史》第 2 卷,中国对外翻译出版公司,第 173—187 页。

马文忠、梁述中　1986　《大同方言志》,语文出版社。

潘悟云　2000　《汉语历史音韵学》,上海教育出版社。

孙竹　1990　《蒙古语族语言词典》,青海人民出版社。

孙宏开等　1991　《藏缅语语音和词汇》,中国社会科学出版社。

唐长孺　1955　《晋代北境各族"变乱"的性质及五胡政权在中国的统治》,《魏晋南北朝史论丛》,生活·读书·新知三联书店,第 122—181 页。

王均　1984　《壮侗语言简志》,民族出版社。

王庆丰　2005　《满语研究》,民族出版社。

乌恩　1990　《论匈奴考古研究中的几个问题》,《考古学报》第 4 期,409—437 页。

吴建生、李改样　1990　《永济方言志》,山西高校联合出版社。

谢自立　1990　《天镇方言志》,山西高校联合出版社。

杨子仪、马学恭　1990　《固原县方言志》，宁夏人民出版社。
亦邻真　1979　《中国北方民族与蒙古族族源》，《内蒙古大学学报》第 Z2 期，第 1—23 页。
俞敏　1999　《后汉三国梵汉对音谱》，《俞敏语言学论文集》，商务印书馆，第 1—62 页。
曾庆娜、蔡文婷　2014　《呼伦贝尔方言词汇中的地域文化》，《呼伦贝尔学院学报》第 6 期，第 60—62 页。
曾运乾　1996　《音韵学讲义》，中华书局。
张全超、朱泓　2006　《关于匈奴人种问题的几点认识》，《中央民族大学学报》第 6 期，第 34—38 页。
郑张尚芳　1987　《上古韵母系统和四等、介音、声调的发源问题》，《温州师院学报》第 4 期，第 67—90 页。
郑张尚芳　2003　《上古音系》，上海教育出版社。
郑张尚芳　2002　《方言介音异常的成因及 e>ia、o>ua 音变》，《语言学论丛》，商务印书馆，第 89—108 页。

(二) 外文著作：

白鸟库吉　1905　《匈奴は如何なる種族に屬するか》，《史学杂志》第 8 编第 8 号，《白鸟库吉全集》第四卷《塞外民族史研究上》，1970 年，岩波书店，第 1—8 页。
白鸟库吉　1922　《匈奴の人種について》，收入《白鸟库吉全集・第四卷・塞外民族史研究上》，1970 年，岩波书店，第 475—484 页。何建民（翻译），《匈奴民族考》，收入林幹（编）《匈奴史论文选集》，中华书局，1983 年，184—216 页。
内田吟风　1949　《今世紀におけるフン問題研究の回顧と明日への課題》，《民族学研究》14 卷 3 号，第 219—227 页。《匈人、匈奴同族论研究小史》，[日] 内田吟风等著，余大钧译：《北方民族史与蒙古史译文集》，云南人民出版社，2003 年，第 185—212 页。

Andronov, M. S. 2003, *A Comparative Grammar of the Dravidian Languages*. Wiesbaden: Otto Harrassowitz.

Apte, V. S. 1957–1959, *The Practical Sanskrit-English Dictionary*. Poona: Prasad Prakashan.

Bailey, T. G. 1908, *The Language of the Northern Himalayas*. London: The Royal Asiatic Society.

Bailey, H. W. 1979, *Dictionary of Khotan Saka*. Cambridge University Press.

Bailey, H. W. 1985, *Indo-Scythian Studies Being Khotanese Texts*. Vol. VII,

Cambridge University Press.

Bennett, Patrick R. 1998, *Comparative Semitic Linguistics: A Manual*. Eisenbrauns.

Boyce, M. 1977, *A Word-list in Manichaen Middle Persian and Parthian*. Leiden: E. J. Brill.

Burrow, T. & M. B. Emeneau 1984, *A Dravidian Etymological Dictionary*. 2nd ed. Oxford: Clarendon Press.

Cavalli-Sforza, Luigi Luca 2001, *Genes Peoples and Languages*. Translated by Mark Seielstad, London: The Penguin Group.

Chen, Sanping 2002, "Son of Heaven and Son of God: Interactions among Ancient Asiatic Cultures Regarding Sacral Kingship and Theophoric Names," *Journal of the Royal Asiatic Society*, 3rd ser., Vol. 12, No. 3 (Nov., 2002), pp. 289–325.

Cheung, J. 2007, *Etymological Dictionary of the Iranian Verb*. Leiden/Boston: Brill.

Chirikba, V. A. 1996, *Dictionary of Common Abkhaz*. Leiden: Research School CNWS.

Durkin-Meisterernst, D. 2004, *Dictionary of Manichaen Texts*. Turnout: Brepols.

Eliade, M. 1958, *Patterns in comparative religion*. London: Sheed & Ward, Inc.

Franke, Otto 1930, *Geschichte des chinesischen Reiches*. Bd. I, Berlin: Walter de Gruyter.

Gray, L. H. 1902, *Indo-Iranian Phonology: with special reference to the middle and new Indo-Iranian languages*, Columbia University Press.

Georg, S. 2007, *A Descriptive Grammar of Ket (Yenisei-Ostyak)*. Leiden: Global Oriental.

Hallberg, Daniel G. 1992, *Sociolinguistic Survey of Northern Pakistan*. Vol. (4), National Institute of Pakistan Studies & Summer Institute of Linguistics.

Harmatta, J. 1994a, "Languages and Script in Graeco-Bactria and The Saka Kingdom", J. Harmatta (ed.), *History of Civilizations of Central Asia*, Vol. (2): The development of sedentary and nomadic civilizations: 700 B.C. to A.D. 200. UNESCO Publishing. 哈尔马塔,《希腊—巴克特里亚和塞人王国的语言和文字》,哈尔马塔主编、徐文堪等译:《中亚文明史》第2卷,中国对外翻译出版公司、联合国科教文组织,2002年,第316—335页。

Harmatta, J. 1994b "Conclusion". J. Harmatta (eds.), *History of Civilizations of Central Asia*, Vol. (2): The development of sedentary and nomadic civilizations: 700 BC to A.D. 200. UNESCO Publishing. 哈尔马塔:《结

论》,哈尔马塔主编、徐文堪等译:《中亚文明史》第 2 卷,中国对外翻译出版公司、联合国科教文组织,2002 年,第 392—398 页。

Hirth, F. 1900, "Sinologische Beiträge zur Geschichte der Türk-Volker I. Die Ahnentafel Attila's nach Johannes von Thurocz", *Bulletin de l'Academie Imperiale des Sciences*, 1900, Vol. 13/2, pp. 221-261.

Hommel, F. 1904, *Grundriss der Geographie und Geschichte des alten Orients 1: Ethnologie des alten Orients Babylonien und Chaldäa*. München: C. H. Beck, 1904.

Ishjamts, N. 1994, "Nomads in Eastern Central Asia", János Harmatta (ed.), *History of civilizations of Central Asia*, Vol. 2. The development of sedentary and nomadic civilizations: 700 B.C. to A.D. 250. UNESCO Publishing.

Kent, R. G. 1950, *Old Persian: Grammar Texts Lexicon*. New Heaven: American Oriental Society.

Krishnamurti, B. 2003, *The Dravidian Language*, New York: Cambridge University Press.

Lattimore, O. 1951, *Inner Asian Frontiers of China*, New York: American Geographical Society.

LDO (Language Division Office of the Registrar General & Census Commissioner of India) 2002, *Linguistic Survey of India: Orissa*. Language Division Office of the Registrar General & Census Commissioner of India.

LDO (Language Division Office of the Registrar General & Census Commissioner of India) 2009, *Linguistic Survey of India: Sikkim*, Part 1. Language Division Office of the Registrar General & Census Commissioner of India.

Ligeti, L. 1950, "Mots de civilisation de Haute Asie en transcription chinoise", *Acta Orientalia Academiae Scientiarum Hungaricae*, Vol. 1, No. 1, pp. 141-188.

Maenchen-Helfen, O. 1944-45, "Huns and Hsiung-Nu", *Byzantion*, Vol. 17, pp. 222-243.

Maenchen-Helfen, O. 1961, "Archaistic Names of the Hiung-nu", *Central Asiatic Journal*, Vol. 6, No. 4, pp. 249-261.

Masson, V. M. 1993, "The Bronze Age in Khorasan and Transoxania," A. H. Dani & V.M. Masson (eds.), *History of Civilizations of Central Asia*, the dawn of civilization: Earliest times to 700 B. C., Vol. I, UNESCO Publishing. pp. 225-245.

Müller, F. W. K. 1920, "Uigurische Glossen," *Ostasiatische Zeitschrift* 8, Berlin, pp. 310-324.

Pritsak, O. 1954 "Ein hunnisches Wort: Meinem Lehrer Hans Heinrich Schaeder in Dankbarkeit," *Zeitschrift der Deutschen Morgenländischen Gesellschaft*, Vol. 104 (n.F. 29), No. 1, pp. 124–135.

Orel, V. E. & Stolbova, O. V. 1995, *Hamito-Semitic Etymological Dictionary: Materials for a Reconstruction.* Brill.

Pelliot, P. 1944, "tängrim > tärim", *T'oung Pao*, 2. Ser., Vol. 37, pp. 165–185.

Pulleyblank, E. G. 1962, "The Hsiung-nu Language", Appendix to The Consonantal System of Old Chinese: Part II, *Asia Major*, 1962/3, pp. 59–144, 1962/9, pp. 206–265. 蒲立本:《上古汉语的辅音系统》,中华书局,1999年,第163—201页。

Samolin, William 1957, "Hsiung-nu, Hun, Turk," *Central Asiatic Journal*, Vol. 3, No. 2, pp. 143–150.

Schmidt, J. J. 1824, "Forschungen im Gebiete der älteren religiösen, politischen und literarischen Bildungsgeschichte der Völker Mittel-Asiens," St. Petersburg, pp. 39–67.

Shiratori, Kurakichi 1923, "Sur l'origine des Hiong-nou," *Journal Asiatique*, pp. 71–78.

Steingass, F. J. 1892, *A Comprehensive Persian-English dictionary, including the Arabic words and phrases to be met with in Persian literature.* London: Routledge & Kegan Paul.

Turner, R. L. 1966, *A Comparative Dictionary of Indo-Aryan Languages.* London: Oxford University Press.

Vovin, A. 2000, "Did the Xiong-nu Speak a Yeniseian Language?" *Central Asiatic Journal*, Vol. 44, No. 1, pp. 87–104.

Zvelebil, K. V. 1990, "The Language of the Shōlegas, Nilgiri Area, South India," *Journal of the American Oriental Society*, Vol. 110, No. 3 (Jul.-Sep., 1990), pp. 417–433.

图书在版编目(CIP)数据

九州四海：文明史研究论集／王丁，李青果主编.
—上海：上海古籍出版社，2020.5
（欧亚古典学研究丛书）
ISBN 978-7-5325-9545-7

Ⅰ.①九… Ⅱ.①王… ②李… Ⅲ.①世界史—文化史—文集 Ⅳ.①K103-53

中国版本图书馆CIP数据核字(2020)第055735号

欧亚古典学研究丛书
九州四海：文明史研究论集
王　丁　李青果　主编
上海古籍出版社出版发行
（上海瑞金二路272号　邮政编码200020）
(1) 网址：www.guji.com.cn
(2) E-mail：guji1@guji.com.cn
(3) 易文网网址：www.ewen.co
启东市人民印刷有限公司印刷
开本710×1000　1/16　印张19.25　插页2　字数268,000
2020年5月第1版　2020年5月第1次印刷
ISBN 978-7-5325-9545-7
K·2814　定价：88.00元
如有质量问题，请与承印公司联系